Από την καρδιά της Άμμα

Συνομιλίες με τη
Σρι Μάτα Αμριτάνανταμαΐ Ντέβι

Μετάφραση και επιμέλεια:
Σουάμι Αμριτασβαρουπανάντα Πουρί

Mata Amritanandamayi Center, San Ramon
Καλιφόρνια, Ηνωμένες Πολιτείες

Από την καρδιά της Άμμα

Συνομιλίες με τη Σρι Μάτα Αμριτάνανταμαΐ Ντέβι

Μετάφραση και επιμέλεια: Σουάμι Αμριτασβαρουπανάντα Πουρί

Εκδόθηκε από το:
Mata Amritanandamayi Center
P.O. Box 613, San Ramon, CA 94583
Ηνωμένες Πολιτείες

——————— *From Amma's Heart (Greek)* ———————

Σχετικές ιστοσελίδες στα ελληνικά:
www.amma-greece.org
https://ammahellas.wordpress.com

Ιστοσελίδες στην Ινδία: www.amritapuri.org
www.embracingtheworld.org
Ηλεκτρονική Διεύθυνση: inform@amritapuri.org

Το βιβλίο αυτό αφιερώνεται στα Λωτοειδή Πόδια
της πολυαγαπημένης μας Άμμα -
πηγή όλης της ομορφιάς και αγάπης

Περιεχόμενα

Ομ Αμριτέσβαριέ Ναμαχά

Πρόλογος

Χωρίς την προφορική επικοινωνία, ο άνθρωπος θα ήταν δυστυχισμένος. Η ανταλλαγή ιδεών και το μοίρασμα των συναισθημάτων, αποτελούν αναπόσπαστο τμήμα της ίδιας της ζωής. Ωστόσο, είναι η σιωπή, την οποία αποκτούμε με προσευχή και διαλογισμό, που μας βοηθά πραγματικά να βρούμε γαλήνη και πραγματική ευτυχία σε αυτό τον πολύβουο κόσμο των συγκρουόμενων συμφερόντων και του ανταγωνισμού.

Στην καθημερινή ζωή, όπου πρέπει να ενεργούμε αλληλεπιδρώντας και να επικοινωνούμε σε πολυάριθμες καταστάσεις, είναι δύσκολο να διατηρούμε τη σιωπή. Ακόμα κι όταν το περιβάλλον μας συντελεί στην ηρεμία και τη γαλήνη, δεν είναι εύκολο να παραμένουμε σιωπηλοί. Η σιωπή μπορεί να οδηγήσει συνηθισμένους ανθρώπους ακόμη και στην τρέλα. Η μακάρια σιωπή, όμως, είναι η πραγματική φύση των Θεϊκών προσωπικοτήτων όπως είναι η Άμμα.

Παρατηρώντας τον τρόπο με τον οποίο η Άμμα αντιμετωπίζει τις πιο διαφορετικές καταστάσεις και ανθρώπους απ' όλο τον κόσμο, είδα με πόση χάρη και τελειότητα αλλάζει ρόλους και διαθέσεις. Τη μια στιγμή είναι η υπέρτατη Πνευματική Διδάσκαλος και την επόμενη η φιλεύσπλαχνη μητέρα. Κάποιες φορές, γίνεται παιδί ενώ άλλοτε γίνεται διοικητικό στέλεχος. Αφού συμβουλέψει επιχειρηματίες, βραβευμένους επιστήμονες και παγκόσμιας εμβέλειας ηγετικές προσωπικότητες, η Άμμα σηκώνεται απλά και κατευθύνεται στην αίθουσα του *ντάρσαν*, όπου υποδέχεται και παρηγορεί χιλιάδες από τα παιδιά Της, απ' όλους τους τομείς της ζωής και όλες τις κοινωνικές θέσεις. Γενικά, η Άμμα περνά όλη Της την ημέρα και το μεγαλύτερο μέρος της νύχτας, ακούγοντας και παρηγορώντας τα παιδιά Της, σφουγγίζοντας τα δάκρυά τους, ενσταλάζοντας μέσα τους πίστη, εμπιστοσύνη και δύναμη. Κατά τη διάρκεια όλων αυτών η Άμμα παραμένει συνεχώς στη φυσική γι' Αυτήν γαλήνια κατάσταση. Δεν κουράζεται ποτέ. Δεν παραπονιέται ποτέ. Ένα λαμπερό χαμόγελο ακτινοβολεί διαρκώς στο πρόσωπό Της. Η Άμμα, το «ασυνήθιστο σε συνηθισμένη μορφή», αφιερώνει κάθε στιγμή της ζωής Της στους άλλους.

Τι είναι αυτό που κάνει την Άμμα διαφορετική από εμάς; Ποιο είναι το μυστικό; Από πού προέρχεται η απεριόριστη ενέργεια και δύναμή Της; Η παρουσία Της αποκαλύπτει την απάντηση σ' αυτά τα ερωτήματα, ξεκάθαρα και χειροπιαστά. Τα λόγια Της το επιβεβαιώνουν: «Η ομορφιά των λόγων σας, η χάρη στις πράξεις σας, η γοητεία των κινήσεών σας, όλα εξαρτώνται από το μέγεθος της σιωπής που δημιουργείτε μέσα σας. Οι άνθρωποι έχουν την ικανότητα να εισχωρούν ολοένα και πιο βαθιά σ' αυτήν τη σιωπή. Όσο βαθύτερα εισχωρείτε, τόσο πλησιάζετε το Άπειρο.»

Αυτή η βαθιά σιωπή αποτελεί τον πυρήνα της ύπαρξής Της. Η άνευ όρων αγάπη, η απίστευτη υπομονή, η ξεχωριστή χάρη και αγνότητα - όλα όσα ενσαρκώνει η Άμμα, αποτελούν προεκτάσεις της απέραντης σιωπής, την οποία ευδαιμονικά βιώνει συνεχώς.

Παλαιότερα, η Άμμα δεν θα μιλούσε όπως σήμερα. Όταν κάποτε ρωτήθηκε σχετικά, είπε: «Ακόμα κι αν η Άμμα μιλούσε, εσείς δεν θα καταλαβαίνατε τίποτα.» Γιατί; Επειδή είναι τόση η άγνοιά μας, που δεν μπορούμε καν ν' αρχίσουμε να κατανοούμε το ανώτατο και εκλεπτυσμένο επίπεδο βιώματος, στο οποίο έχει εδραιωθεί η Άμμα. Τότε, γιατί μιλάει; Καλύτερα να ακούσουμε τα δικά Της λόγια: «Αν κανένας δεν καθοδηγούσε τους αναζητητές της Αλήθειας, ίσως να εγκατέλειπαν αυτό το δρόμο, νομίζοντας ότι δεν υπάρχει μια τέτοια κατάσταση όπως η Αυτοπραγμάτωση.»

Στην πραγματικότητα, οι Μεγάλες Ψυχές όπως η Άμμα, θα προτιμούσαν να παραμένουν σιωπηλές, παρά να μιλάνε για την πραγματικότητα πίσω απ' αυτόν τον ορατό κόσμο των φαινομένων. Η Άμμα γνωρίζει πολύ καλά, ότι όταν η Αλήθεια αποδίδεται

Πρόλογος

με λέξεις, αναπόφευκτα παραποιείται και ότι ο περιορισμένος, βυθισμένος στην άγνοια νους μας, θα την ερμηνεύσει λανθασμένα, με τρόπο που να ενοχλεί λιγότερο το εγώ μας. Παρ' όλα αυτά, η Άμμα, αυτή η ενσάρκωση της ευσπλαχνίας, μας μιλά, απαντά στις ερωτήσεις μας και διαλύει τις αμφιβολίες μας, γνωρίζοντας πολύ καλά ότι ο νους μας θα δημιουργεί μόνο ολοένα και περισσότερα ερωτήματα που προκαλούν σύγχυση. Είναι η υπομονή της Άμμα και η αγνή αγάπη Της για την ανθρωπότητα, που Την ωθούν να συνεχίζει να απαντά στις αφελείς ερωτήσεις μας. Και δεν θα σταματήσει μέχρις ότου κι ο δικός μας νους γίνει, επίσης, ευδαιμονικά σιωπηλός.

Στις συνομιλίες που καταγράφηκαν σ' αυτό το βιβλίο, η Άμμα, η Διδάσκαλος των Διδασκάλων, φέρνει το νου Της στο χαμηλότερο επίπεδο του νου των παιδιών Της, βοηθώντας μας ν' αποκτήσουμε μια στιγμιαία εικόνα της αμετάβλητης πραγματικότητας, η οποία αποτελεί τη σταθερή βάση ενός διαρκώς μεταβαλλόμενου κόσμου.

Έχω συλλέξει αυτά τα μαργαριτάρια σοφίας από το 1999. Όλες σχεδόν οι συνομιλίες και τα όμορφα περιστατικά, ηχογραφήθηκαν κατά τις περιοδείες της Άμμα στη Δύση. Ενώ καθόμουν δίπλα Της, κατά τη διάρκεια του *ντάρσαν*, προσπαθούσα ν' ακούω με προσοχή τις γλυκές θεϊκές μελωδίες της καρδιάς Της, τις οποίες είναι πάντα πρόθυμη να μοιραστεί με τα παιδιά Της. Δεν είναι εύκολο να συλλάβει κάποιος την αγνότητα, την απλότητα και τη βαθύτητα των λόγων Της. Σίγουρα, είναι πέρα από τις ικανότητές μου. Όμως, με την απέραντη ευσπλαχνία Της και μόνο, κατόρθωσα να καταγράψω τα θεϊκά Της λόγια και να τα αποδώσω σ' αυτό το βιβλίο.

Όπως η ίδια η Άμμα, έτσι και τα λόγια Της, έχουν μια βαθύτερη διάσταση απ' αυτήν που με την πρώτη ματιά μπορεί να αντιληφθεί κάποιος - μια απεριόριστη πλευρά, την οποία ένας συνηθισμένος ανθρώπινος νους δεν μπορεί να συλλάβει. Πρέπει να ομολογήσω την αδυναμία μου να κατανοήσω πλήρως και να εκτιμήσω το βαθύτερο νόημα των λόγων Της. Ο νους μας,

11

που περιδιαβαίνει χρονοτριβώντας στις κοινοτοπίες του υλικού κόσμου, δεν μπορεί ούτε κατά προσέγγιση να κατανοήσει αυτήν την ύψιστη κατάσταση συνείδησης, απ' όπου μιλά η Άμμα. Παρόλα αυτά νιώθω έντονα ότι τα λόγια που περιλαμβάνονται σ' αυτό το βιβλίο, είναι εξαιρετικά ασυνήθιστα και κάπως διαφορετικά απ' όσα έχουν καταγραφεί σε προηγούμενα βιβλία. Η διακαής μου επιθυμία ήταν να επιλέξω και να παρουσιάσω κάποιες υπέροχες κι αυθόρμητες συνομιλίες της Άμμα με τα παιδιά Της. Χρειάστηκαν τέσσερα χρόνια για να τις συλλέξω. Μέσα σ' αυτές υπάρχει ολάκερο το σύμπαν. Τα λόγια Της πηγάζουν απ' τα βάθη της συνείδησής Της. Συνεπώς, ακριβώς κάτω απ' την επιφάνειά τους βρίσκεται αυτή η μακάρια σιωπή – η αληθινή φύση της Άμμα. Διαβάστε με βαθύ συναίσθημα αυτά τα λόγια. Στοχαστείτε και διαλογιστείτε πάνω στο συναίσθημα αυτό, και τότε τα λόγια Της θα αποκαλύψουν τη βαθύτερη σημασία τους.

Αγαπητοί αναγνώστες, είμαι βέβαιος ότι το περιεχόμενο αυτού του βιβλίου θα εμπλουτίσει και θα ενισχύσει την πνευματική σας αναζήτηση, διαλύοντας τις αμφιβολίες και εξαγνίζοντας το νου σας.

Σουάμι Αμριτασβαρουπανάντα
15 Σεπτεμβρίου 2003

Ο Σκοπός της Ζωής

Ερώτηση: Άμμα, ποιος είναι ο σκοπός της ζωής;

Άμμα: Η απάντηση εξαρτάται από τις προτεραιότητές σου και από τη στάση σου απέναντι στη ζωή.

Ερώτηση: Η ερώτησή μου είναι ποιος είναι ο πραγματικός σκοπός της ζωής;

Άμμα: Ο πραγματικός σκοπός της ζωής, είναι να βιώσουμε ό,τι βρίσκεται πέρα απ' αυτήν τη φυσική ύπαρξη. Ο καθένας μας όμως έχει μια διαφορετική στάση απέναντι στη ζωή. Οι περισσότεροι άνθρωποι βλέπουν τη ζωή σαν ένα διαρκή αγώνα για επιβίωση. Τέτοιοι άνθρωποι, πιστεύουν στη θεωρία «ο δυνατότερος

13

θα επιβιώσει». Ικανοποιούνται λοιπόν μ' έναν τετριμμένο τρόπο ζωής - για παράδειγμα, αποκτώντας ένα σπίτι, μια δουλειά, ένα αυτοκίνητο, σύζυγο, παιδιά και αρκετά χρήματα για να ζουν. Ναι, αυτά είναι σημαντικά πράγματα και χρειάζεται να εργαζόμαστε στην καθημερινή μας ζωή και να φροντίζουμε για τις ευθύνες και τις υποχρεώσεις μας, είτε αυτές είναι μικρές είτε μεγάλες. Υπάρχουν όμως περισσότερα στη ζωή, ένας υψηλότερος σκοπός, ο οποίος είναι να γνωρίσουμε και να συνειδητοποιήσουμε ποιοι είμαστε.

Ερώτηση: Άμμα, τι κερδίζουμε γνωρίζοντας ποιοι είμαστε;

Άμμα: Τα πάντα. Αποκτούμε ένα αίσθημα απόλυτης πληρότητας, πέρα από την οποία δεν υπάρχει τίποτε περισσότερο να κατακτήσουμε στη ζωή. Αυτή η συνειδητοποίηση κάνει τη ζωή ολοκληρωμένη. Παρά τα όσα έχουν συσσωρεύσει ή μοχθούν ν' αποκτήσουν, οι περισσότεροι άνθρωποι νιώθουν τη ζωή τους ατελή – όπως το γράμμα «C». Αυτό το κενό, ή η έλλειψη, θα υπάρχει πάντα. Μόνο η πνευματική γνώση και η πραγμάτωση του Εαυτού (*Άτμαν*) μπορεί να συμπληρώσει το κενό αυτό και να ενώσει τα δύο άκρα, πράγμα που θα το κάνει σαν το γράμμα «Ο». Η γνώση του «Εαυτού» θα μας βοηθά να νιώθουμε σταθερά θεμελιωμένοι στον πραγματικό πυρήνα της ζωής.

Ερώτηση: Σ' αυτήν την περίπτωση τι γίνεται με τις εγκόσμιες υποχρεώσεις που πρέπει να εκπληρώνουμε;

Άμμα: Ανεξάρτητα από το ποιοι είμαστε ή τι κάνουμε, τα καθήκοντα που εκτελούμε στον κόσμο θα πρέπει να μας βοηθούν να κατορθώσουμε το ύψιστο *ντάρμα*, το οποίο είναι η ενότητα με τον Συμπαντικό Εαυτό – το Θεό. Όλα τα όντα είναι ένα, γιατί η ζωή είναι μία και η ζωή έχει μόνο ένα σκοπό. Εξαιτίας της ταύτισης με το σώμα και το νου μας, ίσως σκεφτεί κάποιος, «η αναζήτηση του Εαυτού και η επίτευξη της Αυτοπραγμάτωσης δεν είναι το δικό μου *ντάρμα·* το *ντάρμα* μου είναι η εργασία ως μουσικός, ηθοποιός, ή επιχειρηματίας». Είναι εντάξει αν κάποιος νιώθει έτσι. Ωστόσο, δε θα βρούμε ποτέ την πληρότητα, παρά μόνο αν κατευθύνουμε την ενέργειά μας προς τον ύψιστο σκοπό της ζωής.

Ερωτών: Άμμα, υποστηρίζεις ότι σκοπός όλων μας είναι η Αυτο-πραγμάτωση. Δεν φαίνεται όμως να είναι έτσι, γιατί οι περισσότεροι άνθρωποι δεν επιτυγχάνουν αυτήν την Πραγμάτωση ή δε φαίνεται καν να προσπαθούν γι' αυτό.

Άμμα: Αυτό συμβαίνει επειδή οι περισσότεροι άνθρωποι δεν έχουν πνευματική αντίληψη. Αυτό είναι γνωστό ως *μάγια*, η δύναμη της ψευδαίσθησης στον κόσμο, η οποία καλύπτει την Αλήθεια κι απομακρύνει την ανθρωπότητα απ' αυτήν.

Είτε έχουμε επίγνωση αυτού είτε όχι, ο πραγματικός σκοπός της ζωής, είναι να συνειδητοποιήσουμε και να πραγματώσουμε το Θείο που υπάρχει μέσα μας. Υπάρχουν πολλά πράγματα που δε γνωρίζεις στο επίπεδο συνειδητότητας που τώρα βρίσκεσαι. Είναι παιδαριώδες να ισχυριστεί κάποιος: «Είναι ανύπαρκτα, επειδή δεν έχω την επίγνωση αυτών». Καθώς εκτυλίσσονται τα γεγονότα και οι εμπειρίες, θα ανοίγονται νέες κι άγνωστες φάσεις της ζωής, οι οποίες θα σε οδηγούν ολοένα και πιο κοντά στον Αληθινό Εαυτό σου. Είναι απλά θέμα χρόνου. Για κάποιους, αυτή η Πραγμάτωση έχει ήδη συντελεστεί· για μερικούς άλλους μπορεί να συμβεί οποιαδήποτε στιγμή· και υπάρχουν, ακόμη, εκείνοι, για τους οποίους αυτό θα γίνει πραγματικότητα σε μια μελλοντική φάση. Μόνο εξαιτίας του ότι δεν έχει συμβεί ακόμα ή του ότι ίσως δε θα συμβεί σ' αυτήν τη ζωή, μη σκεφτείς ότι δε θα συμβεί ποτέ. Μια απέραντη γνώση μέσα σου περιμένει την άδειά σου για να ξεδιπλωθεί και να αναπτυχθεί. Αλλά αυτό δεν θα συμβεί παρά μόνο αν εσύ το επιτρέψεις.

Ερώτηση: Ποιος θα πρέπει να το επιτρέψει; Ο νους;

Άμμα: Όλο το Είναι σου – ο νους, το σώμα και η διάνοιά σου.

Ερώτηση: Είναι θέμα αντίληψης;

Άμμα: Είναι θέμα αντίληψης και πράξης.

Ερώτηση: Πώς αναπτύσσουμε αυτήν την αντίληψη;

Άμμα: Αναπτύσσοντας την ταπεινότητα.

Ερώτηση: Τι είναι τόσο σημαντικό στην ταπεινότητα;

Άμμα: Η ταπεινότητα σε κάνει δεκτικό σε όλες τις εμπειρίες χωρίς να τις κρίνεις. Έτσι μαθαίνεις περισσότερα. Δεν είναι θέμα διανοητικής αντίληψης μόνο. Υπάρχουν πολλοί άνθρωποι σ' όλο τον κόσμο, οι οποίοι έχουν περισσότερο από αρκετή διανοητική γνώση για πνευματικά θέματα στο κεφάλι τους. Πόσοι όμως απ' αυτούς είναι πραγματικά πνευματικοί κι αγωνίζονται ειλικρινά για να κατακτήσουν το Στόχο ή έστω προσπαθούν να αποκτήσουν μια βαθύτερη κατανόηση των πνευματικών αρχών; Πολλοί λίγοι, έτσι δεν είναι;

Ερώτηση: Δηλαδή, Άμμα, ποιο είναι το πραγματικό πρόβλημα; Είναι η έλλειψη πίστης ή η δυσκολία να πάψουμε να λειτουργούμε μόνο με το νου μας;

Άμμα: Όταν έχεις αληθινή πίστη, τότε «πέφτεις» αυτομάτως στην καρδιά.

Ερώτηση: Είναι λοιπόν έλλειψη πίστης;

Άμμα: Εσύ τι νομίζεις;

Ερώτηση: Ναι, είναι έλλειψη πίστης. Γιατί όμως το αποκάλεσες «πτώση» στην καρδιά;

Άμμα: Κυριολεκτικά, το κεφάλι αποτελεί την κορυφή του σώματος και για να πάει κάποιος από το κεφάλι στην καρδιά, πρέπει να «πέσει». Πνευματικά όμως, αυτή η «πτώση» σημαίνει εξύψωση σε πνευματικά ύψη και πνευματική αναγέννηση.

Να Έχεις Υπομονή Γιατί Είσαι Ασθενής

Eρώτηση: Πώς μπορεί κάποιος να λάβει πραγματική βοήθεια από ένα *Σάτγκουρου* (Αληθινό Διδάσκαλο);

Άμμα: Για να λάβεις βοήθεια, πρέπει πρώτα να αποδεχτείς ότι είσαι ασθενής και μετά να έχεις υπομονή.

Eρώτηση: Άμμα, είσαι ο γιατρός μας;

Άμμα: Κανένας καλός γιατρός δε θα περιφερόταν ανακοινώνοντας: «Είμαι ο καλύτερος γιατρός. Ελάτε σε μένα. Θα σας θεραπεύσω.» Ακόμα κι αν ένας ασθενής έχει τον καλύτερο γιατρό, αν ο ίδιος δεν έχει πίστη στο γιατρό του, η θεραπεία ίσως να μην είναι πολύ αποτελεσματική.

Ανεξάρτητα από το χρόνο και τον τόπο, όλες οι επεμβάσεις που λαμβάνουν χώρα στο «χειρουργείο» της ζωής επιτελούνται από το Θεό. Θα έχεις δει ότι οι χειρουργοί φορούν μια μάσκα κατά τη διάρκεια μιας επέμβασης. Κανείς δεν τους αναγνωρίζει εκείνη την ώρα. Πίσω όμως από τη μάσκα, υπάρχει ο γιατρός. Παρομοίως, κάτω ακριβώς από την επιφάνεια όλων των εμπειριών στη ζωή βρίσκεται το ευσπλαχνικό πρόσωπο του Θεού ή του *Γκούρου*.

Eρώτηση: Άμμα, είσαι αμείλικτη και άσπλαχνη με τους μαθητές σου, όσον αφορά την εξάλειψη του εγώ τους;

Άμμα: Όταν ένας γιατρός χειρουργεί κι απομακρύνει το καρκινώδες τμήμα από το σώμα ενός ασθενή, το εκλαμβάνεις αυτό ως ασπλαχνία; Αν ναι, τότε θα μπορούσε να πει κανείς ότι και η Άμμα επίσης είναι άσπλαχνη. Αλλά, μόνο αν τα παιδιά της συνεργαστούν, θα αγγίξει το εγώ τους.

Ερώτηση: Τι κάνεις για να τα βοηθήσεις;

Άμμα: Η Άμμα βοηθά τα παιδιά της να δουν τον καρκίνο του εγώ – τις εσωτερικές αδυναμίες και την αρνητικότητα – και τα διευκολύνει να απαλλαγούν απ' αυτόν. Αυτό είναι αληθινή ευσπλαχνία.

Ερώτηση: Τα θεωρείς ασθενείς σου;

Άμμα: Πιο σημαντικό είναι να συνειδητοποιήσουν τα παιδιά μου ότι είναι ασθενείς.

Ερώτηση: Άμμα, τι εννοείς όταν αναφέρεσαι στη «συνεργασία των μαθητών»;

Άμμα: Πίστη και αγάπη.

Ερωτών: Άμμα, έχω μια ανόητη ερώτηση. Αλλά δεν μπορώ να την αποφύγω, πρέπει να ρωτήσω. Σε παρακαλώ, συγχώρεσέ με αν είμαι τόσο ανόητος.

Άμμα: Εμπρός, ρώτα.

Ερώτηση: Ποιο είναι το ποσοστό επιτυχίας στις επεμβάσεις Σου;

Η Άμμα γέλασε δυνατά και έδωσε ένα απαλό χτύπημα στο κεφάλι του πιστού.

Άμμα: (*γελώντας ακόμα*) Γιε μου, οι επιτυχημένες επεμβάσεις είναι πολύ σπάνιες.

Ερώτηση: Γιατί;

Άμμα: Επειδή το εγώ δεν επιτρέπει στους περισσότερους ανθρώπους να συνεργαστούν με το γιατρό. Δεν επιτρέπει στο γιατρό να κάνει καλά τη δουλειά του.

Ερώτηση: *(περιπαικτικά)* Ο γιατρός είσαι εσύ, έτσι δεν είναι;

Άμμα: *(στ' αγγλικά)* Δε γνωρίζω.

Ερώτηση: Εντάξει, Άμμα, ποια είναι η βασική προϋπόθεση για να πετύχει μια τέτοια επέμβαση;

Άμμα: Από τη στιγμή που ένας ασθενής βρίσκεται στο χειρουργικό τραπέζι, το μόνο που μπορεί να κάνει είναι να παραμείνει ήρεμος, να έχει πίστη στο γιατρό και να παραδοθεί. Στις μέρες μας, ακόμα και για μικροεπεμβάσεις, οι γιατροί αναισθητοποιούν τους ασθενείς. Κανείς δε θέλει να υποστεί πόνο. Οι άνθρωποι προτιμούν την αναισθησία παρά να διατηρήσουν τις αισθήσεις τους, όταν υφίστανται τον πόνο. Η αναισθησία, τοπική ή ολική, εμποδίζει τον ασθενή να έχει επίγνωση της διαδικασίας. Όταν όμως ένας Αληθινός Διδάσκαλος ασχολείται μαζί σου – με το εγώ σου – προτιμά να το κάνει, ενώ εσύ έχεις τις αισθήσεις σου. Η επέμβαση του Θεϊκού Διδασκάλου απομακρύνει το καρκινώδες εγώ του μαθητή. Ολόκληρη η διαδικασία είναι πολύ ευκολότερη αν ο μαθητής μπορεί να παραμένει ανοικτός και συνειδητός.

19

Η Πραγματική Έννοια του Ντάρμα

Ε ρώτηση: Το *ντάρμα* εξηγείται με διαφορετικούς τρόπους από διαφορετικούς ανθρώπους. Προκαλεί σύγχυση το να υπάρχουν πολλές ερμηνείες για έναν και μοναδικό όρο, όπως το *ντάρμα*. Άμμα, ποια είναι η πραγματική έννοια του *ντάρμα*;

Άμμα: Η πραγματική έννοια αρχίζει να φωτίζει μόνο όταν βιώνουμε το Θεό ως την πηγή και το στήριγμά μας. Δεν μπορείς να τη βρεις σε λόγια ή σε βιβλία.

Ερώτηση: Αυτό είναι το ύψιστο *ντάρμα*, έτσι δεν είναι; Πώς όμως μπορούμε να βρούμε μια έννοια που να ταιριάζει στην καθημερινή μας ζωή;

Άμμα: Είναι μια αποκάλυψη που συμβαίνει στον καθένα από μας, καθώς περνάμε απ' τις διάφορες εμπειρίες της ζωής. Για ορισμένους η αποκάλυψη αυτή έρχεται γρήγορα. Ανακαλύπτουν πολύ γρήγορα τον ορθό δρόμο και τον ορθό τρόπο δράσης. Για άλλους είναι μια αργή διαδικασία. Ίσως πρέπει να περάσουν από μια διαδικασία δοκιμής και πλάνης πριν φτάσουν σ' ένα σημείο της ζωής, απ' όπου μπορούν ν' αρχίσουν να εκπληρώνουν το ντάρμα τους στον κόσμο. Αυτό δε σημαίνει πως ό,τι έχουν κάνει στο παρελθόν πήγε χαμένο. Όχι, αυτό θα εμπλουτίσει την εμπειρία τους και θα μάθουν πολλά απ' αυτό επίσης, με την προϋπόθεση ότι παραμένουν ανοιχτοί.

Ερώτηση: Μπορεί μια κανονική οικογενειακή ζωή, η αντιμετώπιση των προκλήσεων και των προβλημάτων ενός οικογενειάρχη, να εμποδίσει την πνευματική αφύπνιση κάποιου;

Άμμα: Όχι αν διατηρούμε την Αυτοπραγμάτωση σαν τον τελικό μας στόχο στη ζωή. Αν αυτός είναι ο στόχος μας, θα διαμορφώνουμε όλες τις σκέψεις και τις πράξεις μας μ' έναν τρόπο που θα μας βοηθά να επιτύχουμε αυτόν το στόχο. Θα έχουμε πάντα επίγνωση του αληθινού προορισμού μας. Κάποιος που ταξιδεύει από ένα μέρος σ' ένα άλλο, ίσως κάνει αρκετές στάσεις για να κατεβεί με σκοπό να πιει ένα τσάι ή να φάει κάτι, αλλά όμως πάντα θα επιστρέφει στο όχημά του. Ακόμα και κατά τη διάρκεια τέτοιων μικρών διαλειμμάτων θα του είναι συνειδητός ο πρωταρχικός του προορισμός. Παρομοίως, ίσως να σταματάμε πολλές φορές στη ζωή και να κάνουμε διάφορα πράγματα. Δεν πρέπει όμως ποτέ να ξεχνάμε να επιβιβαζόμαστε εκ νέου στο όχημα που μας μετακινεί στον πνευματικό μας δρόμο και να παραμένουμε καθισμένοι με τις ζώνες ασφαλείας σφιχτά δεμένες.

Ερώτηση: «Ζώνες ασφαλείας σφιχτά δεμένες;»

Άμμα: Ναι. Όταν ταξιδεύουμε αεροπορικώς, τα κενά αέρος μπορεί να προκαλέσουν αναταράξεις και το ταξίδι μπορεί μερικές φορές να μην είναι ομαλό. Ακόμα κι όταν ταξιδεύουμε οδικώς, μπορούν να συμβούν ατυχήματα. Γι' αυτόν το λόγο, είναι καλύτερα να είμαστε σίγουροι και να παίρνουμε ορισμένα μέτρα ασφαλείας. Παρομοίως, στο πνευματικό ταξίδι δεν μπορούν να αποκλειστούν καταστάσεις, οι οποίες είναι δυνατό να προκαλέσουν νοητικές και συναισθηματικές αναστατώσεις. Για να διαφυλάξουμε τον εαυτό μας από τέτοιες περιστάσεις πρέπει να υπακούμε στο *Σάτγκουρου* (Αληθινό Διδάσκαλο) και να τηρούμε πειθαρχία και τις υπαγορεύσεις και απαγορεύσεις της ζωής. Αυτά είναι οι ζώνες ασφαλείας όσον αφορά το πνευματικό ταξίδι.

Ερώτηση: Άρα λοιπόν, οποιαδήποτε δουλειά εκτελούμε, δε θα πρέπει να μας αποσπά από το ύψιστο *ντάρμα* μας, το οποίο είναι η πραγμάτωση του Θεού. Αυτό είναι που υπονοείς Άμμα;

Άμμα: Ναι. Για όσους από σας επιθυμούν να ζήσουν μια ζωή στοχασμού και διαλογισμού, αυτή η φωτιά του έντονου πόθου θα πρέπει να παραμείνει άσβεστη μέσα τους. Η έννοια του *ντάρμα* είναι «εκείνο, το οποίο στηρίζει» - αυτό που στηρίζει τη ζωή και την ύπαρξη είναι ο *Άτμαν* (Εαυτός). Έτσι, το *ντάρμα*, παρότι συνήθως σημαίνει «το προσωπικό καθήκον» ή το δρόμο, τον οποίο θα πρέπει κάποιος να ακολουθεί στον κόσμο, τελικά υποδηλώνει την Αυτοπραγμάτωση. Μ' αυτήν την έννοια, μόνο οι σκέψεις και οι πράξεις, οι οποίες στηρίζουν την πνευματική μας εξέλιξη, μπορούν να αποκαλούνται *ντάρμα*.

Πράξεις που εκτελούνται στον κατάλληλο χρόνο, με ορθή στάση, με ορθό τρόπο είναι «νταρμικές». Αυτή η αίσθηση της ορθής πράξης μπορεί να βοηθήσει στη διαδικασία του νοητικού εξαγνισμού. Μπορείς να είσαι επιχειρηματίας ή οδηγός, κρεοπώλης ή πολιτικός· όποιο κι αν είναι το επάγγελμά σου, όταν εκτελείς την εργασία σου σαν το *ντάρμα* σου, σαν το μέσο για την κατάκτηση της *μόκσα* (απελευθέρωση), τότε οι πράξεις σου γίνονται ιερές. Με αυτόν τον τρόπο οι *γκόπις* (σύζυγοι των γελαδάρηδων) του Βριντάβαν, οι οποίες κέρδιζαν τα προς το ζην πουλώντας γάλα και βούτυρο, βρέθηκαν τόσο κοντά στο Θεό και τελικά κατέκτησαν το στόχο της ζωής.

Αγάπη & αγάπη

Ερώτηση: Άμμα, ποια είναι η διαφορά ανάμεσα στην αγάπη και την Αγάπη;

Άμμα: Η διαφορά ανάμεσα στην αγάπη και την Αγάπη είναι ίδια με τη διαφορά ανάμεσα στα ανθρώπινα όντα και το Θεό. Η Αγάπη είναι η φύση του Θεού και η αγάπη είναι η φύση των ανθρώπων.

Ερώτηση: Η Αγάπη όμως είναι η αληθινή φύση και των ανθρώπων επίσης, έτσι δεν είναι;

Άμμα: Ναι, εφόσον κάποιος συνειδητοποιήσει αυτήν την αλήθεια.

Συνείδηση & Επίγνωση

Ερώτηση: Άμμα, τι είναι ο Θεός;

Άμμα: Ο Θεός είναι αγνή συνείδηση, ο Θεός είναι αγνή επίγνωση.

Ερώτηση: Είναι η συνείδηση και η επίγνωση το ίδιο πράγμα;

Άμμα: Ναι, είναι το ίδιο. Όσο περισσότερη επίγνωση έχεις, τόσο περισσότερο συνειδητός γίνεσαι, και το αντίστροφο.

Ερώτηση: Άμμα, ποια είναι η διαφορά μεταξύ ύλης και συνείδησης;

Άμμα: Το ένα είναι το εξωτερικό και το άλλο είναι το εσωτερικό. Το εξωτερικό είναι ύλη και το εσωτερικό συνείδηση. Το εξωτερικό αλλάζει και το εσωτερικό, ο ενυπάρχων *Άτμαν* (Εαυτός), είναι αμετάβλητο. Είναι η παρουσία του *Άτμαν* που ζωοποιεί και φωτίζει τα πάντα. Ο *Άτμαν* είναι αυτόφωτος, ενώ η ύλη δεν είναι. Χωρίς τη συνείδηση, δεν μπορούμε να έχουμε επίγνωση της ύλης. Από τη στιγμή όμως που υπερβείς όλες τις διαφορές, αναγνωρίζεις ότι τα πάντα διαπερνώνται από αγνή συνείδηση.

Ερώτηση: «Πέρα απ' όλες τις διαφορές», «τα πάντα διαπερνώνται από αγνή συνείδηση» - Άμμα, χρησιμοποιείς πάντα όμορφα παραδείγματα. Μπορείς να δώσεις ένα τέτοιο παράδειγμα για να κάνεις αυτό το σημείο αυτό πιο κατανοητό;

Άμμα: *(χαμογελώντας)* Χιλιάδες τέτοια όμορφα παραδείγματα δε θα εμποδίσουν το νου να επαναλαμβάνει τις ίδιες ερωτήσεις. Μόνο η αγνή εμπειρία θα διαλύσει όλες τις αμφιβολίες. Αν όμως ο νους αντλεί λίγη περισσότερη ικανοποίηση από ένα παράδειγμα, η Άμμα δεν έχει αντιρρήσεις.

Είναι σαν να βρίσκεσαι σε ένα δάσος. Όταν είσαι μέσα στο δάσος βλέπεις όλα τα διαφορετικά είδη δέντρων, φυτών και αναρριχητικών σε όλη τους την ποικιλία. Όταν όμως βγεις από το δάσος κι αρχίσεις να απομακρύνεσαι από αυτό, κοιτάζοντας πίσω, όλα τα διαφορετικά δέντρα και φυτά βαθμιαία εξαφανίζονται, ώσπου τελικά τα βλέπεις όλα σαν ένα δάσος. Παρομοίως, καθώς υπερβαίνεις το νου σου, οι περιορισμοί του με τη μορφή ασήμαντων επιθυμιών και όλες οι διαφορές που δημιουργούνται από την αίσθηση του «εγώ» και του «εσύ» θα εξαφανίζονται. Τότε, θα αρχίσεις να βιώνεις τα πάντα σαν τον ένα και μοναδικό Εαυτό.

25

Η Συνείδηση Είναι Διαρκώς Παρούσα

Ερώτηση: Αν η συνείδηση είναι διαρκώς παρούσα, υπάρχουν πειστικές αποδείξεις για την ύπαρξή της;

Άμμα: Η δική σου ύπαρξη αποτελεί την πιο τρανταχτή απόδειξη της συνείδησης. Μπορείς να αρνηθείς τη δική σου ύπαρξη; Όχι, επειδή ακόμα και η ίδια σου η άρνηση είναι απόδειξη ότι υπάρχεις, έτσι δεν είναι; Ας υποθέσουμε ότι κάποιος σε ρωτά: «Είσαι εκεί;» Εσύ απαντάς: «Όχι, δεν είμαι». Ακόμα και η αρνητική απάντηση γίνεται ξεκάθαρη απόδειξη ότι αναντίρρητα είσαι εκεί. Δε χρειάζεται να το επιβεβαιώσεις. Απλώς αρνήσου το κι έχει αποδειχθεί. Άρα λοιπόν, ο Άτμαν (Εαυτός) δεν μπορεί καν να αμφισβητηθεί.

Ερώτηση: Αν όντως είναι έτσι, τότε γιατί είναι τόσο δύσκολο να αποκτηθεί αυτή η εμπειρία;

Άμμα: «Αυτό, το οποίο είναι» μπορεί να βιωθεί μόνο όταν έχουμε την επίγνωσή του. Διαφορετικά παραμένει άγνωστο σε μας, παρότι υπάρχει. Απλώς δεν είχαμε επίγνωση της αλήθειας ότι αυτό υπάρχει. Ο νόμος της βαρύτητας προϋπήρχε της ανακάλυψής του. Μια πέτρα που πετιόταν ψηλά, έπρεπε πάντα να πέφτει πάλι κάτω. Ομοίως η συνείδηση είναι μέσα μας διαρκώς παρούσα – τώρα αυτή τη στιγμή – ίσως όμως δεν έχουμε την επίγνωση αυτού. Η αλήθεια είναι ότι μόνο η παρούσα στιγμή είναι πραγματική. Για να το βιώσουμε όμως αυτό, χρειαζόμαστε ένα νέο τρόπο θέασης των πραγμάτων, ένα νέο μάτι κι ακόμα μάλιστα ένα νέο σώμα.

Ερώτηση: «Ένα νέο σώμα;» Τι εννοείς μ' αυτό;

Άμμα: Αυτό δε σημαίνει ότι το σώμα που έχεις θα εξαφανιστεί. Θα φαίνεται το ίδιο, θα έχει όμως υποστεί μια ανεπαίσθητη αλλαγή, μια μεταμόρφωση. Γιατί τότε μόνο μπορεί να περιέχει τη συνεχώς διευρυνόμενη συνείδηση.

Ερώτηση: Τι εννοείς όταν μιλάς για διευρυνόμενη συνείδηση; Οι *Ουπανισάδες* βεβαιώνουν ότι το Απόλυτο είναι *πούρναμ* (διαρκώς πλήρες). Σ' αυτές αναγράφεται, «*πουρναμαντά πουρναμιντάμ ...*», («αυτό είναι το όλον, εκείνο είναι το όλον...»), έτσι λοιπόν δεν καταλαβαίνω με ποιο τρόπο η ήδη τέλεια συνείδηση μπορεί να αυξηθεί.

Άμμα: Αυτό είναι αναντίρρητα αληθές. Στο ατομικό ή φυσικό επίπεδο όμως, ο πνευματικός αναζητητής διέρχεται την εμπειρία ότι η συνείδησή του διευρύνεται. Η *σάκτι* (Θεϊκή ενέργεια) στην ολότητά της είναι βεβαίως αμετάβλητη. Παρότι από τη *Βεδαντική* σκοπιά (που απορρέει απ' την Ινδουιστική πνευματική φιλοσοφία του μη δυϊσμού) δεν υφίσταται κανένα πνευματικό ταξίδι, υπάρχει για το κάθε άτομο ένα λεγόμενο ταξίδι προς την κατάσταση της τελειότητας. Μόλις κατακτήσεις το Στόχο θα συνειδητοποιήσεις επίσης ότι όλη η διαδικασία, συμπεριλαμβανομένου του ταξιδιού, δεν ήταν πραγματική, επειδή πάντα ήσουν εκεί, σ' αυτήν την κατάσταση, ποτέ μακριά της. Ωσότου να επέλθει αυτή η τελική συνειδητοποίηση, λαμβάνει χώρα μια διεύρυνση της επίγνωσης και της συνείδησης ανάλογα με την πρόοδο του *σάντακ* (πνευματικού αναζητητή).

Τι συμβαίνει, για παράδειγμα, όταν αντλείς νερό από ένα πηγάδι; Το πηγάδι αμέσως ξαναγεμίζει με νερό από την πηγή που βρίσκεται από κάτω του. Η πηγή γεμίζει συνεχώς το πηγάδι. Όσο πιο πολύ νερό αντλείς, τόσο περισσότερο νερό έρχεται απ' την πηγή. Μ' αυτήν την έννοια θα μπορούσες να πεις ότι το νερό στο πηγάδι διαρκώς αυξάνεται. Η πηγή δε στερεύει ποτέ. Το πηγάδι είναι γεμάτο και παραμένει γεμάτο επειδή είναι αέναα συνδεδεμένο με την πηγή. Το πηγάδι δεν παύει να ολοκληρώνεται. Διευρύνεται συνεχώς.

Ερωτών: *(μετά από μια στιγμή στοχαστικής σιωπής)* Είναι πολύ παραστατικό, εξακολουθεί όμως ν' ακούγεται πολύπλοκο.

Άμμα: Ναι, ο νους δε θα το καταλάβει. Η Άμμα το γνωρίζει αυτό. Το πιο εύκολο είναι το πιο δύσκολο. Το πιο απλό παραμένει το πιο πολύπλοκο. Και το πλησιέστερο φαίνεται να είναι το απώτατο. Θα συνεχίσει να είναι ένας γρίφος μέχρι να πραγματώσεις τον Εαυτό, να φτάσεις στην Αυτοπραγμάτωση. Γι' αυτόν το λόγο οι *Ρίσις* (αρχαίοι άγιοι - προφήτες) περιέγραψαν τον *Άτμαν* ως «απώτερο απ' το απώτατο και πλησιέστερο απ' το πλησιέστατο.»

Παιδιά μου, το ανθρώπινο σώμα είναι ένα πολύ περιορισμένο εργαλείο. Δεν μπορεί να περικλείσει την απεριόριστη συνείδηση. Ωστόσο, όπως το πηγάδι, από τη στιγμή που συνδεθούμε με την αιώνια πηγή της *σάκτι,* η συνείδησή μας θα συνεχίσει να διευρύνεται μέσα μας. Μόλις επιτευχθεί το ανώτατο *σαμάντι* (η φυσική κατάσταση του Εαυτού), τότε η σύνδεση μεταξύ σώματος και νου, μεταξύ Θεού και κόσμου θα αρχίσει να λειτουργεί με πλήρη αρμονία. Άρα, δεν υπάρχει ανάπτυξη, δεν υπάρχει τίποτα. Παραμένεις ένα με τον απέραντο ωκεανό της συνείδησης.

Χωρίς Ισχυρισμούς

Ερώτηση: Άμμα, ισχυρίζεσαι κάτι;

Άμμα: Να ισχυρίζομαι τι δηλαδή;

Ερωτών: Ότι είσαι η ενσάρκωση της Θεϊκής Μητέρας, ή μια πλήρως Αυτοπραγματωμένη Διδάσκαλος ή οτιδήποτε άλλο.

Άμμα: Διακηρύττει διαρκώς ο πρόεδρος ή ο πρωθυπουργός μιας χώρας όπου κι αν πάει, «Γνωρίζετε ποιος είμαι; Είμαι ο πρόεδρος, είμαι ο πρωθυπουργός»; Όχι βέβαια. Είναι αυτοί που είναι. Ακόμα και το να ισχυριστείς ότι είσαι ένας *Άβαταρ* (Θεός που κατήλθε με ανθρώπινη μορφή) ή αυτοπραγματωμένος, μαρτυρεί την ανάμιξη του εγώ. Στην πραγματικότητα, όταν κάποιος ισχυρίζεται ότι είναι μια Ενσάρκωση, μια τέλεια Ψυχή, το γεγονός αυτό καθαυτό αποτελεί απόδειξη ότι δεν είναι.

Οι τέλειοι Διδάσκαλοι δεν προβάλουν τέτοιους ισχυρισμούς. Θέτουν πάντα ένα παράδειγμα στον κόσμο όντας ταπεινοί. Να το θυμάσαι, η Αυτοπραγμάτωση δε σε κάνει ξεχωριστό. Σε κάνει ταπεινό.

Για να ισχυριστείς όμως ότι είσαι κάτι, δε χρειάζεται να είσαι Αυτοπραγματωμένος ούτε να έχεις εξαιρετικά ταλέντα και ικανότητες. Το μόνο που πρέπει να έχεις είναι ένα μεγάλο εγώ, μια ψευτοϋπερηφάνια. Αυτό είναι που δεν έχει ένας τέλειος Διδάσκαλος.

Η Σπουδαιότητα του Γκούρου στον Πνευματικό Δρόμο

Ερώτηση: Γιατί αποδίδεται τόσο μεγάλη σημασία στην ύπαρξη του *Γκούρου* στον πνευματικό δρόμο;

Άμμα: Έλα λοιπόν, για πες στην Άμμα, υπάρχει κάποιος δρόμος που μπορείς να διαβείς ή κάποια δουλειά που μπορείς να μάθεις χωρίς τη βοήθεια ενός οδηγού ή ενός δασκάλου; Αν θέλεις να μάθεις πώς να οδηγείς, πρέπει να το διδαχθείς από έναν έμπειρο οδηγό. Ένα παιδί πρέπει να διδαχθεί πώς να δένει τα κορδόνια των παπουτσιών του. Και πώς μπορείς να μάθεις μαθηματικά χωρίς δάσκαλο· Ακόμα κι ένας κλέφτης πορτοφολιών χρειάζεται ένα δάσκαλο να του μάθει την τέχνη της κλοπής. Όταν οι δάσκαλοι είναι απαραίτητοι στη συνηθισμένη ζωή της καθημερινότητας, δε θα ήταν ακόμη μεγαλύτερη η ανάγκη για ένα δάσκαλο στον πνευματικό δρόμο, ο οποίος είναι τόσο εξαιρετικά λεπτός; Αν έχεις την πρόθεση να μεταβείς σ' ένα μακρινό τόπο, θα θελήσεις ίσως ν' αγοράσεις ένα χάρτη. Αλλά όσο καλά κι αν μελετάς το χάρτη, από τη στιγμή που κατευθύνεσαι προς μια εντελώς ξένη χώρα, έναν άγνωστο τόπο, δε θα γνωρίσεις τίποτα γι' αυτόν, ώσπου να φτάσεις πράγματι εκεί. Ούτε θα σε πληροφορήσει ο χάρτης για τη διαδρομή καθεαυτή, για τις κατηφοριές και τις ανηφοριές του δρόμου, για τους πιθανούς κινδύνους κατά τη διάρκεια του ταξιδιού. Γι' αυτό το λόγο, είναι καλύτερο να λάβεις οδηγίες από κάποιον, ο οποίος έχει ολοκληρώσει το ταξίδι και γνωρίζει το δρόμο από δική του προσωπική εμπειρία.

Τι γνωρίζεις για τον πνευματικό δρόμο; Είναι ένας εντελώς άγνωστος κόσμος και δρόμος. Ίσως έχεις συγκεντρώσει κάποιες πληροφορίες από βιβλία ή ανθρώπους. Όταν όμως έλθει η ώρα να τον διαβείς πραγματικά, να τον βιώσεις, η καθοδήγηση ενός *Σάτγκουρου* (Αληθινού Διδασκάλου) είναι απολύτως απαραίτητη.

31

Το Θεραπευτικό Άγγιγμα της Άμμα

Μια μέρα, ένας συντονιστής των Ευρωπαϊκών περιοδειών της Άμμα, έφερε σ' Αυτήν μια νέα γυναίκα, η οποία έκλαιγε γοερά. «Έχει να διηγηθεί στην Άμμα μια πολύ θλιβερή ιστορία», μου είπε. Με τα δάκρυα να κυλούν στο πρόσωπό της, η γυναίκα είπε στην Άμμα ότι ο πατέρας της είχε φύγει από το σπίτι όταν αυτή ήταν μόλις πέντε ετών. Όντας μικρό κοριτσάκι ρωτούσε συχνά τη μητέρα της πού βρίσκεται εκείνος. Αλλά η μητέρα δεν είχε ποτέ κάτι καλό να πει για τον πατέρα του κοριτσιού, επειδή η σχέση ανάμεσά τους υπήρξε πολύ άσχημη. Με την πάροδο των χρόνων, η περιέργεια της νεαρής γυναίκας για τον πατέρα της εξασθένισε σταδιακά.

Πριν δυο χρόνια – δηλαδή 20 χρόνια μετά την εξαφάνιση του πατέρα της – η μητέρα της νεαρής γυναίκας πέθανε. Καθώς διερευνούσε τα προσωπικά αντικείμενα της μητέρας της, ανακάλυψε έκπληκτη σ' ένα από τα παλιά ημερολόγιά της τη διεύθυνση του πατέρα της. Σύντομα κατάφερε να βρει το τηλέφωνό του. Μη μπορώντας να συγκρατήσει την ταραχή της, του τηλεφώνησε αμέσως. Η χαρά πατέρα και κόρης δεν είχε όρια. Αφού για ένα μεγάλο χρονικό διάστημα μιλούσαν μέσω τηλεφώνου, αποφάσισαν να συναντηθούν. Εκείνος συμφώνησε να μεταβεί με το αυτοκίνητό του στο χωριό που αυτή ζούσε και όρισαν την ημέρα της συνάντησης. Η μοίρα όμως στάθηκε απίστευτα σκληρή, πέρα για πέρα άσπλαχνη. Ενώ ο πατέρας οδηγούσε για να συναντήσει την κόρη του, ένα ατύχημα του κόστισε τη ζωή.

Η καρδιά της νεαρής γυναίκας είχε ραγίσει από τον πόνο. Οι υπεύθυνοι του νοσοκομείου την κάλεσαν ν' αναγνωρίσει τον πατέρα της και το πτώμα του παραδόθηκε στη φροντίδα της για τα περαιτέρω. Φανταστείτε τη συντετριμμένη ψυχική κατάσταση της νεαρής κυρίας. Περίμενε με απερίγραπτη ανυπομονησία να συναντήσει τον πατέρα της, τον οποίο δεν είχε δει για 20 χρόνια, και τελικά ό,τι κατόρθωσε να δει απ' αυτόν, ήταν το πτώμα του! Σα να μην έφταναν όλα αυτά, οι γιατροί της είπαν πως το ατύχημα είχε συμβεί επειδή ο πατέρας της είχε πάθει καρδιακή προσβολή καθώς οδηγούσε. Ενδεχομένως, αυτό συνέβη εξαιτίας της συγκίνησής του στην ιδέα ότι θα συναντούσε την κόρη του μετά από τόσα πολλά χρόνια.

Εκείνο το πρωί, όταν η Άμμα δέχτηκε τη νεαρή γυναίκα, έγινα μάρτυρας σ' ένα απ' τα ομορφότερα και πλέον συγκινητικά *ντάρσαν* που έχω δει ποτέ. Καθώς η γυναίκα έκλαιγε γοερά χύνοντας πικρά δάκρυα, η Άμμα σκούπιζε τα δικά Της δάκρυα, τα οποία κυλούσαν στο πρόσωπό Της. Ενώ η Άμμα αγκάλιαζε τρυφερά τη γυναίκα και κρατούσε το κεφάλι της στον κόρφο Της, της σκούπιζε κι εκείνης τα δάκρυά, τη χάιδευε και τη φιλούσε λέγοντάς της στοργικά, «Κόρη μου, παιδί μου, μην κλαις!». Η Άμμα έκανε τη γυναίκα να νιώθει ήρεμη κι ανακουφισμένη. Μεταξύ τους δεν υπήρξε σχεδόν καμία προφορική επικοινωνία. Παρατηρώντας τη σκηνή αυτή, όντας όσο πιο ανοικτός μπορούσα, διδάχτηκα άλλο ένα σημαντικό μάθημα για τη θεραπεία μιας πληγωμένης καρδιάς και το πώς αυτό συμβαίνει στην παρουσία της Άμμα. Όταν η γυναίκα έφυγε, υπήρχε μια ολοφάνερη αλλαγή σ' αυτήν. Φαινόταν πολύ ξαλαφρωμένη και χαλαρή. Καθώς ετοιμαζόταν να φύγει, στράφηκε προς εμένα και είπε, «Έχοντας συναντήσει την Άμμα νιώθω ανάλαφρη σαν λουλούδι».

Η Άμμα χρησιμοποιεί πολύ λίγες λέξεις κατά τη διάρκεια τέτοιων έντονων περιστατικών, ιδίως όταν πρόκειται για περιπτώσεις που μοιράζεται τον πόνο και τη θλίψη των άλλων. Μόνο η σιωπή που συνοδεύεται με βαθύ συναίσθημα, μπορεί ν' αντικατοπτρίσει τον πόνο των άλλων ανθρώπων. Όταν ανακύπτουν τέτοιες περιπτώσεις η Άμμα μιλά με τα μάτια Της, μοιράζεται έτσι τον πόνο του παιδιού Της κι εκφράζει τη βαθιά Της αγάπη, το ενδιαφέρον, τη συμμετοχή και τη φροντίδα Της. Όπως η Άμμα λέει: «Το εγώ δεν μπορεί να θεραπεύσει κανέναν. Η χρήση ενός δυσνόητου φιλοσοφικού λόγου, εκφρασμένου με εντυπωσιακά, θα προκαλούσε μόνο σύγχυση στους ανθρώπους. Από την άλλη πλευρά, μια ματιά ή ένα άγγιγμα από ένα πρόσωπο χωρίς εγώ, μπορεί εύκολα να διώξει τα σύννεφα του πόνου και της απελπισίας από την ψυχή. Αυτό είναι που οδηγεί στην αληθινή θεραπεία».

Ο Πόνος του Θανάτου

Eρώτηση: Άμμα, γιατί συνδέεται με το θάνατο τόσος πολύς φόβος και πόνος;

Άμμα: Η έντονη προσκόλληση στο σώμα και στον κόσμο προκαλεί τον πόνο και το φόβο του θανάτου. Σχεδόν όλοι πιστεύουν ότι ο θάνατος είναι η απόλυτη εκμηδένιση. Κανείς δεν επιθυμεί να εγκαταλείψει τον κόσμο και να χαθεί μέσα στη λήθη. Όταν έχουμε τέτοια προσκόλληση, η εμπειρία του να αφήσουμε το σώμα και τον κόσμο μπορεί να είναι πολύ οδυνηρή.

Ερώτηση: Θα είναι ο θάνατος ανώδυνος αν ξεπεράσουμε αυτήν την προσκόλληση;

Άμμα: Αν κάποιος υπερβεί την προσκόλληση στο σώμα, ο θάνατος θα γίνει όχι μόνο ανώδυνος, αλλά και μια μακάρια εμπειρία. Μπορείς να παραμείνεις μάρτυρας του θανάτου του σώματός σου. Μια αποστασιοποιημένη στάση μετατρέπει το θάνατο σε μια εντελώς διαφορετική εμπειρία.

Η πλειοψηφία των ανθρώπων πεθαίνει νιώθοντας τρομερή απογοήτευση και αποτυχία συνοδευόμενη με βαθιά θλίψη.

Συντετριμμένοι από βαθιά λύπη, περνούν τις τελευταίες τους ημέρες με φόβο και αγωνία, πόνο και πλήρη απόγνωση. Γιατί; Επειδή δεν έμαθαν ποτέ να αφήνουν και να απελευθερώνονται από τα ασήμαντα όνειρά τους, τις επιθυμίες και τις προσκολλήσεις τους. Τα γηρατειά και ειδικότερα οι τελευταίες ημέρες τέτοιων ανθρώπων θα γίνουν χειρότερα κι απ' την κόλαση. Γι' αυτόν το λόγο είναι απαραίτητη η σοφία.

Ερώτηση: Γίνεται σοφότερος καθώς γερνάει ο άνθρωπος;

Άμμα: Αυτή είναι η ευρέως διαδεδομένη άποψη. Έχοντας δει και βιώσει τα πάντα, περνώντας από τις διάφορες φάσεις της ζωής, υποτίθεται ότι εμφανίζεται η σοφία. Δεν είναι όμως τόσο εύκολο να φτάσει κανείς σ' αυτό το επίπεδο σοφίας, ειδικά στο σημερινό κόσμο, όπου οι άνθρωποι έχουν γίνει τόσο εγωκεντρικοί.

Ερώτηση: Ποια είναι η βασική ιδιότητα, την οποία πρέπει να αναπτύξει κάποιος για την απόκτηση αυτού του είδους της σοφίας;

Άμμα: Μια ζωή με στοχασμό και διαλογισμό. Αυτό μας δίνει την ικανότητα να εμβαθύνουμε στις διάφορες εμπειρίες της ζωής.

Ερώτηση: Άμμα, τη στιγμή που η πλειοψηφία των ανθρώπων στον κόσμο δεν έχει ανάλογη προδιάθεση στο στοχασμό και το διαλογισμό, είναι κάτι τέτοιο πραγματικά εφαρμόσιμο γι' αυτούς;

Άμμα: Εξαρτάται από το πόση σημασία αποδίδει κάποιος σε αυτά. Σκέψου ότι υπήρξε μια εποχή που ο στοχασμός και ο διαλογισμός ήταν αναπόσπαστα μέρη της ζωής. Αυτός είναι ο λόγος που εκείνη την εποχή μπόρεσαν να επιτευχθούν τόσα πολλά, παρόλο που η επιστήμη και η τεχνολογία δεν ήταν τόσο ανεπτυγμένες όσο είναι σήμερα. Τα ευρήματα και οι διαπιστώσεις εκείνων των ημερών εξακολουθούν να αποτελούν τη βάση για ό,τι κάνουμε στη σύγχρονη εποχή.

Στο σημερινό κόσμο, αυτό που είναι το πλέον σημαντικό δε γίνεται αποδεκτό, χαρακτηριζόμενο ως «μη πρακτικό κι ανεφάρμοστο». Αυτό είναι ένα από τα χαρακτηριστικά της *Κάλι Γιούγκα*, της εποχής του υλιστικού σκοταδισμού. Είναι εύκολο να ξυπνήσεις κάποιον που κοιμάται αλλά πολύ δύσκολο να ξυπνήσεις κάποιον που προσποιείται ότι κοιμάται. Τι ωφελεί να κρατάμε έναν καθρέφτη μπροστά από έναν τυφλό; Σ' αυτήν την εποχή οι άνθρωποι προτιμούν να κρατούν τα μάτια τους κλειστά στην Αλήθεια.

Ερώτηση: Άμμα, ποια είναι η αληθινή σοφία;

Άμμα: Αυτό, το οποίο συντελεί στο να γίνεται η ζωή απλή και όμορφη, είναι η αληθινή σοφία. Είναι η ορθή κατανόηση, την οποία αποκτά κάποιος μέσω της κατάλληλης διάκρισης. Όταν κάποιος έχει εσωτερικεύσει πραγματικά αυτήν την αρετή, αυτή θα αντικατοπτρίζεται στις σκέψεις και τις πράξεις του.

Η Ανθρωπότητα Σήμερα

Ερώτηση: Ποιο είναι το πνευματικό επίπεδο της ανθρωπότητας σήμερα;

Άμμα: Σε γενικές γραμμές, υπάρχει μια τεράστια πνευματική αφύπνιση παντού στον κόσμο. Είναι βέβαιο ότι οι άνθρωποι συνειδητοποιούν, ολοένα και περισσότερο, την ανάγκη για έναν πνευματικό τρόπο ζωής. Παρόλο που οι άνθρωποι δε συνδέουν άμεσα με την πνευματικότητα τη φιλοσοφία της Νέας Εποχής, τη γιόγκα και το διαλογισμό, οι τάσεις αυτές γίνονται όλο και πιο δημοφιλείς στις Δυτικές χώρες απ' ότι ποτέ πριν. Η άσκηση της *γιόγκα* και του διαλογισμού έχει γίνει της μόδας σε πολλές χώρες, ιδιαίτερα στα ανώτερα στρώματα της κοινωνίας. Η βασική ιδέα για μια ζωή εναρμονισμένη με τη Φύση και τις πνευματικές αρχές γίνεται αποδεκτή ακόμα και από τους αθεϊστές. Υπάρχει παντού μια εσωτερική δίψα κι ένα αίσθημα επείγουσας ανάγκης για αλλαγή. Αυτό είναι αναμφισβήτητα ένα θετικό σημάδι.

Από την άλλη πλευρά, ωστόσο, η επιρροή του υλισμού και οι υλικές απολαύσεις αυξάνονται επίσης ανεξέλεγκτα. Αν τα πράγματα συνεχίσουν μ' αυτόν τον τρόπο, θα προκληθεί σοβαρή ανισορροπία. Όσον αφορά τις υλικές απολαύσεις, οι άνθρωποι χρησιμοποιούν πολύ λιγοστή διάκριση και η προσέγγισή τους είναι συχνά ανόητη και καταστρεπτική.

Ερώτηση: Υπάρχει κάτι καινούργιο ή ιδιαίτερο στην εποχή μας;

Άμμα: Κάθε στιγμή είναι κατά κάποιο τρόπο ξεχωριστή και ιδιαίτερη. Ωστόσο, αυτή η εποχή είναι ιδιαίτερη, επειδή έχουμε σχεδόν φτάσει σ' ένα ακόμα αποκορύφωμα της ανθρώπινης ύπαρξης.

Ερώτηση: Αλήθεια; Ποιο είναι αυτό το αποκορύφωμα;

Άμμα: Το αποκορύφωμα του εγωισμού, του σκοταδισμού και της φιλαυτίας.

Ερώτηση: Άμμα, θα μπορούσες σε παρακαλώ να το αναπτύξεις αυτό λίγο πιο λεπτομερώς;

Άμμα: Σύμφωνα με τους *Ρίσις* (αρχαίοι άγιοι - προφήτες) υπάρχουν τέσσερις εποχές: η *Σάτυα Γιούγκα*, η *Τρέτα Γιούγκα*, η *Ντβάπαρα Γιούγκα* και η *Κάλι Γιούγκα*. Στις μέρες μας βρισκόμαστε στην *Κάλι Γιούγκα*, τη σκοτεινή εποχή του υλισμού. Η *Σάτυα Γιούγκα* έρχεται πρώτη, μια εποχή, στην οποία υπάρχουν μόνο η αλήθεια και η ειλικρίνεια. Αφού διένυσε τις άλλες δύο, την *Τρέτα Γιούγκα* και τη *Ντβάπαρα Γιούγκα*, η ανθρωπότητα σήμερα έχει φτάσει στην *Κάλι Γιούγκα*, την τελευταία εποχή, η οποία αναμένεται ότι θα αποκορυφωθεί μεταλλασσόμενη σε ακόμα μία *Σάτυα Γιούγκα*.

Καθώς, όμως, διανύσαμε τις εποχές *Τρέτα* και *Ντβάπαρα*, χάσαμε πολλές θαυμαστές αξίες, όπως η αλήθεια, η ευσπλαχνία, η αγάπη, κλπ. Η εποχή της αλήθειας και της ειλικρίνειας - *Σάτυα Γιούγκα* - ήταν ένα αποκορύφωμα. Η *Τρέτα* και η *Ντβάπαρα*, ήταν οι ενδιάμεσες εποχές, όπου ακόμη διαφυλάξαμε λιγάκι το *ντάρμα* (ορθότητα) και τη *σάτυα* (αλήθεια). Σήμερα, έχουμε φτάσει σε άλλο ένα αποκορύφωμα, στο αποκορύφωμα του *αντάρμα* (μη ορθότητα) και της *ασάτυα* (αναλήθεια) - *Κάλι Γιούγκα*. Μόνο τα μαθήματα ταπεινότητας θα βοηθήσουν την ανθρωπότητα να συνειδητοποιήσει το σκοτάδι που την περιβάλλει τώρα. Αυτό, θα μας προετοιμάσει να αναρριχηθούμε στην κορυφή του φωτός και της φιλαλήθειας. Ας ελπίζουμε κι ας προσευχόμαστε, ότι άνθρωποι απ' όλες τις θρησκείες και κουλτούρες ανά τον κόσμο, θα αφομοιώσουν αυτό το μάθημα, το οποίο είναι η ανάγκη της εποχής.

Σύντομος Δρόμος προς την Αυτοπραγμάτωση

Ερώτηση: Στο σημερινό κόσμο οι άνθρωποι αναζητούν σύντομους δρόμους για όλα όσα μπορούν να επιτευχθούν. Υπάρχει κάποιος σύντομος δρόμος προς την Αυτοπραγμάτωση;

Άμμα: Είναι σαν να ρωτάς: «Υπάρχει κάποιος σύντομος δρόμος προς τον Εαυτό μου;» Η Αυτοπραγμάτωση είναι ο δρόμος προς τον ίδιο σου τον Εαυτό. Γι' αυτό είναι τόσο απλή όσο το να πατάς ένα διακόπτη για το ηλεκτρικό φως. Θα πρέπει όμως να γνωρίζεις ποιο διακόπτη να πατήσεις και πώς, επειδή ο διακόπτης αυτός είναι κρυμμένος μέσα σου. Δεν μπορείς να τον βρεις πουθενά έξω από σένα. Εκεί είναι που χρειάζεσαι τη βοήθεια ενός Αληθινού Διδασκάλου. Η πόρτα είναι πάντα ορθάνοιχτη. Πρέπει μόνο να τη διαβείς.

Πνευματική Πρόοδος

Eρώτηση: Άμμα, διαλογίζομαι πολλά χρόνια τώρα. Δε νομίζω όμως ότι προοδεύω πραγματικά. Κάνω κάτι λάθος; Πιστεύεις ότι κάνω τις σωστές πνευματικές ασκήσεις;

Άμμα: Πρώτα απ' όλα, η Άμμα θέλει να ξέρει γιατί νομίζεις ότι δεν προοδεύεις. Ποιο είναι το κριτήριό σου για την πνευματική πρόοδο;

Ερωτών: Δεν είχα ποτέ οράματα.

Άμμα: Τι είδους οράματα περιμένεις;

Ερωτών: Δεν είδα ποτέ κάποιο θεϊκό γαλάζιο φως.

Άμμα: Από πού σου ήρθε η ιδέα ότι πρέπει να δεις γαλάζιο φως; Ερωτών: Μου το είπε ένας φίλος. Το έχω επίσης διαβάσει σε βιβλία.

Άμμα: Γιε μου, μην κάνεις περιττές σκέψεις για τη *σάντανα* (πνευματικές ασκήσεις) που ακολουθείς και την πνευματική ανάπτυξη. Αυτό είναι το λάθος. Οι απόψεις σου για την πνευματικότητα από μόνες τους μπορούν να γίνουν εμπόδιο στο δρόμο σου. Εκτελείς τη σωστή *σάντανα*, αλλά η στάση σου είναι λανθασμένη. Περιμένεις να εμφανιστεί μπροστά σου το θεϊκό γαλάζιο φως. Το παράδοξο είναι ότι δεν έχεις ιδέα τι είναι θεϊκό φως, παρόλα αυτά πιστεύεις ότι είναι γαλάζιο. Ποιος ξέρει, μπορεί να έχει ήδη εμφανιστεί, αλλά εσύ περίμενες ένα συγκεκριμένο θεϊκό γαλάζιο φως. Κι αν το Θείο αποφάσιζε να εμφανιστεί σαν κόκκινο ή πράσινο φως; Τότε, θα είχε ίσως ξεφύγει από την προσοχή σου.

Υπήρξε ένας γιος που διηγήθηκε κάποτε στην Άμμα ότι περίμενε ένα πράσινο φως να εμφανιστεί στους διαλογισμούς του. Τότε η Άμμα του είπε να είναι προσεκτικός ενώ οδηγεί, επειδή ίσως να παραβίαζε το κόκκινο φανάρι νομίζοντάς το για πράσινο. Τέτοιες αντιλήψεις σχετικά με την πνευματικότητα είναι πραγματικά επικίνδυνες. Γιε μου, το να βιώνεται η γαλήνη σε όλες τις περιστάσεις είναι ο στόχος όλων των πνευματικών ασκήσεων. Οτιδήποτε άλλο – είτε είναι φως, ήχος ή μορφή – θα έλθει και θα παρέλθει. Ακόμα κι αν έχεις κάποια οράματα, αυτά θα είναι προσωρινά. Το μοναδικό μόνιμο βίωμα είναι η απόλυτη γαλήνη. Αυτή η γαλήνη και η εμπειρία της ισορροπίας του νου, είναι πράγματι ο αληθινός καρπός της πνευματικής ζωής.

Ερώτηση: Άμμα, είναι λάθος να επιθυμώ τέτοια βιώματα;

Άμμα: Η Άμμα δε θα έλεγε ότι είναι λάθος. Ωστόσο, μην αποδίδεις σε τέτοια πράγματα μεγάλη σημασία, γιατί αυτό μπορεί να επιβραδύνει πραγματικά την πνευματική σου εξέλιξη. Αν συμβούν, καλώς να ορίσουν – άφησέ τα να έρθουν, δέξου τα. Αυτή είναι η ορθή αντιμετώπιση.

Στα αρχικά στάδια της πνευματικής ζωής, ένας αναζητητής θα έχει πολλές εσφαλμένες αντιλήψεις και ιδέες όσον αφορά την πνευματικότητα εξαιτίας του υπερβολικού του ενθουσιασμού και του χαμηλού του επιπέδου συνειδητότητας. Για παράδειγμα, κάποιοι είναι ξετρελαμένοι με τα οράματα θεοτήτων. Η έντονη προσδοκία για οραματισμό διαφόρων χρωμάτων, είναι άλλο ένα πάθος. Οι αγγελικοί ήχοι είναι αντικείμενο έλξης για πολλούς ανθρώπους. Πόσοι άνθρωποι χαραμίζουν ολόκληρη τη ζωή τους επιδιώκοντας *σίντις* (παραψυχικές δυνάμεις)! Υπάρχουν επίσης πολλοί, οι οποίοι ανυπομονούν να φτάσουν στο *σαμάντι* (φυσική κατάσταση του Εαυτού) και στη *μόκσα* (απελευθέρωση). Οι άνθρωποι έχουν, επίσης, ακούσει πάμπολλες ιστορίες για την αφύπνιση της *κουνταλίνι* (πνευματική ενέργεια, η οποία βρί-σκεται σε λήθαργο στη βάση της σπονδυλικής στήλης). Ένας αληθινός πνευματικός αναζητητής δε θα διακατέχεται ποτέ από τέτοιες ιδέες. Αυτές οι αντιλήψεις μπορούν σε κάθε περίπτωση να επιβραδύνουν την πνευματική μας πρόοδο. Γι' αυτό το λόγο, είναι σημαντικό να υπάρχει εξαρχής μια ορθή κατανόηση και μια υγιής, έξυπνη προσέγγιση στην πνευματική ζωή του καθενός. Η χωρίς διάκριση προσοχή στα λόγια οποιουδήποτε ισχυρίζεται ότι είναι Διδάσκαλος και η ανάγνωση ακατάλληλων βιβλίων, μεγαλώνουν τη σύγχυση.

Ο Νους μιας Αυτοπραγματωμένης Ψυχής

Ερώτηση: Σε ποια κατάσταση βρίσκεται ο νους μιας Αυτοπραγματωμένης ψυχής;

Άμμα: Είναι ένας νους χωρίς σκέψεις.

Ερώτηση: Είναι μη νους;

Άμμα: Είναι επεκτεινόμενη ευρύτητα.

Ερώτηση: Όμως, κι αυτές οι Αυτοπραγματωμένες ψυχές επίσης ενεργούν αλληλεπιδρώντας στον κόσμο. Πώς είναι αυτό δυνατό χωρίς το νου;

Άμμα: Χρησιμοποιούν, βεβαίως, το νου τους για να δρουν στον κόσμο. Υπάρχει όμως μια τεράστια διαφορά ανάμεσα στο συνηθισμένο ανθρώπινο νου, ο οποίος είναι γεμάτος με ποικίλες σκέψεις, και στο νου ενός *Μαχάτμα*. Οι *Μαχάτμα* χρησιμοποιούν το νου τους, ενώ εμείς είμαστε υποχείριά του. Οι *Μαχάτμα* δε δρουν κάνοντας υπολογισμούς, αλλά είναι αυθόρμητοι. Ο αυθορμητισμός είναι η φύση της καρδιάς. Κάποιος, ο οποίος ταυτίζεται υπέρμετρα με το νου, δεν μπορεί να είναι αυθόρμητος.

Ερώτηση: Οι περισσότεροι άνθρωποι που ζουν στον κόσμο ταυτίζονται με το νου τους. Θέλεις να πεις ότι για όλους αυτούς είναι στη φύση τους να εκμεταλλεύονται και να χειραγωγούν;

Άμμα: Όχι, υπάρχει πλήθος περιπτώσεων, στις οποίες οι άνθρωποι ταυτίζονται με την καρδιά και τα θετικά της συναισθήματα. Όταν οι άνθρωποι είναι ευγενικοί, ευσπλαχνικοί και σκέφτονται τους άλλους, ενεργούν ορμώμενοι περισσότερο από την καρδιά παρά από το νου τους. Είναι όμως πάντα ικανοί να συμπεριφέρονται με αυτόν τον τρόπο; Όχι, τις περισσότερες φορές ταυτίζονται με το νου τους. Αυτό εννοούσε η Άμμα.

Ερώτηση: Αν η ικανότητα να παραμένει κάποιος τέλεια συντονισμένος με τα θετικά συναισθήματα της καρδιάς, είναι λανθάνουσα μέσα σ' όλους μας, τότε γιατί κάτι τέτοιο δε συμβαίνει πιο συχνά;

Άμμα: Επειδή στην παρούσα κατάσταση σας ο νους είναι πιο ισχυρός. Για να παραμείνει κανείς συντονισμένος με τα θετικά συναισθήματα της καρδιάς του, θα πρέπει να ενδυναμώσει την επαφή του με τη σιωπή της πνευματικής του καρδιάς και να αποδυναμώσει την επαφή του με την ταραχή του πολύβουου νου του.

45

Ερώτηση: Τι καθιστά κάποιον ικανό να είναι αυθόρμητος κι ανοικτός;

Άμμα: Η μικρότερη ανάμιξη του εγώ.

Ερώτηση: Τι συμβαίνει όταν υπάρχει μικρότερη ανάμιξη του εγώ;

Άμμα: Θα σε κατακλύζει ένας έντονος πόθος που θα πηγάζει βαθιά από μέσα σου. Παρόλο που θα έχεις προετοιμάσει το έδαφος για να συμβεί αυτό, δε θα υπάρχει κανένας υπολογισμός ή προσπάθεια όταν συμβαίνει πραγματικά.

Αυτή η πράξη, ή ό,τι άλλο μπορεί να είναι, γίνεται εξαιρετικά όμορφη και παρέχει εσωτερική πληρότητα. Οι άλλοι επίσης θα ελκύονται έντονα απ' αυτό που θα έχεις κάνει εκείνη τη στιγμή. Τέτοιες στιγμές είναι περισσότερο εκφράσεις της καρδιάς σου. Τότε είσαι πιο κοντά στο αληθινό είναι σου.

Τέτοιες στιγμές έρχονται όντως από την άλλη - πέρα από αυτήν - πραγματικότητα, πέρα από τις σκέψεις και τα συναισθήματα. Ξαφνικά, συντονίζεσαι με το Άπειρο και συνδέεσαι με την πηγή της παγκόσμιας ενέργειας. Οι Αυθεντικοί Διδάσκαλοι βρίσκονται πάντα σ' αυτήν την κατάσταση αυθορμητισμού και δημιουργούν τις ίδιες συνθήκες και για τους άλλους επίσης.

Η Απόσταση Ανάμεσα στην Άμμα κι Εμάς

Ερώτηση: Άμμα, ποια είναι η απόσταση ανάμεσα σ' εσένα κι εμάς;

Άμμα: Μηδενική και άπειρη.

Ερώτηση: Μηδενική και άπειρη;

Άμμα: Ναι, δεν υπάρχει καμία απολύτως απόσταση ανάμεσα σε σένα και την Άμμα. Αλλά ταυτόχρονα η απόσταση είναι επίσης άπειρη.

Ερωτούσα: Αυτό ακούγεται αντιφατικό.

Άμμα: Οι περιορισμοί του νου το κάνουν να ακούγεται αντιφατικό. Θα εξακολουθήσει να είναι έτσι ώσπου να φτάσεις στο τελευταίο στάδιο της συνειδητοποίησης. Καμία εξήγηση, ανεξάρτητα από το πόσο έξυπνη ή λογική μπορεί να ακούγεται, δεν θα άρει αυτή την αντίφαση.

Ερώτηση: Καταλαβαίνω τους περιορισμούς του νου μου. Αλλά όμως δεν καταλαβαίνω γιατί θα πρέπει να είναι τόσο παράδοξο και διφορούμενο; Πώς είναι δυνατόν να είναι μηδενική και ταυτόχρονα άπειρη;

Άμμα: Πρώτα απ' όλα, κόρη μου, δεν έχεις κατανοήσει τους περιορισμούς του νου σου. Το να κατανοήσεις πραγματικά τη μικρότητα του νου, σημαίνει να κατανοήσεις πραγματικά το μεγαλείο του Θεού, του Θείου. Ο νους είναι ένα μεγάλο βάρος.

47

Από τη στιγμή που θα αρχίσεις να το κατανοείς αυτό αληθινά, θα συνειδητοποιήσεις τη ματαιότητα του να κουβαλάς το τεράστιο αυτό φορτίο, που ονομάζεται νους. Δεν μπορείς άλλο πια να το κουβαλάς. Η συνειδητοποίηση αυτή σε βοηθά να το πετάξεις από πάνω σου. Κόρη μου, όσο εξακολουθείς να μην έχεις επίγνωση του Θείου που είναι μέσα σου, η απόσταση είναι άπειρη. Τη στιγμή, όμως, που η Φώτιση αρχίζει να χαράζει, έρχεται επίσης η συνειδητοποίηση ότι ποτέ δεν υπήρξε κάποια απόσταση.

Ερωτούσα: Είναι αδύνατο για το νου να αντιληφθεί όλη τη διαδικασία.

Άμμα: Κόρη μου, αυτό είναι ένα καλό σημάδι. Τουλάχιστον συμφωνείς ότι δεν είναι δυνατό για τη νόηση να αντιληφθεί τη λεγόμενη «διαδικασία».

Ερώτηση: Σημαίνει αυτό ότι δεν υπάρχει τέτοια διαδικασία;

Άμμα: Ακριβώς. Πάρε για παράδειγμα έναν άντρα που γεννήθηκε τυφλός. Γνωρίζει τι σημαίνει φως; Όχι, ο καημένος είναι εξοικειωμένος μόνο με το σκοτάδι, έναν εντελώς διαφορετικό κόσμο σε σύγκριση με τον κόσμο εκείνων που έχουν ευλογηθεί με το δώρο της όρασης.

Ο γιατρός του λέει: «Πρόσεξε, η όρασή σου μπορεί να αποκατασταθεί αν υποβληθείς σε μια χειρουργική επέμβαση. Είναι αναγκαίο να γίνει κάποια διορθωτική παρέμβαση».

Αν ο άντρας επιλέξει την επέμβαση σύμφωνα με τις οδηγίες του γιατρού, το σκοτάδι σύντομα θα εξαφανιστεί και θα εμφανιστεί το φως, έτσι δεν είναι; Όμως, από πού έρχεται αυτό το φως, από κάπου έξω; Όχι, η δυνατότητα της όρασης ήταν πάντα μέσα στον άντρα και περίμενε. Παρομοίως, όταν διορθώσεις την εσωτερική σου όραση μέσω των πνευματικών ασκήσεων, το φως της αγνής γνώσης, που ήδη περιμένει, θα αρχίσει να φωτίζει μέσα σου.

Οι Τρόποι της Άμμα

Ο ι τρόποι της Άμμα είναι μοναδικοί. Τα μαθήματα έρχονται αναπάντεχα κι έχουν πάντα μια ξεχωριστή «γεύση». Κατά τη διάρκεια του πρωινού *ντάρσαν,* μια κυρία που είχε δηλώσει συμμετοχή στην εκδήλωση της Άμμα, είχε φέρει μαζί της μια άλλη, άγνωστη, γυναίκα. Αντιλήφθηκα με καχυποψία τη νεοφερμένη και ενημέρωσα την Άμμα. Αλλά η Άμμα με αγνόησε εντελώς και συνέχισε να δίνει *ντάρσαν.* Σκέφτηκα: «Εντάξει, η Άμμα είναι απασχολημένη. Ωστόσο, ας κρατήσω το βλέμμα και την προσοχή μου στραμμένα στην «εισβολέα». Γι' αυτό, για τα επόμενα λίγα λεπτά, παρότι η κύρια *σέβα* μου (ανιδιοτελής υπηρεσία) ήταν η μετάφραση των ερωτήσεων που απηύθυναν οι πιστοί στην Άμμα, επέλεξα σαν δευτερεύουσα *σέβα* τη στενή παρακολούθηση κάθε κίνησης της μη δηλωθείσας. Η γυναίκα αυτή παρέμενε κολλημένη στη φίλη της που την είχε φέρει, κι έτσι τα μάτια μου ακολουθούσαν με ακρίβεια τις κινήσεις τους όπου κι αν πήγαιναν. Ταυτόχρονα, έδινα συνεχώς αναφορά στην Άμμα γι' αυτές τις κινήσεις τους. Παρόλο που η Άμμα δε με άκουγε, θεώρησα καθήκον μου να το κάνω εν πάση περιπτώσει.

Μόλις οι δυο γυναίκες μπήκαν στην ουρά των ατόμων με ειδικές ανάγκες, το έθεσα υπόψη της Άμμα με ενθουσιασμό. Η Άμμα, όμως, συνέχισε να δίνει *ντάρσαν* στους πιστούς. Στο μεταξύ, με πλησίασαν δυο άλλοι πιστοί. Δείχνοντας με το δάχτυλό του την «παρείσακτη», ο ένας απ' αυτούς είπε: «Βλέπεις εκείνη την κυρία; Είναι κάπως παράξενη. Την άκουσα να μιλά. Είναι πολύ αρνητική. Δε νομίζω ότι θα ήταν φρόνιμο να την αφήσουμε να παραμείνει στην αίθουσα».

Ο άλλος πιστός είπε με ιδιαίτερα σοβαρό τόνο: «Ρώτα την Άμμα τι θα πρέπει να κάνουμε μ' αυτήν, να την βγάλουμε έξω;»

Μετά από πολλή προσπάθεια, κατάφερα να αποσπάσω την προσοχή της Άμμα. Τελικά με κοίταξε και ρώτησε, «Πού είναι η γυναίκα αυτή;»

Και οι τρεις μας καταχαρήκαμε. Σκεφτήκαμε – τουλάχιστον εγώ σκέφτηκα – ότι η Άμμα γρήγορα θα ξεστόμιζε αυτές τις ευχάριστες τρεις λέξεις, τις οποίες ανυπόμονα περιμέναμε να ακούσουμε: «Βγάλτε την έξω».

Ακούγοντας την Άμμα να ρωτά «πού είναι αυτή η γυναίκα;» και οι τρεις μαζί δείξαμε προς το μέρος όπου αυτή καθόταν. Η Άμμα την κοίταξε κι εμείς περιμέναμε τώρα πια με αγωνία την τελική κρίση. Η Άμμα στράφηκε προς εμάς και είπε: «Φωνάξτε την». Στη βιασύνη μας να καλέσουμε την κυρία πέσαμε σχεδόν ο ένας πάνω στον άλλο.

Μόλις η γυναίκα πλησίασε την πολυθρόνα του *ντάρσαν*, η Άμμα άπλωσε τα χέρια Της και μ' ένα γλυκό χαμόγελο στο πρόσωπό Της είπε: «Έλα, κόρη μου». Η ξένη έπεσε αυθόρμητα στην αγκαλιά της Άμμα. Καθώς παρακολουθούσαμε, η κυρία είχε ένα από τα πιο όμορφα *ντάρσαν*. Η Άμμα την τράβηξε απαλά στον ώμο Της και της χάιδευε τρυφερά την πλάτη. Ύστερα, αφού κράτησε το πρόσωπό της στα δυο Της χέρια, κοίταξε βαθιά μέσα στα μάτια της γυναίκας. Δάκρυα κύλησαν στα μάγουλά της, ενώ η Άμμα τα σκούπιζε ευσπλαχνικά με τα χέρια Της.

Μη μπορώντας να συγκρατήσουμε τα δικά μας δάκρυα, οι δυο «συνεργάτες» μου κι εγώ στεκόμασταν πίσω από την πολυθρόνα του *ντάρσαν* τελείως ήρεμοι και γαλήνιοι. Μόλις η γυναίκα έφυγε, η Άμμα με κοίταξε και είπε μ' ένα χαμόγελο στο πρόσωπό Της: «Έχασες τόση πολύ από την ενέργειά σου σήμερα».

Γεμάτος δέος, κοίταζα τη μικροκαμωμένη μορφή της Άμμα καθώς εκείνη συνέχιζε να κατακλύζει τα παιδιά Της με χαρά και ευλογία. Παρότι εκείνη τη στιγμή μου δέθηκε η γλώσσα, θυμήθηκα μια όμορφη ρήση της Άμμα: «Η Άμμα είναι σαν ένας ποταμός. Η Άμμα απλώς ρέει. Κάποιοι κάνουν μπάνιο στον ποταμό. Άλλοι σβήνουν τη δίψα τους πίνοντας από το νερό του. Υπάρχουν άνθρωποι, οι οποίοι έρχονται για να κολυμπήσουν και να απολαύσουν το νερό. Υπάρχουν, επίσης, άνθρωποι που φτύνουν μέσα στον ποταμό. Ό,τι κι αν συμβαίνει, ο ποταμός τα δέχεται όλα και ρέει ανεπηρέαστος, αγκαλιάζοντας όλους όσους τον πλησιάζουν».

Έτσι, έζησα άλλη μια καταπληκτική στιγμή στην παρουσία της Άμμα, της Υπέρτατης Διδασκάλου.

Καμιά Καινούργια Αλήθεια

Ερώτηση: Άμμα, πιστεύεις ότι η ανθρωπότητα χρειάζεται μια καινούρια αλήθεια για να αφυπνισθεί;

Άμμα: Η ανθρωπότητα δε χρειάζεται μια καινούρια αλήθεια. Αυτό που απαιτείται είναι να αναγνωρίσει την Αλήθεια που ήδη υπάρχει. Υπάρχει μόνο μια Αλήθεια. Αυτή η Αλήθεια λάμπει πάντοτε μέσα σε όλους μας. Αυτή η μία και μοναδική Αλήθεια, δεν μπορεί να είναι ούτε νέα ούτε παλιά. Είναι διαρκώς η ίδια, αμετάβλητη, πάντα καινούργια. Το να αναζητά κάποιος μια καινούρια Αλήθεια είναι σαν να ρωτά ένα παιδάκι του νηπιαγωγείου τη δασκάλα του: «Κυρία, εδώ και πολύ καιρό μας λέτε ότι 2+2 κάνει 4. Αυτό έχει παλιώσει πια. Γιατί δεν μπορείτε να πείτε κάτι καινούριο, όπως ότι κάνει 5 και όχι πάντα 4;» Η Αλήθεια δεν μπορεί να αλλάξει. Υπήρχε πάντα και ήταν πάντα η ίδια.

Σε τούτη τη νέα χιλιετία, θα παρατηρηθεί μια μεγάλη πνευματική αφύπνιση, τόσο στην Ανατολή όσο και στη Δύση. Αυτό είναι πράγματι η ανάγκη της εποχής. Το αυξημένο επίπεδο επιστημονικής γνώσης που έχει αποκτήσει η ανθρωπότητα, πρέπει να μας οδηγήσει στο Θεό.

Αλήθεια

Ερώτηση: Άμμα, τι είναι Αλήθεια;

Άμμα: Αλήθεια είναι αυτό, το οποίο είναι αιώνιο και αμετάβλητο.

Ερώτηση: Είναι η ειλικρίνεια Αλήθεια;

Άμμα: Η ειλικρίνεια είναι μόνο μια ιδιότητα και όχι η Αλήθεια, η ύψιστη πραγματικότητα.

Ερώτηση: Δεν είναι αυτή η ιδιότητα τμήμα της Αλήθειας, της ύψιστης πραγματικότητας;

Άμμα: Ναι, όπως όλα είναι τμήμα της Αλήθειας, της ύψιστης πραγματικότητας, έτσι και η ειλικρίνεια επίσης είναι μέρος αυτής.

Ερώτηση: Αν τα πάντα είναι τμήμα της ύψιστης πραγματικότητας, τότε, όχι μόνο οι καλές ιδιότητες αλλά και οι κακές είναι επίσης τμήμα της. Έτσι δεν είναι;

Άμμα: Ναι, αλλά εσύ όμως, κόρη μου, βρίσκεσαι ακόμα στη γη και δεν έχεις φτάσει σ' αυτά τα ύψη. Ας υποθέσουμε ότι πρόκειται να πετάξεις με ένα αεροπλάνο για πρώτη φορά. Μέχρι να επιβιβαστείς στο αεροπλάνο δε θα έχεις ιδέα τι σημαίνει πτήση. Κοιτάς γύρω σου και βλέπεις ανθρώπους· αυτοί μιλάνε και φωνάζουν. Υπάρχουν κτίρια, δέντρα, οχήματα που κινούνται παντού, οι φωνές των παιδιών που κλαίνε κλπ. Μετά από λίγο επιβιβάζεσαι στο αεροπλάνο. Στη συνέχεια το αεροπλάνο απογειώνεται και σιγά σιγά πετά ολοένα και πιο ψηλά. Εκείνη τη στιγμή, αν κοιτάξεις προς τα κάτω, βλέπεις τα πάντα να γίνονται όλο και πιο μικρά, να χάνονται σιγά σιγά και να συγχωνεύονται σε μια ενότητα. Τελικά όλα εξαφανίζονται κι εσύ περιβάλλεσαι από τον απέραντο χώρο.

Παρομοίως, παιδί μου, εσύ βρίσκεσαι ακόμα στη γη και δεν έχεις επιβιβαστεί για την πτήση. Πρέπει να καλλιεργήσεις αρετές, να τις εσωτερικεύσεις, να τις κάνεις πράξη και να αποβάλεις τα ελαττώματα. Όταν θα φτάσεις στα ύψη της συνειδητοποίησης, τότε θα τα βιώσεις όλα σαν Ένα.

Συμβουλή με μια Πρόταση

Ερώτηση: Άμμα, μπορείς με μια πρόταση να μου δώσεις μια συμβουλή για τη γαλήνη του νου μου;

Άμμα: Μόνιμη ή προσωρινή;

Ερωτών: Μόνιμη βέβαια.

Άμμα: Ανακάλυψε τον Εαυτό σου (Άτμαν).

Ερωτών: Αυτό είναι πολύ δύσκολο για να το καταλάβω.

Άμμα: Τότε, αγάπα όλους και όλα.

Ερώτηση: Είναι αυτές δύο διαφορετικές απαντήσεις;

Άμμα: Όχι, μόνο οι λέξεις είναι διαφορετικές. Το να ανακαλύψει κανείς τον Εαυτό του και το να αγαπά όλους εξίσου είναι βασικά το ίδιο πράγμα· είναι αλληλεξαρτώμενα. *(Γελώντας)* Γιε μου, όσα σου είπα είναι ήδη περισσότερα από μια πρόταση.

Ερωτών: Συγγνώμη, Άμμα, είμαι χαζός.

Άμμα: Δεν πειράζει, μην ανησυχείς. Θέλεις όμως να συνεχίσεις;

Ερώτηση: Ναι, Άμμα. Η γαλήνη, η αγάπη και η πραγματική ευτυχία αναπτύσσονται παράλληλα με τη *σάντανά μας* (πνευματικές ασκήσεις), ή είναι μόνο το τελικό αποτέλεσμα;

Άμμα: Και τα δύο. Μόνο όμως όταν ανακαλύψουμε ξανά τον Εσωτερικό Εαυτό θα ολοκληρωθεί ο κύκλος και θα επακολουθήσει η απόλυτη γαλήνη.

Ερώτηση: Τι εννοείς λέγοντας «ο κύκλος»;

Άμμα: Τον κύκλο της εσωτερικής και της εξωτερικής μας ύπαρξης, την κατάσταση της τελειότητας.

Ερώτηση: Στις Γραφές, όμως, αναφέρεται ότι είναι ήδη πλήρης, ένας κύκλος. Εφόσον είναι ήδη ένας κύκλος, τότε πώς τίθεται θέμα ολοκλήρωσής του;

Άμμα: Φυσικά και είναι ένας πλήρης κύκλος. Οι περισσότεροι όμως άνθρωποι δεν το συνειδητοποιούν αυτό. Γι' αυτούς υπάρχει ένα κενό που πρέπει να καλυφθεί. Και στην προσπάθεια να καλύψει αυτό το κενό τρέχει κάθε άνθρωπος άσκοπα πέρα δώθε στο όνομα αναγκών, απαιτήσεων και επιθυμιών.

Ερωτών: Άμμα, άκουσα ότι στην κατάσταση της ύψιστης συνειδητοποίησης δεν υπάρχει κάτι τέτοιο όπως εσωτερική και εξωτερική ύπαρξη.

Άμμα: Πράγματι, αυτό όμως είναι το βίωμα εκείνων, οι οποίοι έχουν εδραιωθεί σε αυτή την κατάσταση.

Ερώτηση: Θα βοηθήσει η διανοητική κατανόηση αυτής της κατάστασης;

Άμμα: Να βοηθήσει σε τι;

Ερωτών: Να με βοηθήσει να αποκτήσω μια αμυδρή εικόνα αυτής της κατάστασης.

Άμμα: Όχι, μια διανοητική κατανόηση θα ικανοποιήσει μονάχα το νου. Ακόμα και αυτή η ίδια η ικανοποίηση, είναι μόνο προσωρινή. Ίσως νομίσεις ότι το έχεις καταλάβει, αλλά σύντομα θα έχεις πάλι αμφιβολίες κι ερωτηματικά. Η κατανόησή σου βασίζεται μόνο σε περιορισμένες λέξεις κι επεξηγήσεις· αυτές δεν μπορούν να σου χαρίσουν την εμπειρία του απεριόριστου.

Ερώτηση: Ποιος είναι λοιπόν ο καλύτερος τρόπος;

Άμμα: Δούλεψε σκληρά ώσπου από μόνος σου να παραδοθείς και να αφεθείς.

Ερώτηση: Τι εννοείς με το «δούλεψε σκληρά»;

Άμμα: Η Άμμα εννοεί να ασκείς υπομονετικά τάπας (αυτοπειθαρχία – εγκράτεια). Μόνο αν ασκείς τάπας θα είσαι ικανός να παραμένεις στο παρόν.

Ερώτηση: Τι είναι τάπας, να κάθομαι συνεχώς και να διαλογίζομαι πολλές ώρες;

Άμμα: Ο διαλογισμός είναι ένα μέρος της διαδικασίας. Η εκτέλεση κάθε πράξης και η διαμόρφωση κάθε σκέψης με τέτοιο τρόπο που να μας βοηθά να γίνουμε ένα με το Θεό, ή με τον Εαυτό, είναι, πραγματικά, τάπας.

Ερώτηση: Τι ακριβώς σημαίνει αυτό;

Άμμα: Αυτό σημαίνει ότι η ζωή σου πρέπει να είναι αφιερωμένη στο στόχο της πραγμάτωσης του Θεού.

Ερωτών: Είμαι λίγο σαστισμένος.

Άμμα: (χαμογελώντας) Όχι μόνο λίγο - είσαι πολύ σαστισμένος.

Ερώτηση: Έχεις δίκιο. Γιατί όμως;

Άμμα: Επειδή σκέφτεσαι πάρα πολύ για την πνευματικότητα και για την κατάσταση πέρα από το νου. Πάψε να σκέφτεσαι και χρησιμοποίησε την ενέργεια αυτή για να πράξεις ό,τι μπορείς. Αυτό, θα σου χαρίσει το βίωμα – ή τουλάχιστον μια αμυδρή εικόνα – αυτής της πραγματικότητας.

Η Ανάγκη για Πρόγραμμα

Ερώτηση: Άμμα, λες ότι κάποιος πρέπει να τηρεί μια καθημερινή πειθαρχία, ένα πρόγραμμα, και να μένει πιστός σ' αυτό όσο το δυνατόν περισσότερο. Όμως, Άμμα, είμαι μητέρα ενός μικρού μωρού. Τι γίνεται αν το παιδί μου κλαίει όταν ετοιμάζομαι να διαλογιστώ;

Άμμα: Είναι πολύ απλό. Φρόντισε πρώτα το μωρό και μετά διαλογίσου. Αν επιλέξεις πρώτα να διαλογιστείς, χωρίς να δώσεις στο παιδί την προσοχή που απαιτείται, τότε θα καταλήξεις να διαλογίζεσαι με αντικείμενο το παιδί και όχι τον Εαυτό ή το Θεό.

Η τήρηση ενός προγράμματος θα είναι σίγουρα ωφέλιμη στα αρχικά στάδια. Επίσης ένας ειλικρινής *σάντακ* (πνευματικός αναζητητής) θα πρέπει να ασκείται στον έλεγχο του εαυτού του όλη την ώρα, καθ' όλη τη διάρκεια της ημέρας και της νύχτας. Κάποιοι άνθρωποι έχουν τη συνήθεια να πίνουν καφέ αμέσως μόλις ξυπνήσουν. Αν κάποια φορά δεν τον πιουν στην ώρα τους, θα νιώσουν πάρα πολύ ανήσυχοι. Αυτό μπορεί ακόμα να χαλάσει και όλη τους τη μέρα προκαλώντας στομαχόπονο, δυσκοιλιότητα και πονοκέφαλο. Παρομοίως, ο διαλογισμός, η προσευχή και η αδιάλειπτη επανάληψη του μάντρα θα πρέπει επίσης να γίνουν αναπόσπαστο τμήμα της ζωής ενός σάντακ. Αν κάποια φορά παραλείψεις αυτές τις πρακτικές, θα πρέπει να είσαι σε θέση να το νιώσεις έντονα. Απ' αυτό θα πρέπει να προκύψει η σφοδρή επιθυμία να μην τις παραλείψεις ποτέ.

Προσωπική Προσπάθεια

Ερώτηση: Άμμα, κάποιοι άνθρωποι υποστηρίζουν ότι επειδή η πραγματική μας φύση είναι ο *Άτμαν*, δεν είναι απαραίτητο να εκτελούμε πνευματικές ασκήσεις. Λένε: «Είμαι 'Εκείνο', η απόλυτη συνείδηση, ποιος ο λόγος λοιπόν να εκτελώ *σάντανα* (πνευματική άσκηση) αφού είμαι ήδη 'Εκείνο';» Πιστεύεις ότι οι τέτοιοι άνθρωποι είναι αξιόπιστοι;

Άμμα: Η Άμμα δε θέλει να κρίνει αν αυτοί οι άνθρωποι είναι αξιόπιστοι ή όχι. Έχει όμως τη γνώμη ότι τέτοιοι άνθρωποι είτε προσποιούνται πως είναι έτσι, είτε βρίσκονται σε πλήρη σύγχυση και αυταπατώνται, ή τεμπελιάζουν. Η Άμμα αναρωτιέται, αν αυτοί οι άνθρωποι θα ισχυρίζονταν: «δεν χρειάζομαι τροφή ή νερό επειδή δεν είμαι το σώμα μου»; Ας υποθέσουμε ότι έμπαιναν σε μια τραπεζαρία με αρκετά πιάτα όμορφα τακτοποιημένα στο τραπέζι, αλλά εκεί όπου υποτίθεται ότι θα έπρεπε να υπάρχει ένα πλουσιοπάροχο φαγητό, βρισκόταν μόνο ένα κομμάτι χαρτί, στο οποίο αναγραφόταν «ρύζι», σ' ένα άλλο αναγράφεται «λαχανικά στον ατμό», «γλυκό», κλπ. Θα ήταν αυτοί οι άνθρωποι πρόθυμοι να φανταστούν ότι έφαγαν με την καρδιά τους και ότι η πείνα τους ικανοποιήθηκε απόλυτα; Το δέντρο υπάρχει μέσα στο σπόρο. Τι γίνεται όμως αν ο σπόρος εγωιστικά ισχυριστεί: «Δε θέλω να προσκυνήσω αυτήν τη γη. Είμαι το δέντρο. Δε χρειάζεται να μπω κάτω απ' αυτό το βρώμικο χώμα». Αν η στάση του σπόρου είναι τέτοια, απλά δε θα φυτρώσει ποτέ, δε θα εμφανιστεί το βλαστάρι και δε θα γίνει ποτέ δέντρο να προσφέρει στους άλλους σκιά και φρούτα. Απλά και μόνο με το να νομίζει ο σπόρος πως είναι δέντρο, δε θα συμβεί τίποτα. Ο σπόρος θα παραμένει σπόρος.

Άρα λοιπόν να είσαι ένας σπόρος, αλλά έχε την προθυμία να πέσεις στη γη και να μπεις μέσα στο χώμα. Τότε η γη θα φροντίσει για σένα και θα σου δώσει ό,τι χρειάζεσαι.

Θεία Χάρη

Eρώτηση: Άμμα, είναι η Θεία Χάρη ο τελικός αποφασιστικός παράγοντας;

Άμμα: Η Θεία Χάρη είναι ο παράγοντας που φέρνει στις πράξεις σου το σωστό αποτέλεσμα, στο σωστό χρόνο, στη σωστή αναλογία.

Ερώτηση: Ακόμα κι αν κάποιος αφοσιωθεί ολοκληρωτικά στην εργασία του, το αποτέλεσμα θα εξαρτηθεί από το πόση Θεία Χάρη λαμβάνει;

Άμμα: Η αφοσίωση είναι ο καθοριστικός παράγοντας. Όσο περισσότερο αφοσιωμένος είσαι, τόσο πιο ανοιχτός και δεκτικότερος παραμένεις. Όσο πιο ανοιχτός και δεκτικότερος είσαι, τόσο περισσότερη αγάπη βιώνεις. Όσο περισσότερη αγάπη έχεις, τόσο περισσότερη Θεία Χάρη βιώνεις. Θεία Χάρη είναι το άνοιγμα, η δεκτικότητα. Είναι η πνευματική δύναμη και η διαισθητική ματιά που βιώνεις ενώ εκτελείς μια πράξη. Παραμένοντας ανοιχτός και δεκτικός σε μια συγκεκριμένη κατάσταση, εγκαταλείπεις το εγώ και τις στενόμυαλες απόψεις. Αυτό μεταμορφώνει το νου σου σε κανάλι, μέσα από το οποίο μπορεί να ρέει η *σάκτι* (Θεϊκή ενέργεια). Αυτή η ροή της *σάκτι* και η έκφρασή της μέσα από τις πράξεις μας, είναι Θεία Χάρη. Κάποιος μπορεί να είναι άριστος τραγουδιστής. Όταν όμως εμφανίζεται στη σκηνή, θα πρέπει να επιτρέπει στη *σάκτι* της μουσικής να ρέει μέσα απ'αυτόν. Αυτό καλεί τη Θεία Χάρη και τον βοηθά να ανεβάζει ολόκληρο το ακροατήριο στα ουράνια.

Ερώτηση: Πού βρίσκεται η πηγή της Θείας Χάριτος;

Άμμα: Η πραγματική πηγή της βρίσκεται μέσα μας. Όσο όμως δεν το συνειδητοποιούμε αυτό, θα φαίνεται ότι παραμένει κάπου μακριά, σε μια άλλη - πέρα απ' αυτήν - πραγματικότητα.

Ερώτηση: Σε μια «άλλη - πέρα απ' αυτήν - πραγματικότητα;»

Άμμα: Η «άλλη - πέρα απ' αυτήν - πραγματικότητα» έχει την έννοια της πρωταρχικής Πηγής, την επίγνωση της οποίας δεν έχεις στο τωρινό σου επίπεδο συνειδητότητας. Όταν ένας τραγουδιστής τραγουδά από την καρδιά του, είναι σε επαφή με το Θείο, με την «άλλη, - πέρα απ' αυτήν – πραγματικότητα.»

Από πού προέρχεται η μουσική που κάνει την ψυχή να ριγεί; Ίσως πεις από το λαιμό ή την καρδιά. Αν όμως κοιτάξεις εκεί μέσα θα τη δεις; Όχι, άρα προέρχεται απ' την «άλλη - πέρα απ' αυτήν – πραγματικότητα.» Αυτή η Πηγή είναι πράγματι το Θείο. Μόλις συμβεί η ύψιστη συνειδητοποίηση, θα ανακαλύψεις αυτήν την Πηγή μέσα σου.

Σαννυάς: Πέρα από Ταξινομήσεις

Ερώτηση: Τι σημαίνει να είναι κάποιος ένας πραγματικός σαννυάσιν;

Άμμα: Ένας αληθινός *σαννυάσιν* είναι κάποιος που έχει υπερβεί όλους τους περιορισμούς που δημιουργούνται από το νου. Στην παρούσα μας κατάσταση είμαστε υπνωτισμένοι από το νου. Στην κατάσταση, που ονομάζεται *σαννυάς*, θ' απελευθερωθούμε πλήρως από την αιχμαλωσία της ύπνωσης. Θα ξυπνήσουμε όπως από ένα όνειρο – όπως ένας μεθυσμένος που συνέρχεται από τη μέθη του.

Ερώτηση: *Σαννυάς* σημαίνει επίσης την κατάκτηση της Θέωσης;

Άμμα: Η Άμμα θα προτιμούσε να το θέσει ως εξής: *Σαννυάς,* είναι μια κατάσταση όπου κάποιος είναι ικανός να βλέπει και να λατρεύει ολόκληρη τη Δημιουργία σαν το Θεό.

Ερώτηση: Είναι η ταπεινότητα μια ένδειξη ενός αληθινού *σαννυάσιν;*

Άμμα: Οι αληθινοί *σαννυάσιν* δεν μπορούν να κατηγοριοποιηθούν. Είναι υπεράνω ταξινόμησης. Όταν λες ότι αυτός ή εκείνος είναι απλός και ταπεινός, εννοείς «κάποιον» που νιώθει απλός και ταπεινός. Στην κατάσταση *σαννυάς,* αυτός ο «κάποιος», που είναι το εγώ, εξαφανίζεται. Συνήθως, η ταπεινότητα θεωρείται το αντίθετο της υπεροψίας. Η αγάπη θεωρείται το αντίθετο του μίσους. Ενώ, αντιθέτως, ένας *σαννυάσιν* δεν είναι ούτε ταπεινός ούτε υπερόπτης - δεν είναι ούτε αγάπη ούτε μίσος. Ένας που έχει φτάσει στην κατάσταση *σαννυάς,* είναι υπεράνω όλων. Δεν έχει τίποτα πλέον να κερδίσει ή να χάσει. Όταν αποκαλούμε έναν αυθεντικό *σαννυάσιν* «ταπεινό», αυτό δε σημαίνει μόνο την απουσία υπεροψίας, αλλά υποδηλώνει επίσης και την απουσία του εγώ.

Κάποιος ρώτησε ένα *Μαχάτμα:* «Ποιος είσαι;» «Δεν είμαι», απάντησε εκείνος. «Είσαι ο Θεός;» «Όχι, δεν είμαι.» «Είσαι ένας Άγιος ή ένας σοφός;» «Όχι, δεν είμαι.» «Είσαι ένας άθεος;» «Όχι, δεν είμαι.» «Τότε ποιος είσαι;» «Είμαι αυτό που είμαι. Είμαι αγνή επίγνωση.» *Σαννυάς,* είναι η κατάσταση της αγνής επίγνωσης.

Θεϊκή Σκηνή στον Αέρα

Σ κηνή πρώτη: Η πτήση των Ινδικών Αερογραμμών για το Ντουμπάι έχει μόλις αναχωρήσει. Το πλήρωμα προετοιμάζεται για το πρώτο σερβίρισμα των αναψυκτικών. Ξαφνικά, ένας - ένας στη σειρά, όλοι οι επιβάτες σηκώνονται απ' τις θέσεις τους και κατευθύνονται προς το τμήμα του αεροπλάνου με τις θέσεις της Business Class. Το πλήρωμα αιφνιδιασμένο, χωρίς να καταλαβαίνει τι γίνεται, παρακαλεί τους επιβάτες να επιστρέψουν στις θέσεις τους. Αφού αυτό δεν φέρνει κανένα αποτέλεσμα, ικετεύουν τελικά τον καθένα να συνεργαστεί μέχρι να τελειώσουν με το σερβίρισμα του φαγητού.

«Θέλουμε το *ντάρσαν* της Άμμα!», φωνάζουν οι επιβάτες.

«Καταλαβαίνουμε», απαντά το πλήρωμα. «Παρακαλούμε όμως να κάνετε λίγη υπομονή μέχρι να τελειώσουμε το σερβίρισμα».

Οι επιβάτες τελικά υποχωρούν στις παρακλήσεις του πληρώματος και επιστρέφουν στις θέσεις τους.

Σκηνή δεύτερη: Το σερβίρισμα έχει τώρα ολοκληρωθεί. Οι αεροσυνοδοί γίνονται προσωρινά επιτηρητές της τάξης και εποπτεύουν την ουρά που σχηματίζουν οι επιβάτες για το *ντάρσαν,* η οποία κινείται αργά προς την κατεύθυνση της θέσης της Άμμα. Επειδή όλα έγιναν αναπάντεχα και σε στενότητα χρόνου, δεν ήταν δυνατόν να οργανωθεί μια σειρά προτεραιότητας για το *ντάρσαν.* Παρά ταύτα, το πλήρωμα κάνει εξαιρετική δουλειά.

Σκηνή τρίτη: Αφού έλαβαν το *ντάρσαν* της Άμμα οι επιβάτες φαίνονται τώρα πανευτυχείς και χαλαροί. Επιστρέφουν και βολεύονται αναπαυτικά στις θέσεις τους. Τώρα όλα τα μέλη του πληρώματος, συμπεριλαμβανομένου του κυβερνήτη και του συγκυβερνήτη του αεροσκάφους, αρχίζουν να σχηματίζουν ουρά. Φυσικά, περίμεναν κι αυτοί να έρθει η σειρά τους. Ο καθένας τους δέχεται μια μητρική αγκαλιά. Μαζί με αυτήν λαμβάνουν επίσης ψιθυριστά στο αυτί ευχές της Άμμα για αγάπη και Χάρη, ένα αξέχαστο λαμπερό χαμόγελο, καθώς επίσης και καραμέλες σαν *πρασάντ* (ευλογημένο δώρο).

Σκηνή τέταρτη: Η ίδια ακριβώς σκηνή επαναλαμβάνεται και στην πτήση της επιστροφής.

Συμπάθεια & Συμπόνια

Ερώτηση: Άμμα, τι είναι αληθινή συμπόνια;

Άμμα: Αληθινή συμπόνια, είναι η ικανότητα να βλέπει κάποιος και να γνωρίζει σε βάθος αυτό που είναι πιο πέρα από την επιφάνεια. Μόνο αυτοί, οι οποίοι έχουν την ικανότητα να βλέπουν πιο πέρα, μπορούν να προσφέρουν πραγματική βοήθεια και να ανυψώνουν τους άλλους.

Ερώτηση: Πέρα από τι;

Άμμα: Πέρα από το σώμα και το νου, πέρα από τα εξωτερικά φαινόμενα.

Ερώτηση: Άμμα, ποια είναι η διαφορά ανάμεσα στη συμπάθεια και τη συμπόνια;

Άμμα: Η συμπόνια είναι η πραγματική βοήθεια, την οποία λαμβάνεις από έναν Αληθινό Διδάσκαλο. Ο Διδάσκαλος βλέπει πέρα από αυτήν την πραγματικότητα. Ενώ, αντίθετα, η συμπάθεια είναι μια προσωρινή βοήθεια που δέχεσαι από τους ανθρώπους γύρω σου. Η συμπάθεια δεν μπορεί να περάσει κάτω απ' την επιφάνεια και να πάει πέρα από αυτήν. Η συμπόνια είναι ορθή κατανόηση, που συνοδεύεται από βαθιά γνώση του ατόμου, της κατάστασής του και αυτού που πραγματικά χρειάζεται. Η συμπάθεια είναι πιο επιφανειακή.

Ερώτηση: Πώς διακρίνει κάποιος ανάμεσα στις δύο;

Άμμα: Είναι δύσκολο. Η Άμμα όμως θα σου δώσει ένα παράδειγμα. Δεν είναι ασυνήθιστο για χειρούργους να δίνουν οδηγίες

στους ασθενείς τους να σηκωθούν και να περπατήσουν τη δεύ-
τερη ή τρίτη μέρα, ακόμα και μετά από μεγάλες εγχειρήσεις. Αν ο
ασθενής είναι απρόθυμος, ένας καλός γιατρός, ο οποίος γνωρίζει
τις συνέπειες, θα πιέσει τον ασθενή να αφήσει το κρεβάτι του
και να περπατήσει. Βλέποντας τον πόνο και την προσπάθεια
του ασθενούς, οι συγγενείς του ίσως σχολιάσουν: «Τι άκαρδος
γιατρός! Γιατί τον πιέζει να περπατήσει ενώ αυτός δε θέλει; Το
έχει παρακάνει!»
Στο παράδειγμα αυτό η στάση των συγγενών μπορεί να ονο-
μαστεί συμπάθεια και η στάση του γιατρού συμπόνια. Σ' αυτή
την περίπτωση, ποιος βοηθά πραγματικά τον ασθενή – ο γιατρός
ή οι συγγενείς; Ο ασθενής μπορεί να σκεφτεί: «Ο γιατρός είναι
απαράδεκτος. Σε τελική ανάλυση, ποιος είναι για να μου δίνει
οδηγίες; Τι γνωρίζει για μένα; Άστον, να λέει. Δεν πρόκειται να
τον ακούσω». Μια τέτοια στάση δε θα βοηθήσει ποτέ τον ασθενή.

Ερώτηση: Μπορεί η συμπάθεια να βλάψει κάποιον;

Άμμα: Αν δεν προσέχουμε και προσφέρουμε τη συμπάθειά μας
χωρίς να κατανοούμε τις ιδιαιτερότητες μιας συγκεκριμένης
κατάστασης και την ψυχοσύνθεση ενός ατόμου, μπορεί αυτό
να είναι επιζήμιο. Είναι επικίνδυνο όταν οι άνθρωποι αποδί-
δουν πολύ μεγάλη σημασία σε λόγια συμπάθειας. Αυτό, μπορεί
ακόμα και να γίνει έμμονη ιδέα, που καταστρέφει σταδιακά την
ικανότητα της διάκρισης, χτίζοντας γύρω τους έναν κόσμο μικρό
κι αδιαπέραστο, σαν να είναι περιβεβλημένος μ' ένα κουκούλι.
Μπορεί ίσως να νιώθουν παρηγορημένοι,αλλά, έτσι δεν κατα-
βάλλουν ποτέ την παραμικρή προσπάθεια για να βγουν από την
κατάστασή τους. Εν αγνοία τους, μπορεί να γλιστρούν ολοένα
και περισσότερο μέσα στο σκοτάδι.

Ερώτηση: Άμμα, τι εννοείς όταν λες «αδιαπέραστος κόσμος,
σαν να είναι περιβεβλημένος μ' ένα κουκούλι»;

Άμμα: Η Άμμα εννοεί ότι θα χάσεις την ικανότητα να κοιτάς βαθύτερα μέσα στον εαυτό σου για να δεις τι συμβαίνει πραγματικά. Θα δίνεις μεγάλη σημασία στα λόγια των άλλων και θα τους εμπιστεύεσαι τυφλά, χωρίς να χρησιμοποιείς ορθά τη διάκρισή σου.

Η συμπάθεια είναι επιφανειακή αγάπη, χωρίς καμία απολύτως γνώση για την κύρια αιτία του προβλήματος. Αντιθέτως, η συμπάθεια είναι αγάπη, η οποία αντιλαμβάνεται την πραγματική πηγή του προβλήματος και την αντιμετωπίζει κατάλληλα.

Πραγματική Αγάπη Είναι η Κατάσταση της Απόλυτης Έλλειψης Φόβου

Ερώτηση: Άμμα, τι είναι αληθινή αγάπη;

Άμμα: Αληθινή αγάπη είναι η κατάσταση της απόλυτης έλλειψης φόβου. Ο φόβος είναι αναπόσπαστο μέρος του νου. Γι' αυτό, φόβος και γνήσια αγάπη δεν μπορούν να συμβαδίζουν. Καθώς αυξάνεται το βάθος της αγάπης, μειώνεται σταδιακά η ένταση του φόβου.

Ο φόβος μπορεί να υπάρχει μόνο όταν ταυτίζεσαι με το σώμα και το νου. Το να υπερβαίνεις τις αδυναμίες του νου και να ζεις με αγάπη είναι θεϊκότητα. Όσο περισσότερη αγάπη έχεις, τόσο μεγαλύτερη είναι η έκφραση του Θείου μέσα σου. Όσο λιγότερη αγάπη έχεις, τόσο περισσότερο φόβο έχεις και τόσο περισσότερο απομακρύνεσαι από τον πυρήνα της ζωής. Η έλλειψη φόβου είναι πράγματι μια από τις πιο ξεχωριστές κι ευγενέστερες ιδιότητες μιας αληθινής αγάπης.

Κανόνες και Απαγορεύσεις

Ερώτηση: Άμμα, η καλλιέργεια της αγνότητας και άλλων ηθικών αξιών θεωρείται σημαντική στην πνευματική ζωή. Υπάρχουν, όμως, κάποιοι δάσκαλοι του φιλοσοφικού ρεύματος της Νέας Εποχής, οι οποίοι αρνούνται ότι κάτι τέτοιο είναι απαραίτητο. Άμμα, ποια είναι η γνώμη σου σχετικά με αυτό;

Άμμα: Είναι αλήθεια ότι οι ηθικές αξίες παίζουν έναν πολύ σημαντικό ρόλο στην πνευματική ζωή. Κάθε δρόμος, είτε είναι πνευματικός είτε υλικός, έχει ορισμένους κανόνες και απαγορεύσεις που πρέπει να τηρηθούν. Αν δεν τηρηθούν, η κατάκτηση του ποθητού αποτελέσματος θα είναι δύσκολη. Όσο πιο εκλεπτυσμένος είναι ο τελικός στόχος, τόσο πιο εντατικός είναι και ο δρόμος προς αυτόν. Η πνευματική πραγμάτωση είναι το πιο εκλεπτυσμένο απ' όλα τα βιώματα, γι' αυτό, οι κανόνες και οι κανονισμοί που απαιτεί, είναι αυστηροί. Ένας ασθενής δεν μπορεί να τρώει και να πίνει ό,τι θέλει. Ανάλογα με την ασθένεια, θα υπάρχουν περιορισμοί στη διατροφή και στην κίνηση. Αν αυτοί δεν τηρούνται, μπορεί να επηρεαστεί η διαδικασία της ανάρρωσης. Η κατάσταση μπορεί να επιδεινωθεί, αν ο ασθενής δε μένει πιστός στις οδηγίες. Είναι άραγε συνετό να αναρωτιέται ο ασθενής «πρέπει να τηρήσω πραγματικά αυτούς τους κανόνες και τους περιορισμούς;»

Υπάρχουν μουσικοί που μελετούν 18 ώρες τη μέρα για να μάθουν τέλεια το μουσικό τους όργανο. Όποιος κι αν είναι ο τομέας του ενδιαφέροντός σου – είτε είναι η πνευματικότητα είτε η επιστήμη, η πολιτική, τα σπορ ή οι τέχνες – η επιτυχία και η εξέλιξή σου, σ' αυτόν τον τομέα, εξαρτώνται αποκλειστικά από τον τρόπο που τον προσεγγίζεις, από την ποσότητα του χρόνου που αφιερώνεις με σοβαρότητα για την επίτευξη του στόχου σου και από το κατά πόσο τηρείς τις απαιτούμενες βασικές αρχές.

Ερώτηση: Είναι, λοιπόν, η αγνότητα η βασική αρετή που απαιτείται για να φτάσει κανείς στο Στόχο;

Άμμα: Μπορεί να είναι η αγνότητα. Μπορεί να είναι η αγάπη, η ευσπλαχνία, η συγχώρεση, η υπομονή ή η επιμονή. Διάλεξε μια αρετή και επιδίωξε να την καλλιεργήσεις με υπέρτατη πίστη και αισιοδοξία. Οι υπόλοιπες αρετές θα ακολουθήσουν αυθόρμητα. Ο σκοπός είναι η υπέρβαση των περιορισμών και των ορίων του νου.

Άμμα, μια Προσφορά στον Κόσμο

Ερώτηση: Άμμα, τι περιμένεις από τους μαθητές σου;

Άμμα: Η Άμμα δεν περιμένει τίποτα από κανέναν. Η Άμμα έχει προσφέρει τον Εαυτό της στον κόσμο. Από τη στιγμή που γίνεσαι μια προσφορά, πώς μπορείς να περιμένεις κάτι από κάποιον; Όλες οι προσδοκίες προέρχονται από το εγώ.

Ερώτηση: Όμως, Άμμα, στις ομιλίες σου τονίζεις ιδιαίτερα τη σημασία της αφοσίωσης και παράδοσης στο *Γκούρου*. Δεν είναι αυτό μια προσδοκία;

Άμμα: Σωστά, η Άμμα μιλά γι' αυτό, όχι επειδή περιμένει από τα παιδιά της αφοσίωση και παράδοση, αλλά γιατί αυτά αποτελούν τον πυρήνα της πνευματικής ζωής. Ο *Γκούρου* προσφέρει όλα όσα έχει στο μαθητή. Επειδή ένας *Σάτγκουρου* (τέλειος Διδάσκαλος) είναι μια απόλυτα αφοσιωμένη ψυχή, εκείνο που η παρουσία του προσφέρει και διδάσκει στους μαθητές είναι η αφοσίωση. Αυτό συμβαίνει αυθόρμητα. Ανάλογα με το βαθμό ωριμότητας και κατανόησής του, ο μαθητής θα το αποδεχτεί ή θα το απορρίψει. Όποια κι αν είναι η στάση του μαθητή, ο *Σάτγκουρου* θα συνεχίζει να δίνει. Δεν μπορεί να κάνει διαφορετικά.

Ερώτηση: Τι συμβαίνει όταν ένας μαθητής αφοσιώνεται και παραδίνεται στο *Σάτγκουρου*;

Άμμα: Όπως ένας λαμπτήρας ανάβει όταν συνδεθεί στη μπρίζα, έτσι και ο μαθητής θα γίνει φως που θα καθοδηγεί τον κόσμο. Ο μαθητής γίνεται επίσης Διδάσκαλος.

Ερώτηση: Τι βοηθά περισσότερο σ' αυτή τη διαδικασία, η μορφή του Διδασκάλου ή η άμορφη πλευρά του;

Άμμα: Και τα δύο. Η άμορφη συνείδηση εμπνέει το μαθητή μέσω της μορφής του *Σάτγκουρου* σαν αγνή αγάπη, ευσπλαχνία και αφοσίωση.

Ερώτηση: Ο μαθητής αφοσιώνεται και παραδίδεται στη μορφή του Διδασκάλου ή στην άμορφη συνείδηση;

Άμμα: Αρχίζει ως αφοσίωση και παράδοση στη φυσική μορφή. Καταλήγει, όμως, ως αφοσίωση και παράδοση στην άμορφη συνείδηση, και τότε ο μαθητής συνειδητοποιεί τον Αληθινό του Εαυτό. Ακόμα και στα αρχικά στάδια της *σάντανα* (πνευματικής άσκησης), όταν ο μαθητής παραδίνεται στη μορφή του Διδασκάλου, στην πραγματικότητα παραδίνεται στην άμορφη συνείδηση, μόνο που αυτό δεν του είναι συνειδητό.

Ερώτηση: Γιατί;

Άμμα: Επειδή οι μαθητές γνωρίζουν μόνο το σώμα. Η συνείδηση είναι γι' αυτούς παντελώς άγνωστη. Ένας αληθινός μαθητής θα εξακολουθεί να λατρεύει τη μορφή του *Γκούρου*, σαν έκφραση της ευγνωμοσύνης του απέναντι στο *Γκούρου* που τον κατακλύζει με Χάρη και έλεος και του δείχνει το δρόμο.

77

Η Μορφή του Σάτγκουρου

Ερώτηση: Μπορείς να εξηγήσεις τη φύση της μορφής ενός *Σάτγκουρου* (Αληθινού Διδασκάλου) με απλό τρόπο;

Άμμα: Ένας Σάτγκουρου είναι και τα δύο, με μορφή και χωρίς μορφή, όπως η σοκολάτα. Τη στιγμή που τη βάζεις στο στόμα σου, λιώνει και γίνεται άμορφη· γίνεται μέρος του εαυτού σου.

Παρομοίως, όταν εσωτερικεύεις αληθινά τις διδασκαλίες του Διδασκάλου και τις κάνεις μέρος της ζωής σου, συνειδητοποιείς τελικά ότι ο Διδάσκαλος είναι η άμορφη, ύψιστη συνείδηση.

Ερωτών: Θα πρέπει λοιπόν να «φάμε» κι εμείς την Άμμα;

Άμμα: Ναι, φάε την Άμμα, αν μπορείς. Προσφέρεται με μεγάλη προθυμία, να γίνει τροφή για την ψυχή σου.

Ερωτών: Άμμα, σ' ευχαριστώ για το παράδειγμα με τη σοκολάτα. Το έκανε πολύ εύκολα κατανοητό, επειδή αγαπώ τη σοκολάτα.

Άμμα: *(γελώντας)* Μην την ερωτευτείς όμως, γιατί θα κάνεις κακό στην υγεία σου.

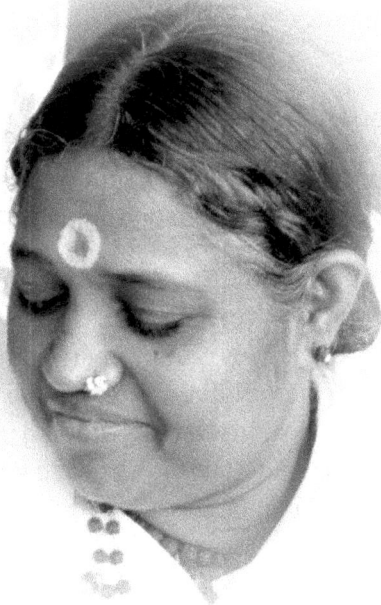

Τέλειοι Μαθητές

Ερώτηση: Τι κερδίζει κάποιος με το να γίνει τέλειος μαθητής;

Άμμα: Το να γίνει τέλειος Διδάσκαλος.

Ερώτηση: Πώς περιγράφεις τον Εαυτό Σου;

Άμμα: Σίγουρα όχι σαν κάτι.

Ερώτηση: Τότε;

Άμμα: Σαν το τίποτα.

Ερώτηση: Σημαίνει αυτό σαν τα πάντα;

79

Άμμα: Αυτό σημαίνει, ότι η Άμμα είναι πάντοτε παρούσα και διαθέσιμη για τον καθένα.

Ερώτηση: Λέγοντας «για τον καθένα» εννοείς όλους αυτούς που έρχονται σε σένα;

Άμμα: «Για τον καθένα» σημαίνει όποιον είναι ανοιχτός.

Ερώτηση: Αυτό σημαίνει ότι η Άμμα δεν είναι διαθέσιμη για εκείνους, οι οποίοι δεν είναι ανοιχτοί;

Άμμα: Η φυσική παρουσία της Άμμα είναι διαθέσιμη για όλους, είτε αυτοί την αποδέχονται είτε όχι. Το βίωμα όμως είναι στη διάθεση μόνο εκείνων, οι οποίοι είναι δεκτικοί. Το λουλούδι είναι εκεί, αλλά η ομορφιά και το άρωμα θα βιωθούν μόνο από εκείνους, οι οποίοι είναι ανοιχτοί. Κάποιος με βουλωμένη μύτη δεν θα μπορέσει. Παρομοίως, οι κλειστές καρδιές δεν μπορούν να βιώσουν αυτό που προσφέρει η Άμμα.

Βεδάντα & Δημιουργία

Ερώτηση: Άμμα, υπάρχουν μερικές συγκρουόμενες θεωρίες σχετικά με τη Δημιουργία. Όσοι ακολουθούν το δρόμο της αφοσίωσης υποστηρίζουν ότι ο Θεός δημιούργησε τον κόσμο, ενώ οι Βεδαντιστές (μη δυϊστές) έχουν την άποψη ότι όλα είναι δημιουργία του νου και ότι υπάρχουν μόνο εφόσον υπάρχει ο νους. Ποια από τις απόψεις αυτές είναι σωστή;

Άμμα: Και οι δυο απόψεις είναι ορθές. Ενώ ένας που ακολουθεί το δρόμο της αφοσίωσης θεωρεί τον Ύψιστο Κύριο ως δημιουργό του κόσμου, ο Βεδαντιστής θεωρεί το *Μπράχμαν* ως τη βασική αρχή, η οποία αποτελεί το θεμέλιο του μεταβαλλόμενου κόσμου. Για τον Βεδαντιστή, ο κόσμος είναι μια προβολή του νου, ενώ γι' αυτόν που ακολουθεί το δρόμο της αφοσίωσης ο κόσμος είναι

81

λίλα (το παιχνίδι) του Πολυαγαπημένου του Κυρίου. Οι δύο αυτές οπτικές γωνίες, ίσως φαίνονται εντελώς διαφορετικές, όταν όμως εμβαθύνεις σ' αυτές, θα διαπιστώσεις ότι είναι βασικά ίδιες. Το όνομα και η μορφή σχετίζονται με το νου. Όταν αυτός παύει να υπάρχει, εξαφανίζονται επίσης το όνομα και η μορφή. Ο κόσμος ή η Δημιουργία, αποτελείται από ονόματα και μορφές. Ένας Θεός ή ένας Δημιουργός έχει σημασία μόνο όταν υπάρχει Δημιουργία. Ακόμα και ο Θεός έχει όνομα και μορφή. Για να υπάρξει ένας κόσμος με ονόματα και μορφές χρειάζεται μια ανάλογη αιτία – κι αυτήν την αιτία αποκαλούμε Θεό. Η αληθινή *Βεδάντα* είναι η ύψιστη μορφή γνώσης. Η Άμμα δε μιλά για τη *Βεδάντα* με τη μορφή των κειμένων των Αγίων Γραφών ή για τη *Βεδάντα,* όπως οι αποκαλούμενοι Βεδαντιστές την αποδίδουν. Η Άμμα μιλά για τη *Βεδάντα* σαν το ύψιστο βίωμα, σαν έναν τρόπο ζωής, σαν αταραξία και ισορροπία του νου σε όλες τις καταστάσεις της ζωής.

Κάτι τέτοιο όμως δεν είναι εύκολο. Αν δε συμβεί μια μεταμόρφωση, αυτό το βίωμα δε θα προκύψει. Είναι αυτή η επαναστατική αλλαγή στο διανοητικό και συναισθηματικό επίπεδο που κάνει το νου λεπτό, ευρύ και δυνατό. Όσο πιο λεπτός και ευρύτερος γίνεται ο νους, τόσο περισσότερο μεταλλάσσεται σε «μη νου». Σταδιακά ο νους εξαφανίζεται. Όταν δεν υπάρχει νους, πού βρίσκεται ο Θεός και πού βρίσκεται ο κόσμος ή η Δημιουργία; Ωστόσο, αυτό δε σημαίνει ότι ο κόσμος θα εξαφανιστεί από τα μάτια σου, θα πραγματοποιηθεί όμως μια μεταμόρφωση και θα αντικρίζεις το Ένα μέσα στα πολλά.

Ερώτηση: Αυτό σημαίνει ότι σ' αυτήν την κατάσταση ο Θεός είναι επίσης μια ψευδαίσθηση;

Άμμα: Ναι, σε τελική ανάλυση, αν το δει κανείς από το ύψιστο επίπεδο συνειδητότητας, ο Θεός με μορφή είναι μια ψευδαίσθηση. Αυτό εξαρτάται όμως από το βάθος του εσωτερικού σου βιώματος. Ωστόσο, η στάση των αποκαλούμενων Βεδαντιστών, οι οποίοι εγωιστικά ισχυρίζονται πως ακόμα και οι μορφές των Θεοτήτων είναι ασήμαντες, είναι εσφαλμένη. Να θυμάσαι ότι το εγώ δε θα βοηθήσει ποτέ σ' αυτόν το δρόμο. Μόνο η ταπεινότητα μπορεί.

Ερώτηση: Αυτό το σημείο το καταλαβαίνω. Όμως, Άμμα, είπες επίσης ότι σε τελική ανάλυση, αν το δει κανείς από το ύψιστο επίπεδο συνειδητότητας, ο Θεός με μορφή είναι μια ψευδαίσθηση. Υποστηρίζεις δηλαδή ότι οι διάφορες μορφές των Θεοτήτων είναι απλά προβολές του νου;

Άμμα: Τελικά έτσι είναι. Οτιδήποτε έχει ένα τέλος, δεν είναι πραγματικό. Όλες οι μορφές, ακόμα κι εκείνες των Θεοτήτων, έχουν μια αρχή κι ένα τέλος. Αυτό, το οποίο γεννιέται και πεθαίνει είναι διανοητικό· συνδέεται με τη διαδικασία της σκέψης. Και οτιδήποτε σχετίζεται με το νου, υπόκειται αναπόφευκτα σε αλλαγή, επειδή υπάρχει μέσα στο χρόνο. Η μόνη αμετάβλητη αλήθεια είναι αυτό που παραμένει στην αιωνιότητα, το οποίο είναι η βάση του νου και της διάνοιας. Αυτό είναι ο *Άτμαν* (Εαυτός), η ύψιστη κατάσταση ύπαρξης.

Ερώτηση: Εφόσον ακόμα και οι μορφές των Θεοτήτων είναι μη πραγματικές, ποιο το νόημα να χτίζονται ναοί και να λατρεύονται αυτές οι Θεότητες μέσα σ' αυτούς;

Άμμα: Όχι, δεν καταλαβαίνεις την ουσία. Δεν μπορείς να απορρίψεις τις Θεότητες έτσι απλά. Για τους ανθρώπους, οι οποίοι ταυτίζονται ακόμα με το νου και δεν έχουν φτάσει ακόμα στην ύψιστη κατάσταση, οι μορφές αυτές είναι σίγουρα πραγματικές και πάρα πολύ αναγκαίες για την πνευματική τους ανάπτυξη. Τους βοηθούν σε πολύ μεγάλο βαθμό. Η κυβέρνηση σε μια χώρα απαρτίζεται από αρκετούς τομείς και υπουργεία. Στελεχώνεται από τον πρόεδρο ή τον πρωθυπουργό, ιεραρχικά προς τα κάτω υπάρχουν υπουργοί, και κάτω απ' τη διοίκηση και εποπτεία αυτών υπάρχουν πολυάριθμοι κρατικοί λειτουργοί και διάφορες άλλες διευθύνσεις και τμήματα μέχρι τους χαμηλόβαθμους υπαλλήλους διαφόρων ειδικοτήτων και το προσωπικό καθαριότητας. Ας υποθέσουμε ότι έχεις κάποιο αίτημα για διεκπεραίωση. Θα απευθυνθείς άμεσα στον πρόεδρο ή τον πρωθυπουργό, υπό την προϋπόθεση βεβαίως ότι τους γνωρίζεις ή έχεις κάποια σχέση μ' αυτούς. Αυτό θα κάνει πιο εύκολα και ομαλά τα πράγματα για σένα. Οι αρμόδιοι θα επιληφθούν άμεσα της υπόθεσής σου, όποια κι αν είναι αυτή. Αλλά η πλειοψηφία των ανθρώπων δεν έχει άμεση επαφή και επιρροή. Για τη διεκπεραίωση των υποθέσεών τους ή για να έχουν τη δυνατότητα πρόσβασης στις υψηλά ιστάμενες αρχές, πρέπει να ακολουθήσουν τη συνηθισμένη διαδικασία - να έρθουν σε επαφή με έναν από τους ιεραρχικά κατώτερους κρατικούς λειτουργούς ή με κατώτερες διευθύνσεις, μερικές φορές ακόμα και με χαμηλόβαθμους υπαλλήλους. Παρομοίως, όσο βρισκόμαστε στο φυσικό - υλικό επίπεδο ύπαρξης και ταυτιζόμαστε με το νου και τα μοτίβα σκέψης του, χρειάζεται να αποδεχτούμε και να αναγνωρίσουμε τις διάφορες μορφές του Θείου, μέχρις ότου εγκαθιδρύσουμε μια απευθείας σύνδεση με την εσωτερική πηγή της αγνής ενέργειας.

Ερωτών: Οι Βεδαντιστές όμως δε συμφωνούν συνήθως μ' αυτήν την άποψη.

Άμμα: Για ποιους Βεδαντιστές μιλάς; Ένας βιβλιοφάγος Βεδαντιστής, ο οποίος επαναλαμβάνει τις Γραφές σαν ένας εκπαιδευμένος παπαγάλος ή σαν ένα κασετόφωνο, ίσως δε συμφωνεί, ένας αληθινός Βεδαντιστής, όμως, αναμφισβήτητα συμφωνεί. Ένας Βεδαντιστής, ο οποίος δεν αποδέχεται τον κόσμο και το δρόμο της αφοσίωσης, δεν είναι αληθινός Βεδαντιστής. Πραγματική *Βεδάντα* είναι το να αποδέχεται κανείς τον κόσμο, να αναγνωρίζει τη διαφορετικότητα και την πολυμορφία του, αλλά ταυτόχρονα να βλέπει τη μια και μοναδική Αλήθεια μέσα σ' αυτήν την πολυμορφία.

Ένας Βεδαντιστής, ο οποίος θεωρεί το δρόμο της αγάπης υποδεέστερο, δεν είναι ούτε Βεδαντιστής αλλά ούτε και αληθινός πνευματικός αναζητητής. Οι αληθινοί Βεδαντιστές δεν είναι δυνατόν να εκτελούν τις πνευματικές τους ασκήσεις χωρίς αγάπη. Η μορφή θα σε οδηγήσει στο άμορφο υπό την προϋπόθεση ότι εκτελείς τις πνευματικές σου ασκήσεις με ορθή στάση. Η *σαγκούνα* (μορφή) είναι *νιργκούνα* (το άμορφο) που έχει εκδηλωθεί. Αν κάποιος δεν κατανοεί αυτήν την απλή αρχή, ποιο το νόημα να αυτοαποκαλείται Βεδαντιστής;

Ερώτηση: Άμμα, είπες ότι ένας που ακολουθεί το δρόμο της αφοσίωσης θεωρεί τον κόσμο *λίλα* του Θεού. Τι σημαίνει *λίλα*;

Άμμα: Είναι ο μονολεκτικός ορισμός της υπέρτατης αποστασιοποίησης, της πλήρους ανυπαρξίας προσκόλλησης. Η ύψιστη κατάσταση που ονομάζεται *σάκσι* (κατάσταση του αποστασιοποιημένου παρατηρητή), χωρίς την άσκηση της οποιασδήποτε εξουσίας μέσω επιρροής και ελέγχου, είναι γνωστή ως *λίλα*. Όταν παραμένουμε εντελώς αποτραβηγμένοι από το νου και τις διάφορες εκδηλώσεις και προβολές του, πώς μπορούμε να νιώσουμε την οποιαδήποτε προσκόλληση ή να νιώσουμε ότι ασκούμε την οποιαδήποτε επιρροή και έλεγχο; Η παρατήρηση όλων όσων συμβαίνουν μέσα μας και έξω από μας, χωρίς την εμπλοκή μας, είναι πραγματικά διασκεδαστική, ένα όμορφο παιχνίδι.

Ερωτών: Ακούσαμε ότι ο λόγος που σταμάτησε η Άμμα να εκδηλώνει το *Κρίσνα Μπάβα*, ήταν επειδή κατά τη διάρκειά του βρισκόταν σ' αυτήν την κατάσταση που ονομάζεται *λίλα*.

Άμμα: Αυτός ήταν ένας από τους λόγους. Ο *Κρίσνα* ήταν αποστασιοποιημένος. Συμμετείχε ενεργά σε όλα, αλλά παρέμενε εντελώς αποστασιοποιημένος, κρατώντας εσωτερικά αποστάσεις από όλα όσα συνέβαιναν γύρω του. Αυτό είναι το νόημα του καλοκάγαθου χαμόγελου που είχε πάντα ο *Κρίσνα* στην έκφραση του προσώπου του.

Κατά τη διάρκεια του *Κρίσνα Μπάβα*, παρόλο που η Άμμα άκουγε τα προβλήματα των πιστών, διατηρούσε πάντα μια πιο παιχνιδιάρικη και αποστασιοποιημένη στάση απέναντί τους. Σ' εκείνη την κατάσταση, δεν υπήρχε ούτε αγάπη ούτε έλλειψη αγάπης, ούτε συμπόνια ούτε έλλειψη συμπόνιας. Η μητρική αγάπη και το συναισθηματικό δέσιμο, που είναι απαραίτητα στοιχεία για να ληφθούν υπόψη τα συναισθήματα των πιστών και να εκδηλωθεί βαθύ ενδιαφέρον, δεν εκφραζόταν. Ήταν μια κατάσταση εσωτερικής, εκστατικής βύθισης στην άλλη - πέρα απ' αυτήν - πραγματικότητα. Η Άμμα, κατάλαβε ότι αυτό δεν θα βοηθούσε πολύ τους πιστούς. Έτσι αποφάσισε να αγαπά και να υπηρετεί τα παιδιά της όπως μια μητέρα.

«Είσαι Ευτυχισμένος;»

Ερώτηση: Άμμα, έχω ακούσει να ρωτάς ανθρώπους, οι οποίοι έρχονται για *ντάρσαν:* «Είσαι ευτυχισμένος;» Γιατί κάνεις αυτή την ερώτηση;

Άμμα: Είναι σαν ένα κάλεσμα να είναι ευτυχισμένοι. Αν είσαι ευτυχισμένος, είσαι ανοιχτός και τότε μπορεί η αγάπη του Θεού ή η *σάκτι* (Θεϊκή ενέργεια) να ρέει μέσα σου. Στην πραγματικότητα λοιπόν η Άμμα λέει στο συγκεκριμένο κάθε φορά άτομο να είναι ευτυχισμένο, ώστε να μπορεί η *σάκτι* του Θεού να εισχωρεί και να ρέει μέσα του. Όταν είσαι ευτυχισμένος, όταν είσαι ανοιχτός και δεκτικός ολοένα και περισσότερη ευτυχία θα είναι στη διάθεσή σου. Όταν είσαι δυστυχισμένος, είσαι κλειστός και χάνεις τα πάντα. Όντας ανοιχτός, είσαι ευτυχισμένος. Αυτό ελκύει το Θεό μέσα σου. Κι όταν ο Θεός εγκαθίσταται και διαφυλάσσεται ευλαβικά μέσα σου, το μόνο που μπορεί να συμβαίνει είναι να είσαι ευτυχισμένος.

Ένα Μεγάλο Παράδειγμα

Την ημέρα που φτάσαμε στη Σάντα Φε ψιχάλιζε. «Αυτό συμβαίνει πάντα στη Σάντα Φε. Όταν έρχεται η Άμμα, βρέχει μετά από μια μεγάλη περίοδο ξηρασίας», είπε ο οικοδεσπότης της Άμμα στο Κέντρο της Άμμα στο Νέο Μεξικό. Είχε σκοτεινιάσει ώσπου να φτάσουμε στο σπίτι του οικοδεσπότη. Η Άμμα άργησε λίγο να βγει από το αυτοκίνητο. Μόλις βγήκε, ο οικοδεσπότης Της έδωσε τα σανδάλια Της. Ύστερα, κατευθύνθηκε προς τη μπροστινή πλευρά του αυτοκινήτου, ελπίζοντας να οδηγήσει την Άμμα στο σπίτι.

Η Άμμα έκανε δυο βήματα με κατεύθυνση προς τη μπροστινή πλευρά του αυτοκινήτου, μετά ξαφνικά γύρισε πίσω λέγοντας: «Όχι, η Άμμα δε θέλει να περάσει μπροστά από το αυτοκίνητο. Είναι το πρόσωπο του αυτοκινήτου. Είναι ασέβεια να το κάνει κανείς αυτό. Η Άμμα δεν θέλει να το κάνει.» Με αυτά τα λόγια, αφού έκανε το γύρο του αυτοκινήτου από την πίσω πλευρά του, κατευθύνθηκε στο σπίτι. Δεν ήταν η μοναδική φορά που η Άμμα συμπεριφερόταν με αυτό τον τρόπο. Το κάνει κάθε φορά που βγαίνει από ένα αυτοκίνητο.

Δεν υπάρχει χαρακτηριστικότερο παράδειγμα για το γεγονός ότι η καρδιά της Άμμα ξεχύνεται κι αγκαλιάζει όλους και όλα – ακόμα και τα άψυχα αντικείμενα.

Σχέσεις

Ενώ η Άμμα έδινε ντάρσαν σε κάποιον, αυτός έστρεψε το κεφάλι του προς εμένα και είπε: «Σε παρακαλώ ρώτησε την Άμμα αν πρέπει να σταματήσω να κυνηγώ γυναίκες και να μπλέκω σε ερωτικές περιπέτειες.»

Άμμα: (χαμογελώντας πονηρά) Τι συνέβη, το 'σκασε η φιλενάδα σου με κάποιον άλλο;

Ερώτηση: (κοιτάζοντας σαστισμένος) Πώς το κατάλαβες;

Άμμα: Είναι απλό. Αυτή είναι μια από τις περιστάσεις στη ζωή, που κάποιος κάνει τέτοιες σκέψεις.

Ερωτών: Άμμα, ζηλεύω που η κοπέλα μου εξακολουθεί να διατηρεί φιλική σχέση με τον πρώην φίλο της.

Άμμα: Αυτός είναι ο λόγος που θέλεις να σταματήσεις να βγαίνεις με γυναίκες και να συνάπτεις σχέσεις μαζί τους;

Ερωτών: Είμαι βαριεστημένος και απογοητευμένος με παρόμοια περιστατικά στη ζωή. Ως εδώ και μη παρέκει. Τώρα επιθυμώ να αποκτήσω γαλήνη και να προσηλωθώ στην πνευματική μου άσκηση.

Η Άμμα δε ρώτησε τίποτε περαιτέρω. Συνέχισε να δίνει ντάρσαν. Μετά από λίγο ο άντρας με ρώτησε: «Αναρωτιέμαι αν η Άμμα έχει κάποια συμβουλή για μένα.» Η Άμμα τον άκουσε.

Άμμα: Γιε μου, η Άμμα πίστεψε ότι είχες ήδη αποφασίσει τι να κάνεις. Δεν είπες ότι είσαι βαριεστημένος με τέτοια πράγματα; Από εδώ και μπρος θέλεις να ζήσεις γαλήνια και να αφοσιωθείς στην πνευματική άσκηση, έτσι δεν είναι; Αυτό φαίνεται να είναι η σωστή λύση. Εμπρός λοιπόν, κάνε το!

Ο άντρας έμεινε σιωπηλός για λίγη ώρα, φαινόταν όμως ανήσυχος. Κάποια στιγμή, η Άμμα του έριξε μια ματιά. Απ' το βλέμμα και το χαμόγελο μπόρεσα να διακρίνω τη Μεγάλη Διδάσκαλο, η οποία, στριφογυρίζοντας το θρυλικό αναδευτήρι στα χέρια Της, είναι έτοιμη να ανακατέψει κάτι και να το φέρει στην επιφάνεια.

Ερωτών: Αυτό σημαίνει ότι η Άμμα δεν έχει κάτι να μου πει, έτσι δεν είναι;

Ξαφνικά, ο ταλαίπωρος άντρας άρχισε να κλαίει.

Άμμα: *(σκουπίζοντας τα δάκρυά του)* Έλα, γιε μου, ποιο είναι το πραγματικό σου πρόβλημα; Πες το στην Άμμα.

Ερωτών: Άμμα, τη γνώρισα πριν ένα χρόνο σε ένα από τα προγράμματα σου. Όταν κοιταχτήκαμε στα μάτια, καταλάβαμε ότι ήμασταν πλασμένοι ο ένας για τον άλλον. Έτσι ξεκίνησαν όλα. Και τώρα, εντελώς ξαφνικά, αυτός ο τύπος – ο πρώην φίλος της – μπήκε ανάμεσά μας. Εκείνη ισχυρίζεται ότι είναι μόνο φίλοι, όμως υπάρχουν ενδείξεις που με κάνουν να αμφισβητώ τα λόγια της.

Άμμα: Τι σε κάνει να νιώθεις έτσι, ενώ σου έχει πει κάτι διαφορετικό;

Ερωτών: Η κατάσταση έχει ως εξής: Είμαστε τώρα και οι δύο εδώ – εγώ και ο πρώην φίλος της – για να παρακολουθήσουμε το πρόγραμμα της Άμμα. Εκείνη περνά περισσότερο χρόνο μαζί του από ότι μαζί μου. Νιώθω πολύ αναστατωμένος. Δεν ξέρω τι να κάνω. Είμαι πολύ θλιμμένος. Μου έχει γίνει δύσκολο να παραμένω συγκεντρωμένος στην Άμμα, κάτι που είναι ο σκοπός της παρουσίας μου εδώ. Οι διαλογισμοί μου δεν έχουν την ίδια ένταση και δεν είμαι καν σε θέση να κοιμηθώ καλά.

Άμμα: *(αστειευόμενη)* Ξέρεις τι; Ίσως εκείνος να την κολακεύει λέγοντας: «Κοίτα, αγάπη μου, είσαι η πιο όμορφη γυναίκα στον κόσμο. Και δεν μπορώ καν να σκεφτώ άλλη γυναίκα από τη στιγμή που σε γνώρισα.» Ίσως εκφράζει περισσότερη αγάπη προς εκείνη, την αφήνει να μιλάει πολύ, παραμένει σιωπηλός ακόμα κι όταν νιώθει να προκαλείται. Πέρα απ' αυτά, σίγουρα της αγοράζει πολλή σοκολάτα! Σε αντίθεση μ' εκείνον, εσύ μπορείς να της δίνεις την εντύπωση ενός τυράννου, ο οποίος διαρκώς της γκρινιάζει και καβγαδίζει μαζί της.

Ακούγοντας τα λόγια αυτά, ο άντρας και οι πιστοί που κάθονταν γύρω από την Άμμα γέλασαν με την καρδιά τους. Ωστόσο, εκείνος ήταν αρκετά ειλικρινής για να ομολογήσει στην Άμμα ότι, λίγο πολύ, της φερόταν όπως είχε περιγράψει η Άμμα.

Άμμα: *(χτυπώντας τον φιλικά στην πλάτη)* Νιώθεις πολύ θυμό και μίσος απέναντί της;

Ερωτών: Ναι. Νιώθω, όμως, περισότερο θυμό απέναντί του. Ο νους μου ταράζεται πολύ!

Η Άμμα έπιασε την παλάμη του. Ήταν πολύ ζεστή.

Άμμα: Πού είναι η φίλη σου τώρα;

Ερωτών: Κάπου εδώ γύρω.

Άμμα: *(στ' αγγλικά)* Πήγαινε να της μιλήσεις.

Ερωτών: Τώρα;

Άμμα: *(στ' αγγλικά)* Ναι, τώρα.

Ερωτών: Δεν ξέρω πού είναι.

Άμμα: *(στ' αγγλικά)* Πήγαινε να την αναζητήσεις.

Ερωτών: Εντάξει, θα πάω. Πρέπει όμως πρώτα να βρω εκείνον, επειδή μαζί του θα είναι κι αυτή. Τέλος πάντων, Άμμα, πες μου τώρα: Θα πρέπει να συνεχίσω ή να τελειώσω με αυτή τη σχέση; Πιστεύεις ότι μπορεί να αποκατασταθεί;

Άμμα: Γιε μου, η Άμμα γνωρίζει ότι είσαι ακόμα προσκολλημένος σ' αυτήν. Το πιο σημαντικό είναι να πείσεις τον εαυτό σου ότι αυτό το συναίσθημα που αποκαλείς αγάπη δεν είναι αγάπη αλλά προσκόλληση. Μόνο αυτή η πεποίθηση θα σε βοηθήσει να βγεις από αυτήν την ταραγμένη ψυχική κατάσταση, στην οποία βρίσκεσαι τώρα. Είτε επιτύχεις είτε αποτύχεις στην αποκατάσταση της σχέσης σου, αν δεν καταφέρεις να διακρίνεις ξεκάθαρα μεταξύ προσκόλλησης και αγάπης, θα εξακολουθήσεις να υποφέρεις.

Η Άμμα θα σου διηγηθεί μια ιστορία: Ένας υψηλόβαθμος υπάλληλος επισκέφθηκε κάποτε ένα άσυλο τρελών. Ο γιατρός τον συνόδεψε σε μια περιήγηση στο χώρο του ασύλου. Σ' ένα από τα κελιά αντιλήφθηκε έναν ασθενή, ο οποίος επαναλάμβανε «Πουμ-πούμ... Πουμ-πούμ... Πουμ-πούμ...» ενώ καθόταν σε μια καρέκλα και κουνιόταν μπρος πίσω. Ο υπάλληλος ζήτησε να μάθει την αιτία της ασθένειάς του και ρώτησε το γιατρό αν υπήρχε κάποια σύνδεση μεταξύ του ονόματος και της ασθένειας. Ο γιατρός απάντησε: «Είναι μια θλιβερή ιστορία κύριε. Η Πουμ-πούμ ήταν η κοπέλα που αγαπούσε πολύ. Τον παράτησε κι έφυγε με κάποιον άλλο. Μετά απ' αυτό τρελάθηκε.»

«Τον καημένο», παρατήρησε ο υπάλληλος και προχώρησε. Όμως με έκπληξη είδε έναν άλλο ασθενή καθισμένο στο επόμενο κελί να επαναλαμβάνει «Πουμ-πούμ... Πουμ-πούμ... Πουμ-πούμ...» ενώ χτυπούσε συνεχώς το κεφάλι του στον τοίχο. Σαστισμένος ο υπάλληλος, στράφηκε προς το γιατρό και ρώτησε: «Τι συμβαίνει εδώ; Πώς γίνεται να επαναλαμβάνει κι αυτός ο ασθενής το ίδιο όνομα; Έχουν σχέση μεταξύ τους οι δυο υποθέσεις;»

«Μάλιστα κύριε», απάντησε ο γιατρός. Αυτός είναι ο άντρας που τελικά παντρεύτηκε την Πουμ-πούμ.»

Ο άντρας ξέσπασε σε γέλια.

Άμμα: Κοίτα γιε μου, η αγάπη είναι όπως το άνθισμα ενός λουλουδιού. Δεν μπορείς να το αναγκάσεις να ανοίξει. Αν ανοίξεις βεβιασμένα ένα λουλούδι, όλη η ομορφιά και το άρωμά του θα καταστραφούν, και ούτε εσύ ούτε και κανείς άλλος θα ωφεληθεί. Αντίθετα, αν του επιτρέψεις να ξεδιπλωθεί και να ανοίξει μόνο του, με φυσιολογικό τρόπο, τότε μπορείς να βιώσεις το γλυκό του άρωμα και τα πολύχρωμά του πέταλα. Έχε λοιπόν υπομονή, παρατήρησε τον εαυτό σου. Γίνε καθρέφτης του εαυτού σου και προσπάθησε να διακρίνεις πού και με ποιο τρόπο έσφαλλες.

Ερωτών: Πιστεύω ότι η ζήλια και ο θυμός που νιώθω θα πάψουν μόνο αν «παντρευτώ» το Θεό.

Άμμα: Ναι, εσύ το είπες. Γίνε ο εκλεκτός του Θεού. Μόνο η ένωση με την πνευματική αλήθεια θα σε καταστήσει ικανό να προχωρήσεις πέρα απ' όλα αυτά και να βρεις πραγματική γαλήνη και χαρά.

Ερώτηση: Θα με βοηθήσεις σ' αυτή τη διαδικασία;

Άμμα: Η βοήθεια της Άμμα είναι πάντοτε εδώ. Πρέπει μόνο να τη δεις και να τη δεχτείς.

Ερωτών: Σ' ευχαριστώ τόσο πολύ Άμμα. Ήδη με βοήθησες.

Τι Κάνει Ένας Αληθινός Διδάσκαλος για το Μαθητή;

Ερώτηση: Άμμα, τι κάνει ένας *Σάτγκουρου* (Αληθινός Διδάσκαλος) για το μαθητή;

Άμμα: Ένας *Σάτγκουρου* βοηθά το μαθητή να δει τις αδυναμίες του.

Ερώτηση: Πώς βοηθά αυτό το μαθητή;

Άμμα: Το να βλέπει κάποιος πραγματικά, σημαίνει ότι συνειδητοποιεί και αποδέχεται. Από τη στιγμή που ο μαθητής αποδεχτεί τις αδυναμίες του είναι πιο εύκολο να τις ξεπεράσει.

Ερώτηση: Άμμα, όταν λες «αδυναμίες», αναφέρεσαι στο εγώ;

Άμμα: Η οργή είναι μια αδυναμία, η ζήλια είναι μια άλλη αδυναμία. Το μίσος, η φιλαυτία και ο φόβος είναι όλα αδυναμίες. Ναι, η κύρια αιτία για όλες αυτές τις αδυναμίες είναι το εγώ. Ο νους μαζί με όλους τους περιορισμούς και τις αδυναμίες του είναι αυτό που αποκαλούμε «εγώ».

Ερωτών: Άρα λοιπόν, βασικά λες ότι η δουλειά ενός *Σάτγκουρου* είναι να ασχολείται με το εγώ του μαθητή.

Άμμα: Η δουλειά του *Σάτγκουρου* είναι να βοηθά το μαθητή να συνειδητοποιεί την ασημαντότητα αυτού του μηδαμινού φαινομένου που είναι γνωστό ως εγώ. Το εγώ είναι σαν μια φλόγα που καταναλώνει το λάδι σ' ένα μικρό πήλινο λυχνάρι.

Ερώτηση: Γιατί είναι σημαντικό να συνειδητοποιήσουμε την ασημαντότητα του εγώ;

Άμμα: Επειδή δεν υπάρχει τίποτα το καινούριο ή το αξιοσημείωτο σχετικά με το εγώ. Όταν η λαμπρότητα του ήλιου είναι διαθέσιμη, γιατί θα έπρεπε να ανησυχεί κανείς γι' αυτήν τη μικρή φλόγα, η οποία μπορεί οποιαδήποτε στιγμή να σβήσει;

Ερώτηση: Άμμα, θα μπορούσες να αναπτύξεις περισσότερο αυτό το σημείο;

Άμμα: Είστε το όλον, το Θείο. Συγκριτικά με αυτό, το εγώ δεν είναι τίποτε άλλο παρά μια μικρή φλόγα. Από τη μια πλευρά, λοιπόν, ο *Σάτγκουρου* απομακρύνει το εγώ. Από την άλλη, όμως, σου παρέχει το όλον. Από ζητιάνο, ο *Σάτγκουρου* σε ανυψώνει σε αυτοκράτορα, τον Αυτοκράτορα του Σύμπαντος. Από απλό αποδέκτη, ο *Σάτγκουρου* σε μεταμορφώνει σε δότη, που προσφέρει τα πάντα σε όσους έρχονται κοντά του.

95

Οι Πράξεις ενός Μαχάτμα

Ερώτηση: Είναι αλήθεια πως οτιδήποτε κάνει ένας *Μαχάτμα* έχει κάποιο νόημα;

Άμμα: Είναι καλύτερα να ειπωθεί πως οτιδήποτε κάνει μια αυτοπραγματωμένη ψυχή έχει ένα θεϊκό μήνυμα, ένα μήνυμα που μεταδίδει τις βαθύτερες αρχές της ζωής. Ακόμα και τα φαινομενικά παράλογα πράγματα θα έχουν οπωσδήποτε ένα τέτοιο μήνυμα.

Υπήρξε ένας *Μαχάτμα*, του οποίου η μόνη ενασχόληση ήταν να σπρώχνει μεγάλες πέτρες μέχρι την κορυφή ενός βουνού. Αυτή ήταν η μοναδική δουλειά που έκανε μέχρι το θάνατό του. Ποτέ δε βαρέθηκε, ποτέ δεν παραπονέθηκε. Οι άνθρωποι πίστευαν ότι ήταν τρελός, αλλά δεν ήταν. Μερικές φορές, του έπαιρνε πολλές ώρες ή ακόμα και μέρες μέχρι να σπρώξει, μόνο με τα χέρια του, έναν ογκόλιθο στην κορυφή του βουνού. Και μόλις κατόρθωνε να τον πάει εκεί, τον άφηνε να κατρακυλήσει κάτω. Κοιτάζοντας τον ογκόλιθο να κατρακυλά από την κορυφή ως τους πρόποδες του βουνού, ο *Μαχάτμα* χειροκροτούσε και ξέσπαγε σε γέλια σαν μικρό παιδί.

Η άνοδος σε οποιοδήποτε τομέα, απαιτεί πολύ θάρρος και ενέργεια, αλλά δε χρειάζεται ούτε καν μια στιγμή για να καταστραφούν όλα όσα έχουμε αποκτήσει με σκληρή δουλειά. Αυτό ισχύει ακόμα και για τις αρετές. Επιπλέον, η Μεγάλη εκείνη Ψυχή δεν ήταν, ούτε στο ελάχιστο, προσκολλημένη στην ειλικρινή προσπάθεια που κατέβαλε για να σπρώξει τον ογκόλιθο ανηφορικά. Γι' αυτόν το λόγο μπορούσε να γελά σαν παιδί – το γέλιο της υπέρτατης αποστασιοποίησης. Προφανώς αυτά ήταν τα μαθήματα που επιθυμούσε να διδάξει σε όλους.

Οι άνθρωποι μπορεί να ερμηνεύουν και να κρίνουν τις πράξεις ενός *Μαχάτμα*. Αυτό συμβαίνει μόνο επειδή ο νους τους στερείται τη λεπτότητα, που είναι απαραίτητη για να διεισδύσει κάτω από την επιφάνεια. Οι άνθρωποι έχουν προσδοκίες, αλλά ένας αληθινός *Μαχάτμα* δεν μπορεί να ανταποκριθεί στις προσδοκίες κανενός.

Η Αγκαλιά της
Άμμα Αφυπνίζει

Ερώτηση: Αν κάποιοι σου έλεγαν ότι μπορούν, επίσης, να κάνουν αυτό που κι εσύ κάνεις - δηλαδή να αγκαλιάζουν ανθρώπους - τι θα απαντούσες;

Άμμα: Αυτό θα ήταν θαυμάσιο. Ο κόσμος χρειάζεται ολοένα και περισσότερες ευσπλαχνικές καρδιές. Η Άμμα θα ήταν ευτυχής αν κάποιος άλλος θεωρούσε *ντάρμα* (καθήκον) του, να υπηρετεί την ανθρωπότητα αγκαλιάζοντας τους ανθρώπους με πραγματική αγάπη και ευσπλαχνία – επειδή μόνο μια Άμμα δεν είναι δυνατόν, από φυσική άποψη, να αγκαλιάσει όλο το ανθρώπινο γένος. Μια αληθινή μητέρα, όμως, δε θα ισχυριζόταν ποτέ, ότι θυσιάζεται για τα παιδιά της.

Ερώτηση: Άμμα, τι συμβαίνει όταν αγκαλιάζεις τους ανθρώπους;

Άμμα: Όταν η Άμμα αγκαλιάζει τους ανθρώπους δε συντελείται μόνο μια απλή σωματική επαφή. Η αγάπη που νιώθει η Άμμα για όλη τη Δημιουργία, ρέει προς τον καθένα που έρχεται σ' αυτήν. Αυτό το αγνό κύμα αγάπης εξαγνίζει τους ανθρώπους κι αυτό τους βοηθά στην εσωτερική τους αφύπνιση και στην πνευματική τους ανάπτυξη.

Τόσο οι άντρες όσο κι οι γυναίκες του σημερινού κόσμου πρέπει να συνειδητοποιήσουν τις μητρικές ιδιότητες μέσα τους. Η αγκαλιά της Άμμα, έχει ως σκοπό να βοηθήσει τους ανθρώπους να αποκτήσουν επίγνωση αυτής της παγκόσμιας ανάγκης.

Η αγάπη είναι η μόνη γλώσσα, την οποία μπορεί να καταλάβει κάθε ζωντανός οργανισμός. Είναι παγκόσμια. Η αγάπη, η γαλήνη, ο διαλογισμός και η *μόκσα* (απελευθέρωση) έχουν όλες παγκόσμιο χαρακτήρα.

Πώς ο Κόσμος Μετατρέπεται σε Θεό

Ερώτηση: Ως οικογενειάρχης, έχω πολλές ευθύνες και υποχρεώσεις. Ποια θα πρέπει να είναι η στάση μου;

Άμμα: Είτε είσαι οικογενειάρχης είτε μοναχός, το πιο σημαντικό πράγμα είναι ο τρόπος που βλέπεις και επεξεργάζεσαι τη ζωή και τις εμπειρίες της. Αν η στάση σου είναι θετική και δεκτική, ζεις με το Θεό ακόμα κι όταν είσαι στον κόσμο. Τότε ο κόσμος γίνεται Θεός και βιώνεις την παρουσία Του κάθε στιγμή. Μια αρνητική στάση όμως θα φέρει ακριβώς το αντίθετο αποτέλεσμα – τότε επιλέγεις να ζεις με το διάβολο. Το επίκεντρο της προσοχής ενός ειλικρινούς *σάντακ* (πνευματικού αναζητητή) θα πρέπει να είναι η γνώση και η κατανόηση του νου του και των κατώτερων τάσεων αυτού σε συνδυασμό με τη συνεχή προσπάθεια να τις υπερβαίνει.

Ένας *Μαχάτμα* ρωτήθηκε κάποτε: «Άγιε άνθρωπε, είσαι σίγουρος ότι θα πας στον παράδεισο όταν πεθάνεις;»

Ο *Μαχάτμα* απάντησε: «Ναι, φυσικά.»

«Πώς όμως το γνωρίζεις αυτό; Δεν έχεις πεθάνει και δε γνωρίζεις καν τι έχει κατά νου ο Θεός.»

«Κοίτα, είναι αλήθεια ότι δεν έχω ιδέα τι συμβαίνει μέσα στο νου του Θεού, γνωρίζω όμως το δικό μου νου. Είμαι πάντα ευτυχισμένος, όπου κι αν βρίσκομαι. Γι’ αυτό, ακόμα κι αν βρίσκομαι στην κόλαση, θα είμαι ευτυχισμένος και γαλήνιος», απάντησε ο *Μαχάτμα*.

Αυτή η ευτυχία και η γαλήνη είναι όντως ο παράδεισος. Όλα εξαρτώνται από το νου σου.

Η Δύναμη των Λόγων της Άμμα

Είχα αυτή την εμπειρία όχι μόνο μία, αλλά εκατό φορές. Άς υποθέσουμε ότι κάποιος μου θέτει μια ερώτηση ή μου γνωστοποιεί ένα σοβαρό πρόβλημα. Προσπαθώ να απαντήσω στην ερώτηση και να αντιμετωπίσω το πρόβλημα με έναν πολύ παραστατικό και λογικό τρόπο. Εκείνος, εκφράζοντας τις ειλικρινείς ευχαριστίες και την εκτίμησή του, απομακρύνεται, δίνοντας την εντύπωση ότι είναι ευτυχισμένος με τη λύση που του έδωσα, ενώ εγώ τον παρακολουθώ μ' έναν αέρα αυτοκομπασμού. Σύντομα, όμως, τον βλέπω να πηγαίνει σε κάποιον άλλο *σουάμι* θέτοντας την ίδια ερώτηση – μια σαφής ένδειξη ότι δεν ικανοποιήθηκε με τη συμβουλή μου και ότι συνεχίζει να υποφέρει. Τελικά, πηγαίνει στην Άμμα. Η Άμμα απαντά στην ερώτηση με παρόμοιο τρόπο. Εννοώ ότι οι λέξεις που χρησιμοποιεί, μερικές φορές ακόμα και τα παραδείγματα, είναι ίδια. Μια ξαφνική αλλαγή συμβαίνει στο άτομο. Η σκιά της αμφιβολίας, του φόβου και της θλίψης χάνεται εντελώς και το πρόσωπο του ανθρώπου φωτίζεται. Η διαφορά είναι πραγματικά πολύ μεγάλη. Πάντα αναρωτιέμαι: «Τι είναι αυτό που κάνει τη διαφορά; Η Άμμα δε λέει κάτι καινούργιο. Η επίδραση όμως είναι τεράστια.»

Πάρτε για παράδειγμα το ακόλουθο περιστατικό: Καθώς η Άμμα σερβίριζε το μεσημεριανό κατά τη διάρκεια ενός προγράμματος, μια Ινδή γιατρός, η οποία ζούσε στην Αμερική τα τελευταία είκοσι πέντε χρόνια, με πλησίασε και μου είπε: «Αυτή είναι η πρώτη μου συνάντηση με την Άμμα. Θα ήθελα να μιλήσω σε σας ή σε κάποιον άλλο *σουάμι*.»

Η κυρία άρχισε τότε να μου περιγράφει μια πολύ συγκινητική ιστορία. Πριν δυο χρόνια ο σύζυγός της πήγε για προσκύνημα στο όρος Καϊλάς στα Ιμαλάια. Εκεί έπαθε καρδιακή προσβολή και πέθανε ακαριαία. Η γυναίκα αυτή δεν κατάφερε να συνέλθει από τον πόνο και τη θλίψη. «Νιώθω θυμωμένη απέναντι στο Θεό. Ο Θεός είναι αδυσώπητος», είπε. Άκουσα την ιστορία της με όση συμπόνια μπορούσα να έχω.

Της μίλησα και προσπάθησα να την πείσω για την πνευματική διάσταση του θανάτου και μοιράστηκα μαζί της πολλά απ' τα παραδείγματα της Άμμα.

Καθώς ολοκλήρωνα τις νουθεσίες μου, της είπα, ότι στην πραγματικότητα, ο σύζυγός της ήταν πολύ τυχερός που άφησε την τελευταία του πνοή στην ιερή κατοικία του Κυρίου Σίβα. «Είχε ένα μεγαλοπρεπή θάνατο», της υπενθύμισα.

Τελικά, η κυρία είπε φεύγοντας: «Σας ευχαριστώ πάρα πολύ, όμως νιώθω ακόμα πολύ πόνο.»

Το επόμενο πρωί, η κυρία πήγε για *ντάρσαν*. Πριν μπορέσω να διηγηθώ στην Άμμα κάτι απ' την ιστορία της, η Άμμα κοίταξε βαθιά μέσα στα μάτια της και τη ρώτησε στα αγγλικά: «Είσαι λυπημένη;»

Η Άμμα ένιωσε προφανώς τη βαθιά της θλίψη. Ενώ εγώ διηγούμουν στην Άμμα την ιστορία της, η Άμμα την κρατούσε κοντά Της τόσο τρυφερά. Μετά από λίγες στιγμές, η Άμμα ανασήκωσε απαλά το κεφάλι της και ξανακοίταξε επίμονα βαθιά μέσα στα μάτια της. «Ο θάνατος δεν είναι το τέλος· δεν είναι η απόλυτη εκμηδένιση. Είναι η αρχή μιας νέας ζωής», είπε. «Ο σύζυγός σου ήταν τυχερός. Η Άμμα τον βλέπει ευτυχισμένο και γαλήνιο, γι' αυτό μη θλίβεσαι.»

Η κυρία σταμάτησε ξαφνικά να κλαίει και το πρόσωπό της γαλήνεψε. Την ξαναείδα το βράδυ. Φαινόταν πολύ ανακουφισμένη. «Είμαι τόσο γαλήνια τώρα. Η Άμμα με ευλόγησε πραγματικά. Δεν ξέρω, πώς μου πήρε μονομιάς όλη μου τη θλίψη», είπε.

Αργότερα, έχοντας αυτό στο νου μου, ρώτησα την Άμμα: «Πώς γίνεται να επιφέρουν τα λόγια Σου μια τόσο μεγάλη μεταμόρφωση; Γιατί δεν συμβαίνει το ίδιο όταν μιλάμε εμείς;»

«Επειδή είστε παντρεμένοι με τον κόσμο και διαζευγμένοι από το Θείο.»

«Άμμα, ο νους αναζητά περισσότερες εξηγήσεις. Θα είχες την καλοσύνη να μου το εξηγήσεις περισσότερο;»

«Παντρεμένοι με τον κόσμο σημαίνει ταυτισμένοι με το νου. Αυτή η ταύτιση δημιουργεί προσκόλληση στον εξωτερικό κόσμο και τα αντικείμενά του, η οποία σε κρατά χωρισμένο από την εσωτερική, Θεϊκή σου φύση. Σ' αυτή την κατάσταση, μοιάζεις με υπνωτισμένο.

Όταν ελευθερώσουμε τον εαυτό μας από την ύπνωση που μας προκαλεί ο νους, τότε, συντελείται ένα εσωτερικό διαζύγιο. Μετά, ίσως συνεχίσεις να ενεργείς στον κόσμο, αλλά ο εσωτερικός γάμος σου - η ένωση με το Θείο - σε βοηθά να διακρίνεις την απατηλή και συνεχώς μεταβαλλόμενη φύση του κόσμου. Γι' αυτό, παραμένεις ανέπαφος και αποστασιοποιημένος. Δεν υπνωτίζεσαι πλέον από τον κόσμο και τα αντικείμενά του. Αυτή είναι πραγματικά η ύψιστη κατάσταση της Αυτοπραγμάτωσης. Είναι η συνειδητοποίηση ότι αυτή η ένωση, ο γάμος με τον κόσμο, δεν είναι αληθινός. Η αλήθεια βρίσκεται στην επανένωση με το Θείο και στον αιώνιο γάμο μαζί του. Οι *γκόπις* (σύζυγοι των βοσκών) του Βριντάβαν θεωρούσαν τον εαυτό τους νύφες του Κρίσνα. Εσωτερικά, ήταν παντρεμένες μαζί του, με το Θείο, και γι' αυτό παρέμεναν διαζευγμένες από τον κόσμο.»

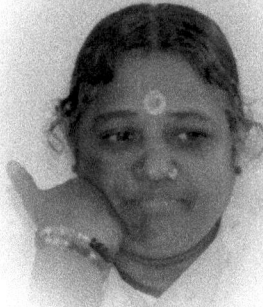

Επιστήμονες & Άγιοι

Η Άμμα απευθύνεται σ' έναν πιστό, ο οποίος έθεσε μια ερώτηση σχετική με τους άθεους:

Άμμα: Δεν πιστεύουμε τους επιστήμονες όταν μιλούν για το φεγγάρι και τον Άρη; Πόσοι όμως από μας μπορούν να επιβεβαιώσουν ότι όσα λένε είναι αληθή; Παρόλα αυτά, εμπιστευόμαστε τα λόγια των επιστημόνων και των αστρονόμων, έτσι δεν είναι; Παρομοίως, οι άγιοι και οι προφήτες του παρελθόντος πειραματίζονταν για χρόνια στα εσωτερικά τους εργαστήρια και συνειδητοποίησαν την ύψιστη αλήθεια, η οποία αποτελεί τη βάση του σύμπαντος. Ακριβώς όπως εμπιστευόμαστε τα λόγια των επιστημόνων, οι οποίοι μιλούν για γεγονότα άγνωστα σε μας, έτσι θα πρέπει να έχουμε πίστη στα λόγια των Μεγάλων Διδασκάλων που μιλούν για την Αλήθεια, στην οποία έχουν εδραιωθεί.

Πώς να Υπερβούμε τις Σκέψεις;

Ερώτηση: Άμμα, φαίνεται ότι δεν υπάρχει κανένα τέλος για τις σκέψεις. Όσο περισσότερο διαλογιζόμαστε, τόσο περισσότερες σκέψεις έρχονται. Γιατί συμβαίνει αυτό; Πώς εξαλείφουμε αυτές τις σκέψεις και τις υπερβαίνουμε;

Άμμα: Οι σκέψεις, οι οποίες συνιστούν το νου, είναι στην πραγματικότητα αδρανείς. Αντλούν τη δύναμή τους από τον *Άτμαν*. Οι σκέψεις μας είναι δικό μας δημιούργημα. Δίνουμε σε αυτές υπόσταση όταν τους δίνουμε σημασία. Αν αποσύρουμε την προσοχή μας, αυτές διαλύονται. Παρατήρησε προσεκτικά τις σκέψεις σου χωρίς να τις ονομάζεις. Τότε, θα διαπιστώσεις ότι σταδιακά εξαφανίζονται.

Ο νους έχει συσσωρεύσει σκέψεις και επιθυμίες – μέσα από τις διάφορες ενσαρκώσεις σου στους αιώνες. Όλα τα συναισθήματα που αναλογούν σε αυτές τις σκέψεις και τις επιθυμίες βρίσκονται θαμμένα βαθιά μέσα σου. Αυτό που βλέπεις ή βιώνεις στην επιφάνεια του νου, είναι μόνο ένα μικρό τμήμα από τις αλλεπάλληλες στρώσεις, που είναι καταχωνιασμένες και αδρανείς μέσα σου. Όταν προσπαθείς να γαληνέψεις το νου μέσω του διαλογισμού, οι σκέψεις αυτές θα έρχονται σταδιακά στην επιφάνεια. Είναι όπως όταν προσπαθεί κάποιος να καθαρίσει ένα πάτωμα που είχε μείνει άπλυτο για πολύ καιρό. Όταν ξεκινήσουμε τη διαδικασία, όσο περισσότερο πλένουμε, τόσο περισσότερη βρομιά έρχεται στην επιφάνεια, επειδή το πάτωμα έχει συγκεντρώσει βρομιά για χρόνια.

Το ίδιο συμβαίνει και με το νου.Μέχρι τώρα, ποτέ δε στρέψαμε την παραμικρή προσοχή στις διάφορες σκέψεις που περνούσαν από το νου μας. Όπως το πάτωμα μάζευε βρομιά, έτσι και ο νους συγκέντρωνε σκέψεις, επιθυμίες και συναισθήματα για ένα πολύ μεγάλο χρονικό διάστημα. Έχουμε επίγνωση μόνο αυτών που βρίσκονται στην επιφάνεια. Κάτω, όμως, από την επιφάνεια υπάρχουν αμέτρητες στρώσεις από σκέψεις και συναισθήματα. Ακριβώς όπως περισσότερη βρομιά έρχεται στην επιφάνεια κατά τη διαδικασία καθαρίσματος του πατώματος, έτσι και περισσότερες σκέψεις γίνονται φανερές καθώς ο διαλογισμός μας γίνεται βαθύτερος. Συνέχισε να καθαρίζεις και θα εξαφανιστούν.

Στην πραγματικότητα είναι καλό όταν εμφανίζονται. Γιατί από τη στιγμή που τις δεις και τις αναγνωρίσεις, είναι ευκολότερο να τις απομακρύνεις. Μη χάνεις την υπομονή σου. Έχε επιμονή και συνέχισε να εκτελείς τη *σάντανά* σου (πνευματική άσκηση). Στον κατάλληλο χρόνο, θα αποκτήσεις τη δύναμη να τις υπερβείς.

Βία, Πόλεμος και η Λύση

Ε ρώτηση: Τι μπορούν να κάνουν οι άνθρωποι για να θέσουν ένα τέλος στον πόλεμο και στον πόνο;

Άμμα: Να είναι περισσότερο ευσπλαχνικοί και να έχουν περισσότερη κατανόηση.

Ερωτών: Αυτό ίσως δεν είναι μια άμεση λύση.

Άμμα: Μια άμεση και γρήγορα αποτελεσματική λύση είναι σχεδόν ανέφικτη. Η εφαρμογή ενός προγράμματος με καθορισμένο χρονοδιάγραμμα, μπορεί επίσης να μη φέρει αποτέλεσμα.

Ερωτών: Οι ειρηνιστές, όμως, αναζητούν μια γρήγορη και αποτελεσματική λύση, εδώ και τώρα.

Άμμα: Αυτό είναι καλό. Άσε αυτή την επιθυμία για την εύρεση μιας γρήγορα αποτελεσματικής λύσης να συνεχίσει να αυξάνεται μέχρι να γίνει έντονος πόθος. Μόνο μέσα απ' αυτόν το βαθύ πόθο θα αναπτυχθεί βαθμιαία μια γρήγορα αποτελεσματική λύση.

Ερώτηση: Πολλοί, πνευματικά προσανατολισμένοι άνθρωποι, είναι της άποψης ότι η βία και ο πόλεμος στον εξωτερικό κόσμο, είναι μια εκδήλωση της βίας που ενυπάρχει μέσα μας. Τι πιστεύεις σχετικά μ' αυτό;

Άμμα: Αυτό είναι αλήθεια. Ωστόσο, ένα πράγμα που πρέπει να γίνει κατανοητό είναι ότι, όπως η βία αποτελεί τμήμα του ανθρώπινου νου, η γαλήνη και η ευτυχία είναι επίσης τμήμα του. Και αν οι άνθρωποι πραγματικά θέλουν, μπορούν να βρουν τη γαλήνη τόσο μέσα τους όσο κι έξω απ' αυτούς. Γιατί εστιάζονται οι άνθρωποι περισσότερο στην επιθετική και καταστρεπτική πλευρά του νου; Γιατί παραβλέπουν εντελώς την απεριόριστη ευσπλαχνία και το υψηλό δυναμικό δημιουργικότητας που ο ίδιος νους μπορεί να αποκτήσει; Σε τελική ανάλυση, όλοι οι πόλεμοι δεν είναι τίποτα άλλο παρά η βαθιά επιθυμία του νου να εκφράσει τη βία που υπάρχει μέσα του. Ο νους έχει μια πρωτόγονη, υποανάπτυκτη ή ανεξέλικτη πλευρά. Ο πόλεμος είναι το αποτέλεσμα αυτού του πρωτόγονου τμήματός του. Οι φιλοπόλεμες παρορμήσεις του νου είναι απλά ένα παράδειγμα, το οποίο αποδεικνύει ότι δεν έχουμε ακόμα αναπτυχθεί πέρα από την πρωτόγονη πλευρά του. Αν δεν υπερβούμε την κατώτερη φύση μας, ο πόλεμος και οι συγκρούσεις θα εξακολουθήσουν να υπάρχουν στην κοινωνία. Η αναζήτηση του ορθού δρόμου για να αναπτυχθούμε πέρα απ' αυτήν την πλευρά του νου, είναι ο κατάλληλος και υγιής τρόπος για να προσεγγίσουμε το ζήτημα του πολέμου και της βίας.

Ερώτηση: Είναι η πνευματικότητα αυτός ο δρόμος;

Άμμα: Ναι, ο δρόμος είναι η πνευματικότητα - η μεταμόρφωση του τρόπου σκέψης μας και η ανάπτυξη πέρα από τις ψυχονοητικές μας αδυναμίες και τους περιορισμούς.

Ερώτηση: Πιστεύεις ότι άνθρωποι όλων των θρησκειών θα το αποδεχτούν αυτό;

Άμμα: Είτε το αποδέχονται είτε όχι, είναι η αλήθεια. Μόνο όταν οι θρησκευτικοί ηγέτες πάρουν πρωτοβουλία να διαδώσουν τις πνευματικές αρχές της θρησκείας τους, θα αλλάξει η παρούσα κατάσταση.

Ερώτηση: Άμμα, θεωρείς ότι η θεμελιώδης αρχή όλων των θρησκειών είναι η πνευματικότητα;

Άμμα: Αυτό δεν είναι μόνο η άποψη της Άμμα. Είναι η ακλόνητη πεποίθησή της. Είναι η αλήθεια.

Η θρησκεία και οι βασικές αρχές της δεν έχουν κατανοηθεί ορθά. Στην πραγματικότητα έχουν μάλιστα παρερμηνευθεί. Για κάθε μια θρησκεία στον κόσμο υπάρχουν δύο πλευρές: η εξωτερική και η εσωτερική. Η εξωτερική είναι η φιλοσοφία ή το διανοητικό μέρος και η εσωτερική είναι το πνευματικό μέρος. Εκείνοι, οι οποίοι προσκολλώνται έντονα στην εξωτερική πλευρά της θρησκείας, θα παραπλανηθούν. Κάθε θρησκεία είναι ένα μέσο για την επίτευξη ενός στόχου. Ο στόχος αυτός είναι η πνευματική πραγμάτωση. Για να κατακτηθεί αυτός ο στόχος, πρέπει κανείς να υπερβεί το μέσο, δηλαδή τα λόγια. Για παράδειγμα, ας υποθέσουμε ότι πρέπει να διασχίσεις ένα ποτάμι. Για τη μεταφορά στην αντίπερα όχθη, πρέπει να χρησιμοποιήσεις μια βάρκα. Από τη στιγμή, όμως, που θα φτάσεις εκεί, πρέπει να αποβιβαστείς και να προχωρήσεις. Αν μείνεις εκεί που είσαι λέγοντας: «Αγαπώ αυτή τη βάρκα τόσο πολύ. Δε θέλω να βγω. Θα παραμείνω εδώ», τότε δε θα φτάσεις στον προορισμό σου. Η θρησκεία είναι η βάρκα. Χρησιμοποίησέ την για να διασχίσεις τον ωκεανό των παρανοήσεων και των εσφαλμένων αντιλήψεων για τη ζωή. Διαφορετικά, η αληθινή γαλήνη δε θα ανατείλει, ούτε εξωτερικά ούτε εσωτερικά.

Η θρησκεία είναι όπως ο φράχτης που προστατεύει ένα δενδρύλλιο από τα ζώα. Από τη στιγμή που το δενδρύλλιο γίνει δέντρο, ξεπερνά την ανάγκη για το φράχτη. Μπορούμε λοιπόν να πούμε ότι η θρησκεία είναι όπως ο φράχτης και η Αυτοπραγμάτωση είναι όπως το δέντρο.

Κάποιος δείχνει με το δάχτυλό του ένα φρούτο σ' ένα δέντρο. Κοιτάς στην άκρη του δαχτύλου και μετά πέρα απ' αυτό. Αν δεν κοιτάξεις πέρα από το δάχτυλο δε θα αποκτήσεις το φρούτο. Στο σύγχρονο κόσμο, άνθρωποι όλων των θρησκειών αφήνουν το φρούτο να διαφεύγει την προσοχή τους. Προσκολλώνται πολύ έντονα κι ακόμα μάλιστα παθιάζονται με τα δάχτυλα – τα λόγια και τις εξωτερικές πλευρές των θρησκειών τους.

Ερώτηση: Πιστεύεις ότι η κοινωνία δεν διαθέτει επαρκή επίγνωση αυτής της αλήθειας;

Άμμα: Υπάρχει πολλή δουλειά που βρίσκεται σε εξέλιξη για να δημιουργηθεί αυτή η επίγνωση. Η ένταση όμως του σκότους είναι τέτοια που είναι απαραίτητο να αφυπνισθούμε και να εργαστούμε ακόμα σκληρότερα. Ασφαλώς, υπάρχουν μεμονωμένα άτομα και οργανισμοί που εργάζονται για τη δημιουργία αυτής της επίγνωσης. Ο στόχος, όμως, δε θα επιτευχθεί διοργανώνοντας συνέδρια και επίσημες συζητήσεις για την ειρήνη. Η πραγματική συνειδητοποίηση έρχεται μόνο αν ενσωματώσουμε στη ζωή μας το διαλογισμό. Είναι κάτι που πρέπει να συμβεί εσωτερικά. Όλοι οι οργανισμοί και τα μεμονωμένα άτομα που εμπλέκονται ενεργά στην υπόθεση της εδραίωσης ενός ειρηνικού κόσμου χωρίς πόλεμο, θα πρέπει να δίνουν έμφαση σ' αυτό το σημείο. Η ειρήνη δεν είναι προϊόν διανοητικής άσκησης. Είναι ένα συναίσθημα, μια άνθιση, που συντελείται μέσα μας ως αποτέλεσμα της διοχέτευσης της ενέργειάς μας μέσω των σωστών καναλιών. Αυτό είναι που επιφέρει ο διαλογισμός.

Ερώτηση: Πώς θα περιέγραφες την παρούσα κατάσταση των πραγμάτων στον κόσμο;

Άμμα: Στη μήτρα της μητέρας το ανθρώπινο έμβρυο διαμορφώνεται στην αρχή σαν ψάρι. Προς το τέλος, μοιάζει σχεδόν με μαϊμού. Παρόλο που ισχυριζόμαστε ότι είμαστε πολιτισμένοι άνθρωποι, οι οποίοι έχουν κάνει μεγάλα άλματα στον επιστημονικό τομέα, πολλές από τις πράξεις μας καταδεικνύουν ότι εσωτερικά βρισκόμαστε ακόμα σ' αυτό το τελικό στάδιο της ανάπτυξης του εμβρύου μέσα στη μήτρα.

Ακριβολογώντας, η Άμμα θα έλεγε ότι ο ανθρώπινος νους είναι πολύ πιο ανεπτυγμένος από εκείνον της μαϊμούς. Μια μαϊμού μπορεί να πηδά μόνο από το ένα κλαδί στο άλλο, από το ένα δέντρο στο άλλο, ο ανθρώπινος όμως νους - μαϊμού, μπορεί να κάνει πολύ μεγαλύτερα άλματα. Μπορεί να κάνει οποιοδήποτε άλμα, από εδώ στο φεγγάρι ή στις κορυφές των Ιμαλαΐων, και από το παρόν στο παρελθόν ή στο μέλλον.

Μόνο μια εσωτερική αλλαγή, βασισμένη σε μια πνευματική θεώρηση, θα φέρει ειρήνη και θα δώσει ένα τέλος στον πόνο. Οι περισσότεροι άνθρωποι είναι αμετάπειστοι ως προς τη στάση τους. Το σύνθημά τους είναι: «Μόνο αν αλλάξεις εσύ, τότε θα αλλάξω κι εγώ.» Αυτό δε θα βοηθήσει κανέναν. Αν εσύ αλλάξεις πρώτος, θα αλλάξει αυτόματα κι ο άλλος επίσης.

Χριστός & Χριστιανισμός

Ερώτηση: Είμαι Χριστιανή εκ γενετής. Αγαπώ το Χριστό, αλλά αγαπώ και την Άμμα επίσης. Είσαι η *Γκούρου* μου. Το δίλημμά μου όμως είναι ότι οι δύο γιοι μου, οι οποίοι είναι ένθερμοι οπαδοί της εκκλησίας και του Ιησού, δεν πιστεύουν σε τίποτα άλλο πέρα απ' αυτό. Διαρκώς μου λένε, «Μαμά, είμαστε λυπημένοι γιατί δε θα σε δούμε στον παράδεισο, αφού θα πας στην κόλαση, επειδή δεν ακολουθείς το Χριστό.» Προσπαθώ να τους μιλήσω αλλά δεν ακούνε. Άμμα, τι να κάνω;

Άμμα: Η Άμμα κατανοεί πλήρως την πίστη τους στο Χριστό. Στην πραγματικότητα, η Άμμα εκτιμά ειλικρινά και έχει μεγάλο σεβασμό για τους ανθρώπους, οι οποίοι έχουν βαθιά πίστη στη θρησκεία τους και στον προσωπικό τους Θεό. Ωστόσο, είναι εντελώς λανθασμένο και παράλογο να ισχυρίζεται κάποιος, ότι όλοι οι άλλοι, οι οποίοι δεν πιστεύουν στο Χριστό θα πάνε στην κόλαση. Όταν ο Χριστός είπε «Αγάπα τον πλησίον σου όπως τον εαυτό σου», δεν εννοούσε «αγάπα μόνο τους Χριστιανούς», έτσι δεν είναι; Το να λέει κάποιος: «Όλοι οι άλλοι, εκτός από τους Χριστιανούς, θα πάνε στην κόλαση», σημαίνει ότι δεν λογαριάζει τους άλλους εξαιτίας ολοσχερούς έλλειψης αγάπης. Πρόκειται για ένα ψέμα. Η ψευδολογία είναι ενάντια στο Θεό. Η αληθινή αγάπη προς το Θεό προϋποθέτει να είναι κανείς ειλικρινής, επειδή ο Θεός είναι Αλήθεια. Όποιος αγαπά το Θεό, σέβεται και αγαπά τους συνανθρώπους του.

Μια δήλωση όπως: «Όλοι εσείς θα πάτε στην κόλαση επειδή δεν ακολουθείτε το Χριστό» φανερώνει πλήρη έλλειψη σεβασμού και έλλειψη καλοσύνης προς την υπόλοιπη ανθρωπότητα. Πόσο υπεροπτική και σκληρή είναι η στάση να λέει κάποιος ότι όλοι οι μεγάλοι Άγιοι, οι σοφοί και τα δισεκατομμύρια ανθρώπων, οι οποίοι έζησαν πριν το Χριστό, πήγαν στην κόλαση; Ισχυρίζονται αυτοί οι άνθρωποι ότι το βίωμα του Θεού υπάρχει μόνο τα τελευταία 2.000 χρόνια ή μήπως εννοούν ότι ακόμα και ο ίδιος ο Θεός είναι μόνο 2.000 ετών; Κάτι τέτοιο αντιτίθεται στην ίδια τη φύση του Θεού, ο οποίος εμποτίζει τα πάντα και είναι πέρα από τόπο και χρόνο. Ο Ιησούς ήταν Θεός που εμφανίστηκε με ανθρώπινη μορφή. Η Άμμα δεν έχει κανένα απολύτως πρόβλημα να το αποδεχτεί αυτό. Αυτό όμως δε σημαίνει ότι όλες οι μεγάλες ενσαρκώσεις, πριν και μετά το Χριστό, δεν ήταν *Άβαταρ* (Θεός που κατήλθε με ανθρώπινη μορφή) ή ότι δεν μπορούν να σώσουν όσους πιστεύουν σ' αυτούς.

Δεν είπε ο Χριστός «Η βασιλεία των ουρανών βρίσκεται μέσα σας»; Αυτή είναι μια απλή, χωρίς περιστροφές δήλωση. Τι σημαίνει; Σημαίνει ότι ο Θεός κατοικεί μέσα σου. Αν ο παράδεισος βρίσκεται μέσα σου, τότε και η κόλαση βρίσκεται μέσα σου επίσης. Είναι ο νους σου. Ο νους είναι ένα πολύ αποτελεσματικό εργαλείο. Μπορούμε να τον χρησιμοποιήσουμε για να δημιουργήσουμε τόσο τον παράδεισο όσο και την κόλαση.

Όλοι οι *Μαχάτμα*, συμπεριλαμβανομένου και του Χριστού, δίνουν μεγάλη σημασία στην αγάπη και την ευσπλαχνία. Στην πραγματικότητα, η αγάπη και η ευσπλαχνία είναι οι θεμελιώδεις αρχές όλων των αυθεντικών θρησκειών. Αυτές οι θεϊκές ιδιότητες αποτελούν τη βάση όλων των θρησκευτικών τάσεων. Χωρίς την αποδοχή της αγνής συνείδησης ως τη θεμελιώδη αρχή που αποτελεί τη βάση των πάντων, δεν μπορεί κάποιος να αγαπά και να ευσπλαχνίζεται τους άλλους. Το να λέει κάποιος: «Σ' αγαπώ, αλλά μόνο αν είσαι Χριστιανός» είναι σα να λέει: «Μόνο οι Χριστιανοί έχουν συνείδηση· όλοι οι άλλοι είναι άψυχα αντικείμενα.» Η άρνηση της συνείδησης είναι άρνηση της αγάπης και της Αλήθειας.

Κόρη μου, όσον αφορά τη στάση σου σ' αυτήν την κατάσταση, η Άμμα δε νομίζει ότι θα είναι εύκολο να αλλάξει ο τρόπος που νιώθουν τα παιδιά σου. Ούτε και είναι απαραίτητο. Άφησέ τα να ακολουθούν την πίστη τους. Εσύ ακολούθα την καρδιά σου και συνέχισε σιωπηλά να κάνεις αυτό που θεωρείς ότι είναι σωστό. Σε τελική ανάλυση, αυτό που έχει πραγματικά σημασία, είναι το βαθύ συναίσθημα στην καρδιά σου.

Να είσαι μια καλή Χριστιανή, Ινδουίστρια, Βουδίστρια, Εβραία ή Μωαμεθανή, αλλά μη χάσεις ποτέ την ικανότητα να διακρίνεις και γίνεις έτσι μια φανατική στο όνομα της θρησκείας.

Μύηση σ' ένα Μάντρα του Χριστού

Ένας νεαρός Χριστιανός ζήτησε ένα *μάντρα* από την Άμμα. «Ποια είναι η αγαπημένη σου Θεότητα;» τον ρώτησε Εκείνη.

«Αυτό εξαρτάται από σένα, Άμμα. Όποια Θεότητα κι αν διαλέξεις, θα επαναλαμβάνω αυτό το *μάντρα*», είπε ο νέος.

Η Άμμα απάντησε: «Όχι, η Άμμα γνωρίζει ότι γεννήθηκες και ανατράφηκες ως χριστιανός, κι έτσι αυτό το *σαμσκάρα* (νοητική προδιάθεση που φέρει κανείς από την τωρινή ζωή ή προηγούμενες ζωές) είναι βαθιά ριζωμένο μέσα σου.»

Αφού σκέφτηκε για μια στιγμή, ο νεαρός είπε: «Άμμα,

εφόσον θέλεις να επιλέξω εγώ τη Θεότητα, τότε, Σε παρακαλώ, μύησέ με σ' ένα *μάντρα της Κάλι.*» Η Άμμα αρνήθηκε στοργικά την παράκλησή του λέγοντας: «Κοίτα, η Άμμα γνωρίζει ότι προσπαθείς να την ευχαριστήσεις. Για την Άμμα δεν έχει σημασία αν επαναλαμβάνεις ένα *μάντρα* της *Κάλι* ή ένα *μάντρα* του Χριστού. Να είσαι ειλικρινής με τον εαυτό σου και ανοιχτός απέναντι στην Άμμα. Αυτή είναι η στάση που κάνει την Άμμα πραγματικά ευτυχή.»

«Όμως, Άμμα, επαναλαμβάνω το *Μριτιουντζάγια μάντρα* και άλλες Ινδουιστικές προσευχές», είπε εκείνος, προσπαθώντας να πείσει την Άμμα.

Η Άμμα αποκρίθηκε: «Μπορεί αυτό να είναι αλήθεια, πρέπει όμως να επαναλαμβάνεις ένα *μάντρα* του Χριστού, αφού αυτό είναι το κυρίαρχο *σαμσκάρα* σου. Αν επαναλαμβάνεις άλλα *μάντρα*, θα έχεις μακροπρόθεσμα δυσκολία να εμμείνεις στην επανάληψή τους. Συγκρουόμενες σκέψεις θα προκύψουν αναπόφευκτα.»

Ο νέος άντρας ήταν όμως αμετάπειστος. Ήθελε είτε να επιλέξει η Άμμα ένα *μάντρα* για κείνον είτε να τον μυήσει σ' ένα *μάντρα* της *Κάλι.* Τελικά, η Άμμα είπε: «Εντάξει γιε μου, κάνε το εξής, κάθισε σιωπηλός και διαλογίσου για λίγο. Ας δούμε τι θα συμβεί.»

Λίγα λεπτά αργότερα, αφού ο νέος είχε τελειώσει το διαλογισμό του, η Άμμα τον ρώτησε: «Τώρα πες στην Άμμα, ποια είναι η αγαπημένη σου Θεότητα;» Ο νεαρός χαμογέλασε μόνο. Η Άμμα τον ρώτησε πάλι: «Ο Χριστός, έτσι δεν είναι;» Ο νέος απάντησε: «Ναι Άμμα. Έχεις δίκιο, κι εγώ άδικο.»

Η Άμμα του είπε: «Η Άμμα δε βλέπει καμιά διαφορά ανάμεσα στο Χριστό, τον *Κρίσνα* και την *Κάλι.* Όμως, αν και δε σου είναι συνειδητό, υποσυνείδητα νιώθεις μια διαφορά. Η Άμμα ήθελε να το συνειδητοποιήσεις αυτό και να το αποδεχτείς. Γι' αυτό σου ζήτησε να διαλογιστείς.»

Ο νεαρός άντρας ήταν ευτυχισμένος και η Άμμα τον μύησε σ' ένα *μάντρα* του Χριστού.

Πλανημένοι Αναζητητές & Διέξοδος

Ερώτηση: Άμμα, υπάρχουν άνθρωποι, οι οποίοι εκτελούν εντατικές πνευματικές ασκήσεις για μεγάλο χρονικό διάστημα. Παρόλα αυτά, βρίσκονται σε μεγάλη πλάνη. Μερικοί απ' αυτούς ισχυρίζονται μάλιστα, ότι έχουν ολοκληρώσει το ταξίδι. Πώς μπορούμε να βοηθήσουμε τέτοιους ανθρώπους;

Άμμα: Πώς είναι δυνατόν να τους βοηθήσει κάποιος αν δε συνειδητοποιήσουν την ανάγκη για βοήθεια; Για να βγει κάποιος από το σκότος της πλάνης, πρέπει πρώτα να αποκτήσει την επίγνωση ότι βρίσκεται στο σκοτάδι. Είναι άλλη μια περίπλοκη κατάσταση πνευματικής σύγχυσης. Τα παιδιά αυτά έχουν κολλήσει εκεί,

117

σ' αυτήν την ιδέα, και τους είναι δύσκολο να αποδεχτούν την αλήθεια. Πώς θα μπορούσε κάποιος, απελευθερωμένος πλήρως απ' όλες τις μορφές του εγώ, να ισχυρίζεται οτιδήποτε, όπως κάνουν αυτά τα παιδιά;

Ερώτηση: Τι είναι αυτό που τους ωθεί σ' αυτή την πλανημένη πνευματική κατάσταση;

Άμμα: Η εσφαλμένη τους αντίληψη για την πνευματικότητα και την εξερεύνηση του Εαυτού.

Ερώτηση: Μπορούν να σωθούν;

Άμμα: Μόνο αν θέλουν να σωθούν.

Ερώτηση: Δεν μπορεί να τους σώσει η Χάρη του Θεού;

Άμμα: Φυσικά, είναι όμως ανοιχτοί για να δεχτούν αυτή τη Χάρη;

Ερώτηση: Η Χάρη και η ευσπλαχνία είναι χωρίς προϋποθέσεις. Το να είναι όμως κανείς ανοιχτός, είναι μια προϋπόθεση, έτσι δεν είναι;

Άμμα: Η ανοιχτότητα δεν είναι καμιά προϋπόθεση. Είναι αναγκαιότητα, τόσο απαραίτητη όσο η τροφή κι ο ύπνος.

Η Βοήθεια ενός Αληθινού Διδασκάλου για την Ολοκλήρωση του Ταξιδιού

Ερώτηση ρώτηση: Κάποιοι είναι της άποψης ότι η καθοδήγηση ενός *Γκούρου* δεν είναι απαραίτητη για την επίτευξη της Πραγμάτωσης του Θεού. Άμμα, ποια είναι η γνώμη σου σχετικά με αυτό;

Άμμα: Ένας σωματικά τυφλός βλέπει παντού σκοτάδι. Γι' αυτό και αναζητά βοήθεια. Αλλά παρόλο που οι άνθρωποι είναι πνευματικά τυφλοί, δεν το αντιλαμβάνονται. Ακόμα κι αν το αντιληφθούν, δεν το αποδέχονται. Γι' αυτό τους είναι δύσκολο, να αναζητήσουν καθοδήγηση.

Οι άνθρωποι έχουν διαφορετικές απόψεις και έχουν την ελευθερία να τις εκφράζουν. Εκείνοι που είναι πιο οξυδερκείς, μπορούν να αποδεικνύουν ή να αναιρούν πολλά πράγματα. Ωστόσο, οι ισχυρισμοί τους μπορεί να μην ανταποκρίνονται απαραίτητα στην αλήθεια. Όσο πιο ορθολογιστής είναι κάποιος, τόσο πιο εγωιστικός είναι. Για έναν τέτοιο άνθρωπο, το να παραδοθεί δεν είναι εύκολο. Το βίωμα του Θεού δε θα γίνει πραγματικότητα αν δεν παραδοθεί το εγώ. Οι άνθρωποι, οι οποίοι είναι πάρα πολύ προσκολλημένοι στο εγώ τους, θα βρίσκουν πολλούς τρόπους για να δικαιολογούν τις εγωιστικές τους πράξεις. Η Άμμα έχει την αίσθηση πως αν κάποιος ισχυρίζεται ότι η καθοδήγηση ενός *Γκούρου* δεν είναι απαραίτητη στο δρόμο προς το Θεό, τότε αυτό το άτομο φοβάται να παραδοθεί και να εγκαταλείψει το εγώ του. Ή ίσως ποθεί να είναι *Γκούρου* ο ίδιος.

119

Παρότι η αληθινή μας φύση είναι θεϊκή, έχουμε ταυτιστεί με τον κόσμο των ονομάτων και των μορφών εδώ και τόσο μεγάλο χρονικό διάστημα, που θεωρούμε ότι είναι πραγματικός. Τώρα, είναι απαραίτητο να παραιτηθούμε από την ταύτισή μας με αυτόν.

Η Προσφορά μιας Αθώας Καρδιάς

Ένα μικρό κορίτσι που ήρθε για ντάρσαν πρόσφερε στην Άμμα ένα όμορφο λουλούδι. «Άμμα, αυτό είναι από τον κήπο μας στο σπίτι», είπε. Η Άμμα απάντησε, «Αλήθεια; Είναι πανέμορφο.» Παίρνοντας το λουλούδι από το κορίτσι, το ακούμπησε ταπεινά στο κεφάλι Της σαν να του υποκλινόταν. «Εσύ το έκοψες;», ρώτησε η Άμμα. Το κορίτσι έγνεψε καταφατικά. Η μητέρα του εξήγησε ότι η κόρη της είχε ενθουσιαστεί τόσο πολύ όταν της είπε ότι θα πήγαιναν να δουν την Άμμα, που έτρεξε στον κήπο κι επέστρεψε μ' ένα λουλούδι. Πράγματι, το λουλούδι είχε ακόμα πάνω του μερικές δροσοσταλίδες. «Δείχνοντάς το, μου είπε: Μαμά, το λουλούδι αυτό είναι τόσο όμορφο όσο η Άμμα.»

Το κοριτσάκι καθόταν στην αγκαλιά της Άμμα. Ξαφνικά αγκάλιασε σφιχτά την Άμμα και τη φίλησε στα δυο Της μάγουλα. «Σ' αγαπώ τόσο πολύ, Άμμα», είπε. Ανταποδίδοντας αρκετά φιλιά, η Άμμα απάντησε: «Παιδί μου, κι η Άμμα σ' αγαπάει επίσης πολύ.»

Παρακολουθώντας τη μικρή να χοροπηδά χαρούμενη δίπλα στη μητέρα της, καθώς κατευθύνονταν πίσω στις θέσεις τους, η Άμμα είπε, «Η αθωότητα είναι τόσο όμορφη και συγκινητική.»

Απευθείας Τηλεφωνική Γραμμή με το Θεό

Κατά τη διάρκεια των ερωταποκρίσεων σ' ένα από τα προγράμματα της Άμμα, κάποιος από τους πιστούς, είπε με ανήσυχο τόνο στη φωνή του:«Άμμα, τόσες πολλές χιλιάδες άνθρωποι προσεύχονται σε σένα. Φαίνεται ότι σχεδόν όλες οι γραμμές θα είναι κατειλημμένες, όταν καλέσω για βοήθεια. Έχεις κάτι να μου προτείνεις;»

Ακούγοντας την ερώτηση η Άμμα γέλασε με την καρδιά Της και απάντησε: «Μην ανησυχείς γιε μου. Εσύ έχεις απευθείας τηλεφωνική γραμμή.» Η απάντηση της Άμμα προκάλεσε τρανταχτά γέλια. Εκείνη συνέχισε: «Στην πραγματικότητα, ο καθένας έχει μια απευθείας τηλεφωνική γραμμή με το Θεό. Ωστόσο, η ποιότητα της σύνδεσης εξαρτάται από τη θέρμη της προσευχής σου.»

Όπως ένας Ποταμός που Ρέει...

Ερώτηση: Άμμα, εξακολουθείς να κάνεις την ίδια δουλειά μέρα με τη μέρα, χρόνο με το χρόνο. Δε βαριέσαι να αγκαλιάζεις συνεχώς τον κόσμο μ' αυτόν τον τρόπο;

Άμμα: Αν ο ποταμός βαριέται να κυλά, αν ο ήλιος βαριέται να λάμπει, αν ο άνεμος βαριέται να φυσά, τότε και η Άμμα βαριέται επίσης.

Ερώτηση: Άμμα, όπου κι αν βρίσκεσαι, είσαι πάντα περιτριγυρισμένη από ανθρώπους. Δε νιώθεις την ανάγκη για λίγη ελευθερία και μοναχικότητα;

Άμμα: Η Άμμα είναι πάντα ελεύθερη και μόνη.

Βεδικοί Ήχοι & Μάντρα

Ερώτηση: Οι αρχαίοι *Ρίσις* (Σοφοί) είναι γνωστοί ως *μάντρα ντρίστας* (εκείνοι που έχουν δει τα *μάντρα*). Σημαίνει αυτό ότι έχουν δει τους αμιγείς ήχους και τα *μάντρα*;

Άμμα: «Έχουν δει» σημαίνει έχουν «αναδυθεί μέσα τους» ή έχουν «βιωθεί». Τα *μάντρα* μπορούν μόνο να βιωθούν εσωτερικά. Οι *βεδικοί* ήχοι και τα *μάντρα* υπήρχαν ήδη στο σύμπαν, στην ατμόσφαιρα. Τι κάνουν οι επιστήμονες όταν εφευρίσκουν κάτι; Φέρνουν στο φως ένα δεδομένο, το οποίο ήταν κρυμμένο για πολύ καιρό. Δεν μπορούμε να το ονομάσουμε αυτό νέα εφεύρεση. Απλά και μόνο το αποκαλύπτουν.

Η μοναδική διαφορά ανάμεσα στις επιστημονικές εφευρέσεις και τα *μάντρα* είναι ότι τα τελευταία βρίσκονται σε πιο εκλεπτυσμένα επίπεδα. Οι *Ρίσις*, μέσα από αυστηρή άσκηση και μετάνοια πέτυχαν την κάθαρση και τον απόλυτο εξαγνισμό του εσωτερικού τους κόσμου. Έτσι οι συμπαντικοί αυτοί ήχοι αναδύθηκαν αυτόματα μέσα τους.

Γνωρίζουμε ότι οι ήχοι και οι εικόνες με τη μορφή κυμάτων, που εκπέμπονται από ραδιοφωνικούς ή τηλεοπτικούς σταθμούς, μεταδίδονται στον αέρα. Παραμένουν πάντα στην ατμόσφαιρα. Ωστόσο, για να ακούσουμε τους ήχους και να δούμε τις εικόνες πρέπει να συντονίσουμε τους δέκτες μας, το ραδιόφωνο ή την τηλεόραση. Παρομοίως, οι θεϊκοί αυτοί ήχοι θα αποκαλυφθούν σ' εκείνους, οι οποίοι έχουν έναν καθαρό και αγνό νου. Τα εξωτερικά μάτια είναι ανίκανα να τους δουν. Μόνο αναπτύσσοντας ένα τρίτο ή εσωτερικό μάτι, θα μπορέσουμε να βιώσουμε αυτούς τους ήχους.

Ας είναι ο οποιοσδήποτε ήχος, μάθε να τον νιώθεις, όσο πιο βαθιά μπορείς. Αυτό που έχει πραγματικά σημασία είναι το νιώσιμο του ήχου κι όχι απλά το άκουσμά του. Να νιώθεις τις προσευχές σου, να νιώθεις το *μάντρα* σου και θα νιώσεις το Θεό.

Ερώτηση: Σημαίνουν κάτι τα *μάντρα*;

Άμμα: Όχι με τον τρόπο που νομίζεις ή περιμένεις. Τα *μάντρα* είναι η αγνότερη μορφή συμπαντικών δονήσεων, ή της *σάκτι* (θεϊκής ενέργειας). Τη βαθύτητά τους βίωσαν οι *Ρίσις* όντας σε αδιατάρακτο διαλογισμό. Τα *μάντρα* είναι η δύναμη του σύμπαντος με τη μορφή σπόρου. Γι' αυτό και είναι γνωστά ως *μπιτζακσάρας* (γράμματα-σπόροι). Έχοντας βιώσει αυτήν την εμπειρία, πρόσφεραν αυτούς τους αγνούς ήχους στην ανθρωπότητα. Όμως, το να εκφράσει κανείς προφορικά και συνοπτικά ένα βίωμα, ιδιαίτερα το βαθύτερο απ' όλα τα βιώματα, δεν είναι τόσο εύκολο. Τα *μάντρα* λοιπόν που έχουμε είναι ήχοι, οι οποίοι είναι οι πιο κοντινοί στο συμπαντικό ήχο και τους οποίους μπόρεσαν να δημιουργήσουν οι ευσπλαχνικοί *Ρίσις* προς όφελος της ανθρωπότητας. Ωστόσο, εξακολουθεί να παραμένει γεγονός, ότι ένα *μάντρα* μπορεί να βιωθεί στην πληρότητά του, μόνο όταν ο νους αποκτήσει την απόλυτη αγνότητα.

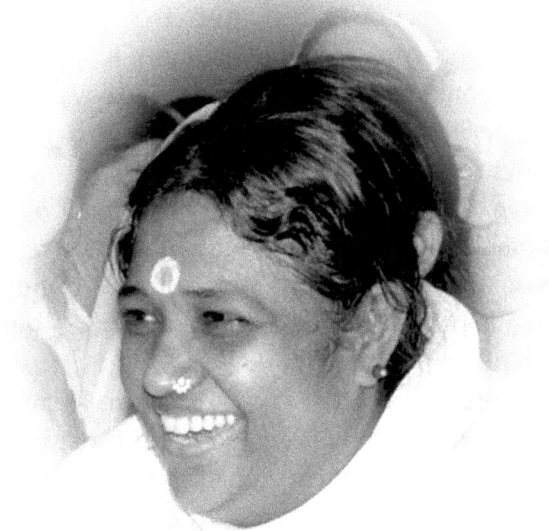

Κάτι Λείπει

Ερώτηση: Άμμα, πολλοί άνθρωποι λένε ότι παρά τις υλικές τους ανέσεις, υπάρχει κάτι που λείπει στη ζωή τους. Γιατί νιώθουν έτσι;

Άμμα: Η ζωή φέρνει στους διαφορετικούς ανθρώπους ποικίλες και διαφορετικές εμπειρίες και καταστάσεις σύμφωνα με το παρελθοντικό τους *κάρμα* (πράξεις) και τον τρόπο, με τον οποίο ζουν και πράττουν στο παρόν. Όποιος κι αν είσαι ή όποια υλικά ύψη κι αν κατέκτησες, μόνο ένας νταρμικός (ορθός) τρόπος ζωής και σκέψης θα σε βοηθήσει να αποκτήσεις τελειότητα κι ευτυχία στη ζωή. Αν ο πλούτος και οι επιθυμίες σου δε χρησιμοποιούνται σύμφωνα με το ύψιστο ντάρμα, που είναι η κατάκτηση της *μόκσα* (απελευθέρωση), δε θα έχεις ποτέ γαλήνη. Θα έχεις πάντα το συναίσθημα «κάτι μου λείπει». Αυτό το κάτι που λείπει είναι η γαλήνη, η πληρότητα και η ικανοποίηση. Κι αυτή η έλλειψη αληθινής χαράς δημιουργεί ένα κενό, το οποίο δεν μπορεί ενδεχομένως να πληρωθεί παραδίδοντας τον εαυτό σου στις απολαύσεις ή ικανοποιώντας υλικές επιθυμίες.

Οι άνθρωποι σε όλο τον κόσμο πιστεύουν ότι μπορούν να συμπληρώσουν αυτό το κενό ικανοποιώντας τις επιθυμίες τους. Στην πραγματικότητα, το κενό αυτό θα παραμείνει και ίσως ακόμα διευρυνθεί, αν εξακολουθούν να τρέχουν πίσω από κοσμικά πράγματα μόνο.

Το *ντάρμα* και η *μόκσα* αλληλεξαρτώνται. Κάποιος που ζει σύμφωνα με τις αρχές του *ντάρμα* θα κατακτήσει τη *μόκσα* και κάποιος που επιθυμεί να κατακτήσει τη *μόκσα* θα διάγει σταθερά μια νταρμική ζωή. Αν τα χρήματα και τα πλούτη χρησιμοποιούνται ασυλλόγιστα, μπορούν να γίνουν μεγάλα εμπόδια. Είναι εμπόδια για εκείνους, οι οποίοι επιθυμούν να εξελιχθούν πνευματικά. Όσο περισσότερα χρήματα έχεις, τόσο πιο παθιασμένος είναι πιθανό να γίνεις με το σώμα σου. Όσο περισσότερο ταυτίζεσαι με το σώμα σου, τόσο πιο εγωιστικός γίνεσαι. Τα χρήματα καθεαυτά δεν είναι το πρόβλημα, η αφελής και άκριτη προσκόλληση σ' αυτά, όμως, είναι.

Κόσμος & Θεός

Eρώτηση: Ποια είναι η σχέση ανάμεσα στον κόσμο και το Θεό, στην ευτυχία και τη θλίψη;

Άμμα: Στην πραγματικότητα, ο κόσμος είναι απαραίτητος για να επέλθει η γνώση του Θεού ή για να βιωθεί η πραγματική ευτυχία. Σε μια τάξη, ο δάσκαλος γράφει σε μαύρο πίνακα με λευκή κιμωλία. Το μαύρο φόντο παρέχει την οπτική αντίθεση για τα λευκά γράμματα. Παρομοίως, ο κόσμος αποτελεί για μας το φόντο για να γνωρίσουμε την αγνότητά μας και να αποκτήσουμε επίγνωση της πραγματικής μας φύσης, η οποία είναι αιώνια ευτυχία.

Ερώτηση: Άμμα, είναι αλήθεια ότι μόνο οι άνθρωποι νιώθουν δυστυχία ή δυσαρέσκεια· τα ζώα όχι;

Άμμα: Όχι ακριβώς. Τα ζώα έχουν επίσης αισθήματα θλίψης και δυσαρέσκειας. Βιώνουν θλίψη, αγάπη, θυμό και άλλα συναισθήματα. Δεν τα αισθάνονται όμως τόσο βαθιά όσο τα ανθρώπινα όντα. Οι άνθρωποι είναι πιο εξελιγμένοι, γι' αυτό και τα νιώθουν μ' έναν πιο έντονο τρόπο. Στην πραγματικότητα, τα βαθιά συναισθήματα θλίψης φανερώνουν το δυναμικό της μετάβασης στο άλλο άκρο, δηλαδή στην ευδαιμονία. Από αυτό το συναίσθημα της βαθιάς θλίψης και του πόνου μπορούμε όντως να συγκεντρώσουμε αρκετή δύναμη για να μεταβούμε στο δρόμο της Αυτοεξερεύνησης. Είναι απλά θέμα διοχέτευσης της *σάκτι* μας (ζωτική δύναμη) με περισσότερη διάκριση.

Ερώτηση: Πώς μπορούμε να χρησιμοποιήσουμε τη *σάκτι* μας με περισσότερη διάκριση;

Άμμα: Μόνο μια βαθύτερη κατανόηση θα μας βοηθήσει σ' αυτό. Ας υποθέσουμε ότι παρευρισκόμαστε σε μια κηδεία, ή επισκεπτόμαστε έναν άρρωστο ηλικιωμένο, ο οποίος είναι εντελώς κατάκοιτος. Σίγουρα θα νιώσουμε λύπη. Μέχρι όμως να επιστρέψουμε στο σπίτι και να ασχοληθούμε με τα καθήκοντά μας, θα έχουμε ξεχάσει τη λύπη μας κι αυτά τα περιστατικά και θα έχουμε προχωρήσει με τη ζωή μας. Οι σκηνές που ζήσαμε δεν άγγιξαν τα μύχια της καρδιάς μας· δεν πήγαν βαθιά μέσα μας. Αν, όμως, μπορείς πραγματικά να στοχαστείς βαθιά και να μελετήσεις τέτοιες εμπειρίες, σκεφτόμενος ότι αργά ή γρήγορα το ίδιο θα συμβεί και σε σένα, ότι θα πρέπει να ερευνήσεις την αιτία όλων αυτών των στενάχωρων καταστάσεων και να προετοιμαστείς πριν να είναι πολύ αργά, τότε αυτές θα αλλάξουν βαθμιαία τη ζωή σου και θα σε οδηγήσουν στα βαθύτερα μυστήρια του σύμπαντος. Αν είσαι σοβαρός και ειλικρινής, θα ανακαλύψεις σταδιακά την ίδια την πηγή της χαράς.

Ενώ η Άμμα μιλούσε, ένα παιδί, το οποίο καθόταν αναπαυτικά στην αγκαλιά της μητέρας του, άρχισε ξαφνικά να κλαίει. Φωνάζοντας «Baby ... baby ... baby», η Άμμα ρώτησε γιατί έκλαιγε το παιδί. Σηκώνοντας την πιπίλα με το χέρι της, η μητέρα είπε: «Έχασε αυτό.» Όλοι γέλασαν. Τότε, η μητέρα έβαλε πάλι την πιπίλα στο στόμα του παιδιού κι αυτό σταμάτησε να κλαίει.

Άμμα: Η μικρούλα έχασε την ευτυχία της. Αυτό ήταν ένα καλό παράδειγμα για το ζήτημα που προσπαθούσαμε να διευκρινίσουμε. Η πιπίλα είναι μια ψευδαίσθηση, όπως ο κόσμος. Δε δίνει στο μωρό τροφή. Παρ' όλα αυτά εμποδίζει το παιδί να κλαίει. Θα μπορούσαμε λοιπόν να πούμε ότι έχει κάποιο σκοπό. Παρομοίως, ο κόσμος δεν τρέφει πραγματικά την ψυχή. Έχει όμως ένα σκοπό, ο οποίος είναι να μας υπενθυμίζει το Δημιουργό ή το Θεό.

Ερώτηση: Λέγεται ότι είναι αναπόφευκτο για κάποιον να περάσει από απέραντο πόνο και θλίψη πριν την πραγμάτωση του Εαυτού. Είναι αυτή η άποψη σωστή;

Άμμα: Είτε έτσι είτε αλλιώς, θλίψη και πόνος υπάρχουν στη ζωή. Η πνευματικότητα δεν είναι ένα ταξίδι προς τα μπρος· είναι ένα ταξίδι προς τα πίσω. Επιστρέφουμε στην πρωταρχική πηγή της ύπαρξής μας. Σ' αυτήν τη διαδικασία πρέπει να περάσουμε από τα στρώματα των συναισθημάτων και των *βάσανας* (τάσεις) που έχουμε συσσωρεύσει μέχρι τώρα. Από εκεί προέρχεται ο πόνος, όχι από κάπου έξω. Περνώντας μέσα από αυτά τα στρώματα με μια ανοιχτή στάση, στην πραγματικότητα τα μεταμορφώνουμε και τα υπερβαίνουμε, κάτι που τελικά θα μας πάει στον τόπο, όπου εδρεύουν η απόλυτη γαλήνη και ευδαιμονία.

Πριν φτάσει κάποιος στην κορυφή ενός βουνού, πρέπει πρώτα να βρεθεί στην κοιλάδα, στους πρόποδες του βουνού, δηλαδή στο άλλο άκρο. Παρομοίως, πριν φτάσει κανείς στο αποκορύφωμα της ευτυχίας, το βίωμα της άλλης άκρης, που είναι ο πόνος, είναι αναπόφευκτο.

Ερώτηση: Γιατί είναι αναπόφευκτο;

Άμμα: Όσο υπάρχει ταύτιση με το εγώ, όσο κάποιος νιώθει, «είμαι διαχωρισμένος από το Θεό», τότε θα υπάρχει πόνος και θλίψη. Τώρα, στέκεσαι στους πρόποδες του βουνού. Πριν ακόμη ξεκινήσεις να το ανεβαίνεις, πρέπει να εγκαταλείψεις τις προσκολλήσεις σου στην κοιλάδα και σε οτιδήποτε έχει εκεί. Ο πόνος είναι αναπόφευκτος μόνο όταν το κάνεις αυτό με μισή καρδιά. Διαφορετικά, δεν υπάρχει πόνος. Όταν αυτήν την προσκόλληση την έχει κανείς απαρνηθεί, ο πόνος γίνεται έντονος πόθος, ο πόθος να φτάσει στα ύψη της αιώνιας ένωσης. Το πραγματικό ερώτημα είναι, πόσοι μπορούν να παραιτηθούν απ' αυτήν την προσκόλληση με όλη τους την καρδιά.

Ο πιστός παρέμεινε για λίγο βυθισμένος σε σκέψεις. Αντιλαμβανόμενη τη σιωπή του, η Άμμα τον χτύπησε απαλά στο κεφάλι λέγοντας: «Κουρδίζοντας το τύμπανο του εγώ σου, άσε ευχάριστους ήχους να βγουν απ' αυτό». Ο πιστός ξέσπασε αυθόρμητα σε γέλια.

Άμμα: Η Άμμα έχει ακούσει μια ιστορία. Υπήρχε κάποτε ένας πλούσιος άνθρωπος, ο οποίος έχασε κάθε ενδιαφέρον για την κοσμική ζωή κι αποζητούσε να ξεκινήσει μια νέα ζωή γαλήνης και ηρεμίας. Είχε οτιδήποτε μπορούσε να αγοραστεί με χρήματα, εντούτοις, η ζωή αποδείχτηκε χωρίς απολύτως κανένα νόημα γι' αυτόν. Έτσι αποφάσισε να λάβει την καθοδήγηση ενός Πνευματικού Διδασκάλου. Πριν φύγει από το σπίτι του, ο άντρας σκέφτηκε: «Τι να κάνω με όλα αυτά τα χρήματα; Ας προσφέρω τα πάντα στο Διδάσκαλο κι ας τα ξεχάσω. Αυτό που πραγματικά επιθυμώ είναι η αληθινή ευτυχία.» Έτσι λοιπόν, ο πλούσιος άντρας έβαλε σε μια τσάντα όλα τα χρυσά νομίσματα που είχε και τα κουβαλούσε μαζί του.

Μετά από ταξίδι μιας ολόκληρης ημέρας βρήκε το Διδάσκαλο να κάθεται κάτω από ένα δέντρο στις άκρες ενός χωριού. Ακούμπησε την τσάντα με τα χρήματα μπροστά στο Διδάσκαλο κάνοντας βαθιά υπόκλιση μπροστά του. Όταν όμως σήκωσε το κεφάλι του ξαφνιάστηκε βλέποντας το Διδάσκαλο να φεύγει τρέχοντας με τα χρήματα. Εντελώς σαστισμένος και κατάπληκτος από την παράξενη συμπεριφορά του *Γκούρου*, ο πλούσιος άντρας τον κυνήγησε όσο πιο γρήγορα μπορούσαν τα πόδια του. Ο Διδάσκαλος έτρεχε γρηγορότερα - κατά μήκος των χωραφιών, ανεβοκατεβαίνοντας τους λόφους, πηδώντας πάνω από τις ρεματιές, ποδοπατώντας τους θάμνους και μέσα από δρόμους. Σιγά-σιγά σκοτείνιαζε. Ο Διδάσκαλος ήταν τόσο εξοικειωμένος με το δαιδαλώδες σύστημα των στενών μονοπατιών και δρόμων του χωριού, που ο πλούσιος άντρας είχε μεγάλη δυσκολία να τον ακολουθήσει.

Τελικά, εγκαταλείποντας κάθε ελπίδα, ο πλούσιος άντρας επέστρεψε στο σημείο, όπου είχε πρωτοσυναντήσει το Διδάσκαλο. Εκεί ήταν τοποθετημένη η τσάντα με τα χρήματά του - κι ο Διδάσκαλος ήταν εκεί, κρυμμένος πίσω απ' το δέντρο. Καθώς ο πλούσιος άντρας άρπαξε με απληστία την πολύτιμη τσάντα με τα χρήματα, ξεπρόβαλε ο Διδάσκαλος πίσω απ' το δέντρο και είπε: «Πες μου, πώς νιώθεις τώρα.»

«Είμαι ευτυχισμένος, πολύ ευτυχισμένος - είναι η πιο χαρούμενη στιγμή στη ζωή μου.»

«Άρα λοιπόν,» είπε ο *Γκούρου*: «για να νιώσει κάποιος πραγματική ευτυχία, πρέπει να περάσει από το άλλο άκρο επίσης.»

Παιδιά μου, μπορείτε να περιπλανιέστε στον κόσμο τρέχοντας πίσω από τα διάφορα αντικείμενά του. Ωστόσο, αν δεν επιστρέψετε στην πηγή απ' την οποία αρχικά ξεκινήσατε, η πραγματική ευτυχία δεν θα έρθει. Αυτό είναι ένα ακόμα ηθικό δίδαγμα αυτής της ιστορίας.

Ερώτηση: Άμμα, έχω ακούσει ότι αν δε σταματήσει κάθε αναζήτηση, δεν μπορεί να βρεθεί η πραγματική ευτυχία. Πώς το εξηγείς αυτό;

Άμμα: «Κάθε αναζήτηση θα πρέπει να σταματήσει» σημαίνει ότι η αναζήτηση της ευτυχίας στον εξωτερικό κόσμο θα πρέπει να σταματήσει, επειδή αυτό που αναζητάς βρίσκεται μέσα σου. Σταμάτα να τρέχεις πίσω από τα αντικείμενα του κόσμου και στρέψου μέσα σου. Εκεί θα βρεις αυτό που αναζητάς. Είσαι τόσο ο αναζητητής όσο και το ζητούμενο. Ψάχνεις κάτι που ήδη έχεις. Δεν μπορεί να βρεθεί έξω από σένα. Γι' αυτό, κάθε αναζήτηση ευτυχίας στον εξωτερικό κόσμο, θα καταλήγει σε αποτυχία και απογοήτευση. Είναι όπως το σκύλο που κυνηγά την ουρά του.

Απεριόριστη Υπομονή

Υπάρχει ένας άντρας που έχει περάσει τα πενήντα πέντε, ο οποίος, από το 1988, είναι τακτικός επισκέπτης στα προγράμματα της Άμμα στη Νέα Υόρκη. Δεν μπορώ να τον ξεχάσω επειδή θέτει πάντα τις ίδιες ερωτήσεις στην Άμμα. Και συμβαίνει, σχεδόν κάθε φορά, να καταλήγω να είμαι ο μεταφραστής του. Κάθε χρόνο ο άντρας θέτει τις ακόλουθες τρεις ερωτήσεις, χωρίς να τις έχει αναδιατυπώσει ούτε μια φορά:

1. Μπορεί η Άμμα να μου χαρίσει άμεση Αυτοπραγμάτωση;
2. Πότε θα παντρευτώ μια όμορφη γυναίκα;
3. Πώς μπορώ να κερδίσω γρήγορα χρήματα και να γίνω πλούσιος;

Βλέποντάς τον να πλησιάζει στην ουρά του ντάρσαν, σχολίασα αστειευόμενος: «Έρχεται ο χαλασμένος δίσκος.» Η Άμμα διαισθάνθηκε αμέσως σε ποιον αναφέρθηκα. Με κοίταξε αυστηρά και είπε: «Πνευματικότητα είναι να νιώθει και να συμμερίζεται κανείς τα προβλήματα και τον πόνο των άλλων. Το ελάχιστο που θα έπρεπε κάποιος να έχει, είναι μια ώριμη διανοητική προσέγγιση απέναντι στους ανθρώπους, οι οποίοι υφίστανται τέτοια προβλήματα και καταστάσεις. Αν δεν έχεις την υπομονή να τους ακούς, δεν είσαι κατάλληλος για μεταφραστής της Άμμα.»

Ζήτησα ειλικρινά συγγνώμη από την Άμμα για την προκατάληψη στη στάση και τα λόγια μου. Ήμουν, όμως, ακόμα αβέβαιος, αν η Άμμα ήθελε ν' ακούσει τις ερωτήσεις του για 15η φορά.

«Να δεχτώ τις ερωτήσεις του;» ρώτησα την Άμμα.

«Φυσικά, γιατί ρωτάς;»

Ήταν βέβαια οι ίδιες τρεις ερωτήσεις. Και για άλλη μια φορά με είχε πλημμυρίσει δέος και θαυμασμός παρακολουθώντας την

Άμμα να τον ακούει προσεκτικά και να τον συμβουλεύει, σαν να άκουγε τις ερωτήσεις του για πρώτη φορά.

Ερώτηση: Μπορεί η Άμμα να μου χαρίσει άμεση Αυτοπραγμάτωση;

Άμμα: Διαλογίζεσαι τακτικά;

Ερωτών: Ελπίζοντας να κερδίσω αρκετά χρήματα, εργάζομαι 50 ώρες την εβδομάδα. Παρ' όλα αυτά διαλογίζομαι, αλλά όχι τακτικά.

Άμμα: Που σημαίνει;

Ερωτών: Αφού ασχοληθώ με την καθημερινή μου εργασία, αν βρω χρόνο διαλογίζομαι.

Άμμα: Εντάξει, τι γίνεται με την επανάληψη του *μάντρα* σου; Το επαναλαμβάνεις καθημερινά σύμφωνα με τις οδηγίες;

Ερωτών: (*με κάποιον δισταγμό*) Ναι, το επαναλαμβάνω, όχι όμως κάθε μέρα.

Άμμα: Τι ώρα πέφτεις για ύπνο και τι ώρα ξυπνάς το πρωί;

Ερωτών: Συνήθως πάω για ύπνο γύρω στα μεσάνυχτα και ξυπνάω στις 7:00 το πρωί.

Άμμα: Τι ώρα φεύγεις για τη δουλειά;

Ερωτών: Οι ώρες λειτουργίας του γραφείου μου είναι από τις 8:30 ως τις 17:00. Είναι μια διαδρομή 30 έως 40 λεπτών με το αυτοκίνητο, όταν δεν υπάρχει κίνηση στο δρόμο. Γι' αυτό, φεύγω από το σπίτι συνήθως γύρω στις 7:35. Αφού σηκωθώ, μόλις που υπάρχει χρόνος για να φτιάξω έναν καφέ, να φρυγανίσω δυο φέτες ψωμί και να ντυθώ. Με το πρωινό και μια κούπα καφέ στο χέρι, μπαίνω βιαστικά στο αυτοκίνητο, βάζω μπρος και φεύγω.

Άμμα: Τι ώρα επιστρέφεις στο σπίτι από τη δουλειά;

Ερωτών: *Μμμ...* 17:30 με 18:00.

Άμμα: Τι κάνεις αφού έρθεις στο σπίτι;

Ερωτών: Χαλαρώνω για μισή ώρα και μαγειρεύω το βραδινό μου.

Άμμα: Για πόσα άτομα;

Ερωτών: Μόνο για μένα. Είμαι μόνος μου.

Άμμα: Πόση ώρα σου παίρνει;

Ερωτών: Περίπου 40 λεπτά με μια ώρα.

Άμμα: Οπότε είναι ήδη 19:30. Τι κάνεις μετά το δείπνο; Βλέπεις τηλεόραση;

Ερωτών: Σωστά.

Άμμα: Για πόση ώρα;

Ερωτών: *(γελώντας)* Άμμα, με στρίμωξες στη γωνία. Βλέπω τηλεόραση μέχρι να πάω για ύπνο. Θέλω επίσης να σου ομολογήσω κάτι ακόμα ... Όχι, ξέχνα το.

Άμμα: *(χτυπώντας τον γρήγορα και απαλά στην πλάτη)* Έλα, προχώρα και ολοκλήρωσε αυτό που ήθελες να πεις.

Ερωτών: Ντρέπομαι να το αποκαλύψω.

Άμμα: Καλά, δεν πειράζει.

Ερωτών: *(μετά από ολιγόλεπτη παύση)* Δεν υπάρχει λόγος να το κρύβω από σένα. Όπως και να είναι, πιστεύω ότι το γνωρίζεις ήδη. Διαφορετικά, γιατί να δημιούργησες άραγε μια τέτοια κατάσταση; Αχ, αυτό το *λίλα* (θεϊκό παιχνίδι)... Άμμα, ζητώ τη συγχώρεσή Σου, αλλά ξέχασα το *Γκούρου-μάντρα* μου. Δεν μπορώ να βρω ούτε το χαρτί, στο οποίο ήταν γραμμένο.

Ακούγοντας τα λόγια του η Άμμα ξέσπασε σε γέλια.

Ερώτηση: *(σαστισμένος)* Τι; Γιατί γελάς;

Επειδή καθόταν μ' ένα ανήσυχο βλέμμα στο πρόσωπό του, η Άμμα αστειευόμενη του τράβηξε το αυτί.

Άμμα: Βρε μικρέ κατεργάρη! Η Άμμα γνώριζε ότι προσπαθούσες να της κρύψεις κάτι. Κοίτα γιε μου, ο Θεός είναι ο δωρητής των πάντων. Η Άμμα κατανοεί την ειλικρίνειά σου και τη δίψα σου για γνώση, όμως πρέπει να έχεις περισσότερη *σράντα* (ένθερμη, εγκάρδια πίστη και προσοχή) και δέσμευση και πρέπει να είσαι πρόθυμος να εργαστείς σκληρά για να κατακτήσεις το στόχο, να φτάσεις στην Αυτοπραγμάτωση. Το *μάντρα* είναι η γέφυρα που σε συνδέει με το *Γκούρου* σου – το πεπερασμένο με το άπειρο. Η επανάληψη του *Γκούρου-μάντρα* είναι όπως η τροφή για έναν αληθινό μαθητή. Δείχνε το σεβασμό σου προς το *μάντρα* και τη λατρευτική σου στάση προς το *Γκούρου* σου επαναλαμβάνοντας το *μάντρα* αδιάλειπτα και με συνέπεια καθημερινά. Αν δε δεσμευτείς, η Αυτοπραγμάτωση δε θα συμβεί. Η πνευματικότητα δε θα έπρεπε να είναι εργασία με μειωμένο ωράριο. Πρέπει να είναι εργασία με πλήρες ωράριο. Η Άμμα δε σου ζητάει να παραιτηθείς από τη δουλειά σου ή να εργάζεσαι λιγότερο. Θεωρείς τη δουλειά σου και το να κερδίζεις χρήματα σοβαρή υπόθεση, έτσι δεν είναι; Παρομοίως, η πραγμά-τωση του Θεού είναι επίσης σοβαρή. Ακριβώς όπως η τροφή κι ο ύπνος, έτσι και οι πνευματικές ασκήσεις θα πρέπει να γίνουν αναπόσπαστο μέρος της ζωής σου.

Ερωτών: *(ευγενικά)* Άμμα, αποδέχομαι την απάντησή σου. Θα το θυμάμαι αυτό και θα προσπαθήσω να βάλω τα πράγματα στη θέση τους σύμφωνα με τις οδηγίες σου. Ευλόγησέ με, σε παρακαλώ.

Ο άντρας ήταν σιωπηλός για λίγο. Φαινόταν να στοχάζεται.

Άμμα: Γιε μου... έχεις παντρευτεί δυο φορές στο παρελθόν, έτσι δεν είναι;

Ερώτηση: (*ξαφνιασμένος*) Πώς το ήξερες αυτό;

Άμμα: Γιε μου, δεν είναι η πρώτη φορά που έχεις αναφέρει αυτά τα προβλήματα στην Άμμα.

Ερωτών: Τι μνήμη!

Άμμα: Τι σε κάνει να πιστεύεις ότι ο επόμενος γάμος σου θα πετύχει;

Ερωτών: Δεν ξέρω.

Άμμα: Δεν ξέρεις ή είσαι αβέβαιος;

Ερωτών: Είμαι αβέβαιος.

Άμμα: Παρά την αβεβαιότητα αυτή, εξακολουθείς να σκέφτεσαι κι άλλον ένα γάμο;

Σε μεγάλο βαθμό σαστισμένος και ταυτόχρονα δείχνοντας να διασκεδάζει, ο άντρας έπεσε σχεδόν κάτω απ' τα γέλια. Μετά, ανασηκώθηκε και με ενωμένες τις παλάμες είπε: «Άμμα, είσαι ακατανίκητη, δεν μπορώ να σου αντισταθώ. Υποκλίνομαι μπροστά σου.»

Η Άμμα, χαμογελώντας με καλοσύνη και με παιχνιδιάρικη διάθεση, χτύπησε απαλά το φαλακρό του κεφάλι, το οποίο ήταν βαθιά σκυμμένο.

Χωρίς Όρους Αγάπη & Ευσπλαχνία

Eρώτηση: Άμμα, πώς ορίζεις την χωρίς όρους αγάπη και την ευσπλαχνία;

Άμμα: Είναι μια κατάσταση που είναι εξ' ολοκλήρου πέρα από ορισμούς.

Ερώτηση: Τότε, τι είναι;

Άμμα: Είναι ευρύτητα, σαν τον ουρανό.

Ερώτηση: Είναι ο εσωτερικός ουρανός;

Άμμα: Εκεί δεν υπάρχει εσωτερικό και εξωτερικό.

Ερώτηση: Αλλά τι;

Άμμα: Εκεί υπάρχει μόνο ενότητα. Γι' αυτό δεν μπορεί να οριστεί.

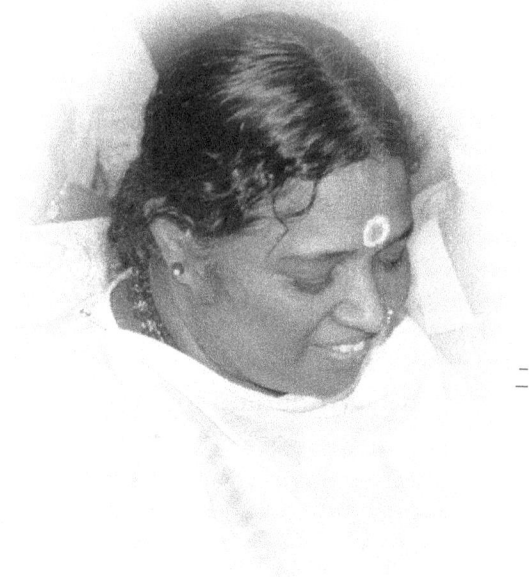

Ο Ευκολότερος Δρόμος

Ερώτηση: Άμμα, υπάρχουν τόσοι πολλοί δρόμοι, ποιος είναι ο ευκολότερος;

Άμμα: Ο ευκολότερος δρόμος είναι να είσαι δίπλα σε ένα *Σάτγκουρου* (Αληθινό Διδάσκαλο). Το να είσαι μαζί με ένα *Σάτγκουρου*, είναι σαν να ταξιδεύεις με ένα αεριωθούμενο Κόνκορντ. Ο *Σάτγκουρου* είναι το ταχύτερο όχημα για να σε πάει στο Στόχο. Ακολουθώντας τον οποιονδήποτε δρόμο χωρίς τη βοήθεια ενός *Σάτγκουρου*, είναι σαν να ταξιδεύεις με ένα αστικό λεωφορείο που θα πηγαινοέρχεται συνεχώς και θα κάνει εκατό στάσεις. Αυτό θα καθυστερήσει τη διαδικασία.

Φώτιση, Παράδοση &
το να Ζεις στο Παρόν

Ερώτηση: Είναι αδύνατο να φωτιστεί κάποιος χωρίς τη στάση της παράδοσης, όσο εντατική κι αν είναι η *σάντανα* (πνευματική άσκηση) του;

Άμμα: Πες στην Άμμα, τι εννοείς λέγοντας εντατική *σάντανα*; Άσκηση εντατικής *σάντανα* σημαίνει την εκτέλεσή της με ειλικρίνεια κι αγάπη. Για να γίνει αυτό, πρέπει να είσαι στο παρόν. Για να είσαι στο παρόν, πρέπει να παραιτηθείς από το παρελθόν και το μέλλον.

Με όποιον όρο κι αν το αποκαλείς, είτε το αποκαλείς «παράδοση», «παρούσα στιγμή», «εδώ και τώρα», «ζω τη στιγμή» ή με οποιονδήποτε άλλο όρο, πρόκειται για το ίδιο πράγμα. Οι όροι μπορεί να διαφέρουν, αυτό όμως που συμβαίνει εσωτερικά είναι το ίδιο. Οποιαδήποτε μορφή πνευματικής άσκησης εκτελούμε, πρέπει να μας βοηθά να μάθουμε το μεγάλο μάθημα του να αφήνουμε. Ο αληθινός διαλογισμός δεν είναι πράξη· είναι ένας έντονος πόθος της καρδιάς να είναι ένα με τον Εαυτό ή το Θεό. Σ' αυτήν τη διαδικασία, όσο βαθύτερα προχωρούμε, τόσο λιγότερο εγώ έχουμε και τόσο ελαφρύτεροι νιώθουμε. Άρα λοιπόν, βλέπεις ότι ο κατεξοχήν σκοπός της *σάντανα* είναι η βαθμιαία απομάκρυνση της αίσθησης του «Εγώ» και του «Δικό μου». Η διαδικασία αυτή περιγράφεται με διαφορετικούς τρόπους, χρησιμοποιώντας διαφορετικούς όρους, αυτό είναι όλο.

Ερωτούσα: Όλα τα υλικά επιτεύγματα και οι επιτυχίες στον κόσμο εξαρτώνται βασικά από το πόσο επιθετικός και ικανός

141

είσαι. Αν δεν ακονίζεις συνεχώς το νου και τη νοημοσύνη σου, δεν μπορείς να κερδίσεις. Έστω και λίγη βραδύνοια θα σε ωθήσει πίσω στην τελευταία σειρά και θα περιθωριοποιηθείς. Φαίνεται ότι υπάρχει μια μεγάλη διαφορά ανάμεσα στις αρχές της πνευματικής ζωής και σε εκείνες της κοσμικής ζωής.

Άμμα: Κόρη μου, όπως σωστά είπες, *φαίνεται* μόνο ότι είναι διαφορετικές.

Ερώτηση: Πώς;

Άμμα: Επειδή οι περισσότεροι άνθρωποι, ανεξάρτητα από το ποιοι είναι ή με τι ασχολούνται, ζουν στο παρόν, αλλά όχι πλήρως. Όταν είναι απασχολημένοι με μια πράξη ή σκέψη, παραδίδονται και αφοσιώνονται σε αυτήν εκείνη τη στιγμή. Διαφορετικά δε θα γινόταν τίποτα. Δες έναν ξυλουργό, για παράδειγμα. Ενώ χρησιμοποιεί ένα εργαλείο, αν ο νους του δεν είναι εστιασμένος στο παρόν, μπορεί να συμβεί κάποιος σοβαρός τραυματισμός. Οι άνθρωποι ζουν λοιπόν στο παρόν. Η μόνη διαφορά είναι, ότι οι περισσότεροι έχουν σε μικρό βαθμό ή καθόλου αναπτυγμένη τη συνειδητότητά τους, και γι' αυτό το λόγο είναι μερικώς ή καθόλου παρόντες. Η πνευματική επιστήμη μας διδάσκει να είμαστε πλήρως στην παρούσα στιγμή, ανεξαρτήτως του χρόνου και του τόπου. Οι άνθρωποι βρίσκονται είτε στο νου είτε στη διάνοια – ποτέ στην καρδιά.

Ερώτηση: Για να είναι όμως κάποιος πλήρως παρών δεν πρέπει πρώτα να υπερβεί το εγώ;

Άμμα: Ναι, το να υπερβείς το εγώ όμως δε σημαίνει ότι παύεις να λειτουργείς ή ότι γίνεσαι ανίκανη για οτιδήποτε. Αντιθέτως, θα ξεπεράσεις όλες τις αδυναμίες. Θα μεταμορφωθείς εντελώς και οι ενυπάρχουσες ικανότητές σου θα εκφραστούν στον υπέρτατο βαθμό. Σαν ένα ολοκληρωμένο ανθρώπινο ον, θα είσαι πρόθυμη να υπηρετείς τον κόσμο, χωρίς να βλέπεις καμία διαφορά.

Ερώτηση: Αυτό που λες δηλαδή, Άμμα, είναι ότι ουσιαστικά δεν υπάρχει καμιά διαφορά ανάμεσα στο να παραδοθεί κάποιος και στο να ζει στο παρόν;

Άμμα: Ναι, είναι ένα και το αυτό.

Τζάπα Μάλα &
Κινητό Τηλέφωνο

Κ ατευθυνόμενη προς την αίθουσα που φιλοξενούσε το πρόγραμμά Της, συνοδευόμενη από τα παιδιά Της, η Άμμα πρόσεξε έναν απ' τους *μπραχματσάρι*, ο οποίος έκανε στην άκρη για να απαντήσει σε μια τηλεφωνική κλήση που μόλις είχε λάβει.

Όταν ο *μπραχματσάρι* τελείωσε τη συνομιλία του και επέστρεψε στην ομάδα, η Άμμα σχολίασε: «Ένας πνευματικός αναζητητής που έχει αναλάβει οργανωτικά καθήκοντα, όπως η προετοιμασία των προγραμμάτων της Άμμα και ο συντονισμός των τοπικών ομάδων, δεν πειράζει να έχει κινητό τηλέφωνο. Ενώ όμως κρατάτε το κινητό στο ένα χέρι, να έχετε ένα *τζάπα μάλα* (κομποσκοίνι) στο άλλο, το οποίο θα σας υπενθυμίζει να μην ξεχνάτε να επαναλαμβάνετε το *μάντρα* σας. Το κινητό τηλέφωνο χρησιμεύει για να είστε σε επαφή με τον κόσμο. Αν είναι απαραίτητο, χρησιμοποιείτε το. Μη χάνετε όμως ποτέ την επαφή με το Θεό. Αυτή είναι η ζωτική σας δύναμη.»

Ζωντανή Ουπανισάδα

Ε ρώτηση: Άμμα, πώς περιγράφεις ένα *Σάτγκουρου* (Αληθινό
Διδάσκαλο);

Άμμα: Ο *Σάτγκουρου* είναι μια ζωντανή *Ουπανισάδα*
(ενσάρκωση της ύψιστης αλήθειας, όπως περιγράφεται στις
Ουπανισάδες).

Ερώτηση: Ποιο είναι το κύριο έργο του Διδασκάλου;

Άμμα: Μοναδικός του σκοπός είναι να εμπνέει τους μαθητές και
να ενσταλάζει μέσα τους την πίστη και αγάπη που χρειάζονται
για να κατακτήσουν το Στόχο. Το πρώτο και κύριο έργου του
Διδασκάλου, είναι να ανάψει στο μαθητή τη φλόγα της Αυτοε-
ξερεύνησης ή της αγάπης για το Θεό. Από τη στιγμή που αυτή

έχει ανάψει, το επόμενο έργο του Διδασκάλου είναι να διατηρεί αυτήν τη φλόγα ζωντανή, προστατεύοντάς την από τις θυελλώδεις νύχτες και τις δυνατές μπόρες των περιττών κι ανώφελων πειρασμών. Ο Διδάσκαλος θα περιφρουρεί το μαθητή όπως μια κότα προστατεύει τα κοτοπουλάκια κάτω από τις φτερούγες της. Σύντομα, ο μαθητής θα μάθει τα σπουδαία μαθήματα της αφοσίωσης και της μη προσκόλλησης, παρατηρώντας το Διδάσκαλο και εμπνεόμενος από τη ζωή του. Αυτό θα κορυφωθεί τελικά στην απόλυτη παράδοση και υπέρβαση.

Ερώτηση: Τι υπερβαίνει ο μαθητής;

Άμμα: Την κατώτερή του φύση, ή τις *βάσανας* (τάσεις).

Ερώτηση: Άμμα, πώς θα περιέγραφες το εγώ;

Άμμα: Απλά σαν ένα ασήμαντο φαινόμενο, αλλά καταστροφικό, αν είσαι απρόσεκτος.

Ερώτηση: Δεν αποτελεί όμως ένα πολύ χρήσιμο και ισχυρό εργαλείο, ενώ ζει κανείς στον κόσμο;

Άμμα: Ναι, εφόσον μάθεις πώς να το χρησιμοποιείς ορθά.

Ερώτηση: Τι εννοείς με το «ορθά»;

Άμμα: Η Άμμα εννοεί ότι θα πρέπει κανείς να ασκεί ορθό έλεγχο σ' αυτό μέσω της διάκρισης.

Ερώτηση: Αυτό κάνουν οι *σάντακ* (πνευματικοί αναζητητές) σαν μέρος της πνευματικής τους άσκησης, έτσι δεν είναι;

Άμμα: Ναι, αλλά ένας *σάντακ* αποκτά βαθμιαία κυριαρχία πάνω στο εγώ.

Ερώτηση: Σημαίνει αυτό ότι δεν υπάρχει ανάγκη να υπερβεί κανείς το εγώ;

Άμμα: Απόκτηση κυριαρχίας και υπέρβαση είναι το ίδιο. Στην πραγματικότητα, δεν υπάρχει τίποτε για να υπερβεί κανείς. Ακριβώς όπως το εγώ είναι τελικά μη πραγματικό, η υπέρβαση είναι επίσης μη πραγματική. Μόνο ο *Άτμαν* (Εαυτός) είναι πραγματικός. Τα υπόλοιπα, είναι απλώς σκιές ή σύννεφα που καλύπτουν τον ήλιο. Δεν είναι πραγματικά.

Ερώτηση: Οι σκιές όμως μας προστατεύουν από τον ήλιο. Δεν μπορούμε να τις αποκαλέσουμε μη πραγματικές, έτσι δεν είναι;

Άμμα: Όντως. Μια σκιά δεν μπορεί να ονομαστεί μη πραγματική. Έχει κάποιο σκοπό. Προστατεύει απ' τον ήλιο. Μην ξεχνάς, όμως, το δέντρο, το οποίο είναι η αιτία της σκιάς. Η σκιά δεν μπορεί να υπάρχει χωρίς το δέντρο, αλλά το δέντρο υπάρχει ακόμα και χωρίς τη σκιά. Γι' αυτόν το λόγο η σκιά δεν είναι ούτε πραγματική ούτε μη πραγματική. Αυτό είναι η *μάγια* (ψευδαίσθηση). Ο νους ή το εγώ, δεν είναι ούτε πραγματικός ούτε μη πραγματικός. Πάντως, η ύπαρξη του *Άτμαν* δεν εξαρτάται με κανέναν τρόπο από το εγώ.

Για παράδειγμα, ένας άντρας και ο γιος του περπατούν μέσα στον καύσωνα. Για να προστατευτεί από τη ζέστη, το μικρό αγόρι περπατάει πίσω από τον πατέρα του και η σκιά του πατέρα του χρησιμεύει για προστασία από τον ήλιο.

Γιε μου, έχεις δίκιο. Η σκιά δεν μπορεί ν' αποκαλεστεί μη πραγματική· ούτε όμως είναι πραγματική. Ωστόσο, έχει ένα σκοπό. Παρομοίως, παρότι το εγώ δεν είναι ούτε πραγματικό ούτε μη πραγματικό, έχει μια λειτουργία - που είναι να μας υπενθυμίζει την απόλυτη πραγματικότητα, τον *Άτμαν*, πάνω στον οποίο εμφανίζεται το εγώ.

Όπως ακριβώς συμβαίνει με τη σκιά, που δεν μπορεί να υπάρξει χωρίς το δέντρο, έτσι και ο κόσμος και το εγώ δεν μπορούν να υπάρξουν χωρίς τον *Άτμαν*. Ο *Άτμαν* προσφέρει τη στήριξη και διατηρεί την ύπαρξη στο σύνολό της.

Ερώτηση: Άμμα, επιστρέφοντας στο θέμα της υπέρβασης, είπες ότι όπως το εγώ είναι μη πραγματικό, η υπέρβαση του εγώ είναι επίσης μη πραγματική. Αν είναι έτσι, τι είναι τότε η διαδικασία της εξέλιξης του Εαυτού ή της Αυτοπραγμάτωσης;

Άμμα: Όπως ακριβώς το εγώ είναι μη πραγματικό, έτσι και η διαδικασία της υπέρβασής του, επίσης, συμβαίνει μονάχα φαινομενικά. Ακόμα και ο όρος «εξέλιξη του Εαυτού» είναι εσφαλμένος, επειδή ο Εαυτός δε χρειάζεται να εξελιχθεί. Εκείνο, το οποίο παραμένει πάντα όπως είναι, και στις τρεις περιόδους του χρόνου, δεν έχει ανάγκη να υποβληθεί σε μια τέτοια διαδικασία. Όλες οι εξηγήσεις σε οδηγούν τελικά στη συνειδητοποίηση, ότι όλες τους είναι, σε τελική ανάλυση, ασήμαντες. Στο τέλος θα συνειδητοποιήσεις, ότι τίποτε άλλο δεν υπήρξε εκτός από τον *Άτμαν*, και ότι στην πραγματικότητα δεν υπήρξε καμιά διαδικασία.

Για παράδειγμα, στην καρδιά ενός πυκνού δάσους υπάρχει μια πανέμορφη πηγή, από την οποία ρέει το ελιξίριο της ζωής. Κάποια μέρα την ανακαλύπτεις, πίνεις το ελιξίριο κι αποκτάς την αθανασία. Η πηγή ήταν πάντα εκεί, αλλά εσύ δεν το γνώριζες. Ξαφνικά αντιλήφθηκες την ύπαρξή της. Το ίδιο συμβαίνει και με την εσωτερική πηγή της αγνής *σάκτι* (ενέργειας). Καθώς η αναζήτησή σου και ο πόθος σου να γνωρίσεις τον Εαυτό σου αυξάνονται, συντελείται μια αποκάλυψη κι έρχεσαι σ' επαφή με αυτή την πηγή. Από τη στιγμή που εδραιωθεί αυτή η σύνδεση, συνειδητοποιείς, επίσης, ότι ποτέ δεν ήσουν αποσυνδεμένος απ' αυτήν.

Παραδείγματος χάρη, το σύμπαν έχει απέραντο πλούτο κρυμμένο μέσα του. Υπάρχουν λίθοι ανεκτίμητης αξίας, μαγικά φίλτρα, φάρμακα που θεραπεύουν κάθε αρρώστια, πολύτιμες πληροφορίες αναφορικά με την ιστορία της ανθρωπότητας, μέθοδοι για την εξιχνίαση του μυστηρίου του σύμπαντος και τα λοιπά. Ό,τι μπορούν να ανακαλύψουν οι επιστήμονες του παρελθόντος, του παρόντος και του μέλλοντος, είναι μόνο ένα απειροελάχιστο τμήμα των θησαυρών που περιέχει το σύμπαν. Τίποτα δεν είναι καινούριο. Όλες οι εφευρέσεις δεν είναι τίποτε άλλο παρά μια διαδικασία αποκάλυψης. Παρομοίως, η ύψιστη αλήθεια παραμένει βαθιά μέσα μας, αν και συγκαλυμμένη. Η διαδικασία αποκάλυψης είναι γνωστή ως *σάντανα* (πνευματική άσκηση). Απ' τη σκοπιά, λοιπόν, του κάθε ξεχωριστού ατόμου, υπάρχει μια διαδικασία εξέλιξης του Εαυτού και γι' αυτόν το λόγο υπάρχει υπέρβαση επίσης.

Ερώτηση: Άμμα, πώς ερμηνεύεις την υπέρβαση στα πλαίσια των διαφόρων καταστάσεων της καθημερινής ζωής;

Άμμα: Η υπέρβαση συντελείται μόνο όταν αποκτήσουμε αρκετή ωριμότητα και κατανόηση. Αυτές καλλιεργούνται μέσω πνευματικών ασκήσεων και με την αντιμετώπιση των διαφόρων εμπειριών και καταστάσεων στη ζωή, με θετική στάση και ανοιχτό νου. Αυτό θα μας βοηθά να εγκαταλείπουμε τις εσφαλμένες αντιλήψεις μας, και να προχωράμε πέρα απ' αυτές. Αν γίνεις λίγο πιο προσεκτικός, θα κατανοήσεις ότι το να εγκαταλείπουμε και να υπερβαίνουμε τις μικρότητες, τις ασήμαντες επιθυμίες και τις προσκολλήσεις μας, είναι ένα συνηθισμένο βίωμα στην καθημερινή ζωή.

Σ' ένα παιδί αρέσει πάντα να παίζει με τα παιχνίδια του – λόγου χάρη με τον πάνινο χιμπατζή του. Τον αγαπάει τόσο πολύ, που τον κουβαλά πέρα δώθε μαζί του όλη μέρα. Όταν παίζει μαζί του, ξεχνά ακόμα και να φάει. Κι αν η μητέρα του αποπειραθεί να του πάρει το παιχνίδι, το παιδί αναστατώνεται τόσο πολύ που βάζει τα κλάματα. Το μικρό αγόρι αποκοιμιέται μάλιστα κρατώντας τον πάνινο χιμπατζή σφιχτά στην αγκαλιά του. Μόνο τότε, μπορεί η μητέρα του να του τον πάρει. Αλλά κάποια μέρα, η μητέρα βλέπει όλα τα παιχνίδια, συμπεριλαμβανομένου και του χιμπατζή, που το αγόρι αγαπούσε περισσότερο, παρατημένα σε μια γωνιά του δωματίου του. Το αγόρι, μεγαλώνοντας, έχει ξαφνικά ωριμάσει και δεν μπορεί να παίζει μ' αυτά· τα έχει υπερβεί.

Κάποιος, θα μπορούσε ακόμα και να το δει να χαμογελά, καθώς παρακολουθεί κάποιο άλλο παιδί να παίζει με τα παιχνίδια αυτά. Σίγουρα θα σκέφτεται: «Για κοίτα αυτό το παιδί που παίζει ακόμα με τέτοια παιχνίδια!» Έχει μάλιστα ξεχάσει, ότι κι ο ίδιος επίσης ήταν κάποτε παιδί.

Στην περίπτωση ενός παιδιού, όταν αυτό αφήνει τα παιχνίδια, στρέφει την προσοχή του κι αγκαλιάζει κάτι πιο εξελιγμένο, ίσως ένα τρίκυκλο ποδήλατο. Και σύντομα, το έχει κι αυτό υπερβεί και οδηγεί ένα ποδήλατο. Και μετά, στο τέλος, θέλει ενδεχομένως ένα μηχανάκι, ένα αυτοκίνητο και τα λοιπά. Ένας *σάντακ,* όμως, πρέπει ν' αναπτύξει τέτοια δύναμη και κατανόηση, ώστε να είναι σε θέση να υπερβαίνει όλα όσα έρχονται στο δρόμο του και να στοχεύει μονάχα στο Ύψιστο.

Μάγια

Ερώτηση: Άμμα, τι είναι η *μάγια*; Πώς την ορίζεις;

Άμμα: Ο νους είναι *μάγια*. Η ανικανότητα του νου να συλλάβει τον κόσμο ως προσωρινό και μεταβαλλόμενο είναι γνωστή ως *μάγια*.

Ερώτηση: Λέγεται επίσης ότι αυτός ο ορατός κόσμος είναι *μάγια*.

Άμμα: Ναι, επειδή ο κόσμος αυτός είναι μια προβολή του νου. Αυτό, που μας εμποδίζει να συνειδητοποιήσουμε αυτήν την αλήθεια, είναι *μάγια*.

Ένα λιοντάρι φτιαγμένο από σανταλόξυλο είναι πραγματικό για ένα παιδί, για έναν ενήλικα όμως είναι απλά ένα κομμάτι σανταλόξυλου. Στα μάτια του παιδιού το ξύλο είναι συγκαλυμμένο, μόνο το λιοντάρι αποκαλύπτεται. Στους γονείς ίσως να αρέσει το γλυπτό επίσης, γνωρίζουν, όμως, ότι δεν είναι πραγματικό. Γι' αυτούς, το ξύλο είναι πραγματικό, όχι το λιοντάρι. Παρομοίως, για μια Αυτοπραγματωμένη ψυχή, όλο το σύμπαν δεν είναι τίποτε άλλο παρά η ουσία, το «ξύλο», από το οποίο αποτελούνται όλα, το Απόλυτο *Μπράχμαν* ή η Συνείδηση.

Αθεϊστές

Ερώτηση: Άμμα, ποια είναι η γνώμη σου για τους αθεϊστές; Άμμα: Δεν έχει σημασία αν κάποιος πιστεύει στο Θεό ή όχι, εφόσον υπηρετεί ορθά την κοινωνία.

Ερώτηση: Στην πραγματικότητα δε σε νοιάζει, έτσι δεν είναι;

Άμμα: Η Άμμα νοιάζεται για όλους.

Ερώτηση: Νομίζεις όμως ότι οι αντιλήψεις τους είναι ορθές;

Άμμα: Τι σημασία έχει τι νομίζει η Άμμα, εφόσον αυτοί πιστεύουν στις αντιλήψεις τους;

Ερωτούσα: Άμμα, ξεφεύγεις, χωρίς να απαντάς στην ερώτησή μου.

Άμμα: Κι εσύ, κόρη μου, επιδιώκεις να λάβεις από την Άμμα την απάντηση που θέλεις.

Ερωτούσα: (γελώντας) Εντάξει, Άμμα, θέλω να ξέρω αν ο αθεϊσμός είναι μόνο ένα διανοητικό παιχνίδι ή αν υπάρχει κάποιο νόημα σ' αυτά που ισχυρίζονται.

Άμμα: Η ύπαρξη νοήματος και η ανυπαρξία του εξαρτώνται από τη στάση του καθενός. Οι αθεϊστές πιστεύουν ακράδαντα ότι δεν υπάρχει καμιά ύψιστη δύναμη ή Θεός. Ωστόσο, κάποιοι από αυτούς απλώς το υποστηρίζουν αυτό δημόσια, ενώ, ενδόμυχα, πιστεύουν στο Θεό.

Δεν υπάρχει τίποτα το ιδιαίτερο σ' αυτού του είδους τα διανοητικά παιχνίδια. Ένας άνθρωπος με υψηλή νοημοσύνη μπορεί φαινομενικά να αποδεικνύει ή να αναιρεί την ύπαρξη του Θεού. Ο αθεϊσμός βασίζεται στη λογική. Πώς μπορούν τα διανοητικά παιχνίδια νααποδεικνύουν ή να αναιρούν την ύπαρξη του Θεού, ο οποίος βρίσκεται πέρα απ' το βασίλειο της νόησης;

Ερώτηση: Αυτό που λες, λοιπόν Άμμα, είναι ότι οι αντιλήψεις τους σχετικά με το Θεό είναι εσφαλμένες, έτσι δεν είναι;

Άμμα: Είτε είναι δικές τους είτε κάποιου άλλου, οι αντιλήψεις σχετικά με το Θεό είναι αναπόφευκτα εσφαλμένες, επειδή ο Θεός δεν μπορεί να ιδωθεί από μια συγκεκριμένη οπτική γωνία. Ο Θεός θα εμφανιστεί μόνο όταν εξαφανιστούν όλες οι αντιλήψεις. Η λογική του νου μπορεί να χρησιμοποιηθεί για να αποδείξει ή να απορρίψει κάτι. Αλλά αυτό, ίσως να μην είναι πάντα η αλήθεια. Ας υποθέσουμε ότι λες: «Ο Α δεν έχει τίποτα στα χέρια του. Ο Β επίσης δεν έχει τίποτα στα χέρια του. Ούτε βλέπω κάτι στα χέρια του Γ. Επομένως, κανείς δεν έχει κάτι στα χέρια του.» Αυτό είναι λογικό κι ακούγεται ορθό, είναι όμως έτσι; Το ίδιο ισχύει και για τα διανοητικά συμπεράσματα.

Οι σύγχρονοι αθεϊστές χάνουν πολύ από το χρόνο τους προσπαθώντας να αποδείξουν την ανυπαρξία του Θεού. Αν είναι σταθεροί στις πεποιθήσεις τους, γιατί είναι τόσο ανήσυχοι; Αντί ν' ασχολούνται με διανοητικές λογομαχίες, οι οποίες είναι επιζήμιες, θα έπρεπε να κάνουν κάτι ωφέλιμο για την κοινωνία.

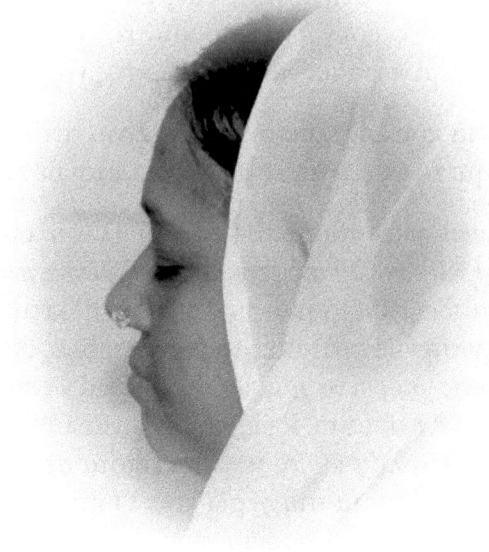

Ειρήνη

Eρώτηση: Πώς ερμηνεύει η Άμμα την ειρήνη;

Άμμα: Ρωτάς για την εσωτερική ή την εξωτερική ειρήνη;

Ερωτούσα: Θέλω να μάθω, τι είναι πραγματική ειρήνη.

Άμμα: Κόρη μου, πες πρώτα στην Άμμα, ποια είναι η δική σου άποψη για την πραγματική ειρήνη.

Ερωτούσα: Νομίζω ότι ειρήνη είναι η ευτυχία.

Άμμα: Τι είναι όμως πραγματική ευτυχία; Είναι κάτι, το οποίο απολαβαίνεις όταν εκπληρώνονται οι επιθυμίες σου ή έχεις κάποια άλλη εξήγηση γι' αυτό;

Ερωτούσα: Μμμ... Είναι μια διάθεση, η οποία επακολουθεί όταν εκπληρώνονται οι επιθυμίες, έτσι δεν είναι;

Άμμα: Τέτοιες στιγμές ικανοποίησης, όμως, θα εξαφανιστούν σύντομα. Νιώθεις ευτυχισμένη όταν εκπληρώνεται μια συγκεκριμένη επιθυμία. Ωστόσο, πολύ σύντομα μια άλλη επιθυμία θα πάρει τη θέση της πρώτης και θα βρεθείς να τρέχεις πίσω κι απ' αυτήν επίσης. Δεν υπάρχει τέλος σ' αυτή τη διαδικασία, έτσι δεν είναι;

Ερωτούσα: Αυτό είναι αλήθεια. Άρα, πραγματική ευτυχία είναι το να νιώθει κανείς ευτυχισμένος εσωτερικά;

Άμμα: Εντάξει, πώς όμως νιώθεις ευτυχισμένη εσωτερικά;

Ερωτούσα: *(γελώντας)* Προσπαθείς να με στριμώξεις στη γωνία.

Άμμα: Όχι, πλησιάζουμε στην απάντηση που χρειάζεσαι. Έλα τώρα κόρη μου, πώς είναι δυνατόν να νιώθεις ευτυχισμένη εσωτερικά, αν ο νους σου δεν είναι ήρεμος; Ή μήπως νομίζεις ότι το να νιώθεις ήρεμη και γαλήνια όπως όταν τρως σοκολάτα και παγωτό είναι πραγματική ειρήνη;

Ερωτούσα: *(γελώντας)* Α, όχι! Μη με κοροϊδεύεις!

Άμμα: Όχι κόρη μου, η Άμμα σοβαρολογεί.

Ερωτούσα: *(συλλογισμένα)* Αυτό δεν είναι ούτε ειρήνη ούτε ευτυχία. Είναι απλά ένα είδος έξαψης ή ενθουσιασμού.

Άμμα: Παραμένει για πολύ σε σένα αυτού του είδους ο ενθουσιασμός;

Ερωτούσα: Όχι, έρχεται και παρέρχεται.

Άμμα: Τώρα, πες στην Άμμα, μπορεί ένα συναίσθημα που έρχεται και παρέρχεται να ονομαστεί πραγματικό ή μόνιμο;

Ερωτούσα: Μάλλον όχι.

Άμμα: Πώς το ονομάζεις τότε;

Ερωτούσα: Αυτό, το οποίο έρχεται και παρέρχεται, είναι συνήθως γνωστό σαν «προσωρινό» ή «εφήμερο».

Άμμα: Μιας και το είπες αυτό, επέτρεψε στην Άμμα να σε ρωτήσει το εξής: Υπάρχουν στιγμές στη ζωή σου, στις οποίες βίωσες την ειρήνη χωρίς συγκεκριμένο λόγο;

Ερωτούσα: (μετά από ολιγόλεπτη σκέψη) Ναι, μια φορά καθόμουν στην πίσω αυλή του σπιτιού μου κοιτάζοντας τον ήλιο που έδυε. Αυτό γέμισε την καρδιά μου με μια πρωτόγνωρη χαρά. Εκείνη την εξαίσια στιγμή κύλησα απλά σε μια κατάσταση ανυπαρξίας σκέψεων και ένιωσα μέσα μου τόσο πολύ ειρήνη και χαρά. Ξαναζωντανεύοντας στη μνήμη μου εκείνη τη στιγμή, έγραψα μάλιστα ένα ποίημα που περιγράφει την εμπειρία αυτή.

Άμμα: Κόρη μου, αυτή είναι η απάντηση στο ερώτημά σου. Η ειρήνη επέρχεται όταν ο νους είναι ατάραχος, με λιγότερες σκέψεις. Λιγότερες σκέψεις σημαίνουν περισσότερη ειρήνη και περισσότερες σκέψεις σημαίνουν λιγότερη ειρήνη. Η ειρήνη ή η ευτυχία χωρίς λόγο κι αιτία, είναι αληθινή ειρήνη κι ευτυχία. Ειρήνη και ευτυχία είναι συνώνυμα. Όσο πιο ανοιχτή είσαι, τόσο περισσότερη ειρήνη ή ευτυχία νιώθεις και αντίστροφα. Αν δεν ελέγχουμε μέχρι σ' ένα συγκεκριμένο βαθμό το νου μας, η αληθινή ειρήνη είναι δύσκολο να αποκτηθεί.

Η επίτευξη της εσωτερικής ειρήνης είναι ο καλύτερος δρόμος για να οδηγηθούμε στην εξωτερική ειρήνη. Οι προσπάθειες που καταβάλουμε εσωτερικά, πρέπει να συμβαδίζουν με αυτές που καταβάλουμε εξωτερικά.

Ερωτούσα: Άμμα, πώς περιγράφεις την ειρήνη από πνευματικής απόψεως;

Άμμα: Δεν υπάρχει καμιά διαφορά ανάμεσα στην πνευματική και την εγκόσμια ειρήνη. Ακριβώς όπως η αγάπη είναι μία, έτσι και η ειρήνη είναι επίσης μία. Ναι, υπάρχει μια διαφορά στο μέγεθος της ειρήνης. Αυτό εξαρτάται από το πόσο βαθιά μέσα σου πηγαίνεις. Φαντάσου το νου σαν μια λίμνη· οι σκέψεις είναι οι κυματισμοί στην επιφάνεια της λίμνης. Κάθε σκέψη ή κίνηση ανησυχίας είναι σαν μια πέτρα που πετά κανείς στη λίμνη και δημιουργεί αμέτρητους κύκλους μικρών κυματισμών. Ένας νους που δεν είναι διασκορπισμένος και βρίσκεται συνεχώς σε κατάσταση διαλογισμού, είναι όπως το άνθος του λωτού που επιπλέει σ' αυτή τη λίμνη. Οι κυμματισμοί των σκέψεων θα εξακολουθούν να υπάρχουν, αλλά ο λωτός είναι ανεπηρέαστος. Απλώς θα επιπλέει.

«Άσε με μόνο μου! Θέλω την ησυχία μου!» Αυτή είναι μια συνηθισμένη έκφραση που ακούμε – κάποιες φορές στη μέση ενός καυγά ή όταν κάποιος νιώθει κουρασμένος με μια κατάσταση ή με έναν άλλο άνθρωπο. Είναι όμως εφικτό; Ακόμα κι αν τον αφήσουμε μόνο, εκείνος δε θα βιώσει κανένα ίχνος ειρήνης, ούτε και μπορεί ποτέ να είναι πραγματικά μόνος. Πίσω από τις κλειστές πόρτες του δωματίου του, θα κάθεται και θα συλλογίζεται για όλα όσα έχουν συμβεί, συνεχίζοντας να βράζει εσωτερικά. Θα παραμένει στον κόσμο των ενοχλητικών σκέψεων. Η πραγματική ειρήνη είναι ένα βαθύ συναίσθημα, το οποίο κατακλύζει την καρδιά όταν απελευθερωθούμε από τις σκέψεις του παρελθόντος. Η ειρήνη δεν είναι το αντίθετο της ταραχής. Είναι η απουσία της ταραχής. Είναι μια κατάσταση απόλυτης χαλάρωσης και ηρεμίας.

Το Μεγαλύτερο Μάθημα της Ζωής

Ερωτούσα ρώτηση: Ποιο είναι το μεγαλύτερο μάθημα που χρειάζεται να μάθει κάποιος στη ζωή;

Άμμα: Να είσαι προσκολλημένος στον κόσμο με μια στάση αποστασιοποίησης.

Ερώτηση: Πώς μπορούν να συμβαδίσουν η προσκόλληση και η αποστασιοποίηση;

Άμμα: Προσκολλήσου και αποστασιοποιήσου ανάλογα με τις επιθυμίες σου – πράξε, ύστερα άφησε και προχώρα μπροστά... Πράξε εκ νέου, άφησε και προχώρα μπροστά. Οι επιπρόσθετες αποσκευές κάνουν το ταξίδι σου άβολο και κουραστικό, σωστά; Παρομοίως, οι επιπρόσθετες αποσκευές από συγκεχυμένα όνειρα, επιθυμίες και προσκολλήσεις, θα κάνουν το ταξίδι της ζωής σου εξαιρετικά δυστυχισμένο.

Ακόμα και μεγάλοι αυτοκράτορες, δικτάτορες και ηγεμόνες υποφέρουν φριχτά στο τέλος της ζωής τους, επειδή μεταφέρουν στη ζωή τέτοιες επιπρόσθετες αποσκευές. Μόνο η τέχνη της αποστασιοποίησης θα σε βοηθήσει να είσαι εκείνη την ώρα σε μια κατάσταση ηρεμίας του νου.

Ο Αλέξανδρος ήταν ένας μεγάλος πολεμιστής και ηγεμόνας, ο οποίος κατέκτησε σχεδόν το ένα τρίτο του κόσμου. Ήθελε να γίνει ο αυτοκράτορας όλου του κόσμου, αλλά ηττήθηκε σε μια μάχη κι αρρώστησε από μια ανίατη ασθένεια. Λίγες μέρες πριν το θάνατό του, ο Αλέξανδρος κάλεσε τους στραγητούς του και τους εξήγησε πώς επιθυμούσε να ταφεί. Τους είπε ότι ήθελε ανοίγματα στις δύο πλευρές του φέρετρου, απ' όπου θα έβγαιναν τα χέρια του με τις παλάμες ανοιχτές προς τα πάνω. Οι στρατηγοί του τον ρώτησαν γιατί ήθελε να γίνει αυτό. Ο Αλέξανδρος απάντησε ότι μ' αυτόν τον τρόπο όλοι θα μάθαιναν ότι ο Μέγας Αλέξανδρος, ο οποίος αγωνίστηκε σε όλη του τη ζωή για να κυριεύσει και να γίνει κάτοχος του κόσμου, τον είχε αφήσει με τα χέρια του εντελώς άδεια. Δεν είχε πάρει μαζί του ούτε το ίδιο του το σώμα. Με αυτό τον τρόπο θα κατανοούσαν πόσο μάταιο είναι, να ξοδεύει κανείς τη ζωή του τρέχοντας πίσω από τον κόσμο και τα αντικείμενά του. Στο τέλος, εξάλλου, δεν μπορούμε να πάρουμε τίποτε μαζί μας, ούτε καν το σώμα μας. Άρα λοιπόν, τι οφελεί να νιώθουμε υπερβολικά προσκολλημένοι;

Τέχνη & Μουσική

Ερωτούσα ρώτηση: Άμμα, όντας καλλιτέχνης, μουσικός, θα ήθελα να ξέρω ποια θα πρέπει να είναι η στάση μου απέναντι στο επάγγελμά μου και πώς να εκφράζω ολοένα και περισσότερα από τα μουσικά μου ταλέντα;

Άμμα: Τέχνη είναι η ομορφιά του Θεού που εκδηλώνεται με τη μορφή της μουσικής, της ζωγραφικής, του χορού και λοιπά. Είναι ένας από τους ευκολότερους δρόμους για να πραγματώσει κάποιος την έμφυτη Θεϊκότητά του. Υπάρχουν πολλοί άγιοι, οι οποίοι γνώρισαν το Θεό μέσα από τη μουσική. Είσαι λοιπόν ιδιαίτερα ευλογημένος που είσαι μουσικός. Όσον αφορά τη στάση σου απέναντι στο επάγγελμά σου, να είσαι ένας αρχάριος, ένα παιδί ενώπιον του Θεού, ενώπιον του Θείου. Αυτό θα σε κάνει ικανό να συνδεθείς με τις άπειρες δυνατότητες του νου σου. Κι αυτό, με τη σειρά του, θα σε βοηθήσει να εκδηλώνεις ολοένα και περισσότερα από τα μουσικά σου ταλέντα, με έναν πολύ πιο βαθύ τρόπο.

Ερώτηση: Όμως, Άμμα, πώς να είμαι ένα παιδί, ένας αρχάριος;

Άμμα: Απλά και μόνο με το να αποδέχεσαι και να αναγνωρίζεις την άγνοιά σου, γίνεσαι αυτόματα ένας αρχάριος.

Ερωτών: Το καταλαβαίνω αυτό, δεν είμαι όμως εντελώς αδαής. Έχω εκπαιδευτεί σαν μουσικός.

Άμμα: Πόσο έχεις εκπαιδευτεί;

Ερωτών: Σπούδασα μουσική έξι χρόνια κι εμφανίζομαι επαγγελματικά σαν καλλιτέχνης τα τελευταία 14 χρόνια.

Άμμα: Πόσο μεγάλος είναι ο χώρος;

Ερωτών: (*μοιάζοντας λίγο συγχυσμένος*) Δεν καταλαβαίνω την ερώτησή σου.

Άμμα: *(χαμογελώντας)* Δεν καταλαβαίνεις την ερώτηση επειδή δεν καταλαβαίνεις την έννοια του χώρου, έτσι δεν είναι;

Ερωτών: (*ανασηκώνοντας τους ώμους του*) Ίσως.

Άμμα: Ίσως;

Ερώτηση: Ποια είναι όμως η σχέση ανάμεσα στην ερώτησή μου και σ' αυτό που εννοούσες με το δικό σου ερώτημα, «Πόσο μεγάλος είναι ο χώρος;»

Άμμα: Υπάρχει μια σχέση. Η αγνή μουσική είναι τόσο μεγάλη όσο ο χώρος. Είναι Θεός. Είναι αγνή γνώση. Είναι το μυστικό να επιτρέπεις στον αγνό ήχο του σύμπαντος να ρέει μέσα από σένα. Δεν μπορείς να μάθεις μουσική σε είκοσι χρόνια. Μπορεί να τραγουδάς τα τελευταία είκοσι χρόνια, αλλά το να κατανοείς πραγματικά τη μουσική σημαίνει να συνειδητοποιήσεις τη μουσική σαν τον Εαυτό σου. Για να συνειδητοποιήσεις τη μουσική σαν τον Εαυτό σου, πρέπει να επιτρέψεις στη μουσική να σε κυριεύσει εντελώς. Για να γεμίσει με περισσότερη μουσική η καρδιά σου, πρέπει να δημιουργήσεις περισσότερο χώρο μέσα σου. Περισσότερες σκέψεις σημαίνουν λιγότερος χώρος. Τώρα, στοχάσου το εξής: «Πόσο χώρο έχω μέσα μου να διαθέσω στην αγνή μουσική;»

Αν επιθυμείς πραγματικά να εκδηλώνεις όλο και περισσότερα από τα μουσικά σου ταλέντα, μείωσε την ποσότητα των περιττών σκέψεων κι άφησε περισσότερο χώρο ώστε να ρέει μέσα σου η ενέργεια της μουσικής.

Πηγή Αγάπης

Ερωτούσα ρώτηση: Άμμα, πώς μαθαίνει κάποιος να αγαπά αγνά κι αθώα;

Άμμα: Μπορείς να μάθεις μόνο κάτι, το οποίο σου είναι άγνωστο. Η αγάπη, όμως, είναι η αληθινή σου φύση. Μέσα σου υπάρχει μια πηγή αγάπης. Συνδέσου μ' αυτήν την πηγή με τον ορθό τρόπο, και η *σάκτι* (ενέργεια) της θεϊκής αγάπης θα γεμίσει την καρδιά σου και θα διευρύνεται μέσα σου συνεχώς. Δεν μπορείς να το προκαλέσεις αυτό· μπορείς μόνο να διαμορφώσεις την ορθή στάση μέσα σου, ώστε να συμβεί αυθόρμητα.

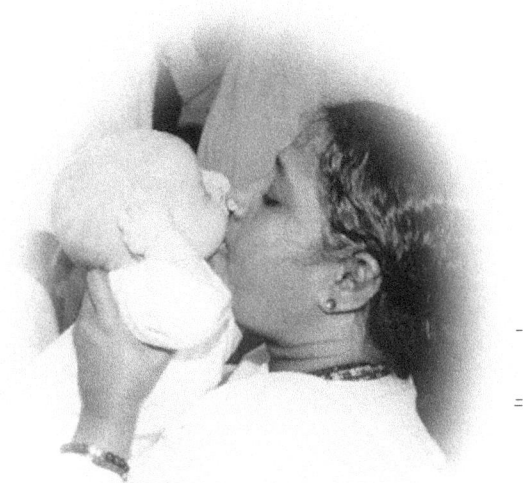

Γιατί Αγκαλιάζεις;

Ε ρωτούσα ρώτηση: Άμμα, αγκαλιάζεις τους πάντες. Ποιος αγκαλιάζει Εσένα;

Άμμα: Ολόκληρη η Δημιουργία αγκαλιάζει την Άμμα. Στην πραγματικότητα, η Άμμα και η Δημιουργία βρίσκονται σε έναν αιώνιο εναγκαλισμό.

Ερώτηση: Άμμα, γιατί αγκαλιάζεις τους ανθρώπους;

Άμμα: Ρωτώντας το αυτό, είναι σαν να ρωτάς έναν ποταμό, «Γιατί κυλάς;»

Κάθε Στιγμή Ένα Πολύτιμο Μάθημα

Το πρωινό *ντάρσαν* ήταν σε εξέλιξη. Η Άμμα είχε μόλις τελειώσει να απαντά στις ερωτήσεις των παιδιών Της – η ουρά ήταν πολύ μεγάλη. Μ' ένα βαθύ αναστεναγμό, ήμουν έτοιμος να κάνω ένα διάλειμμα, όταν παρουσιάστηκε ξαφνικά ένας πιστός και μου έδωσε ένα σημείωμα. Ήταν μια ακόμα ερώτηση. Για να είμαι ειλικρινής, ήμουν λίγο ενοχλημένος. Ωστόσο, πήρα το σημείωμα και τον ρώτησα: «Μπορείς να περιμένεις ως αύριο; Τελειώσαμε με τις ερωτήσεις γι' αυτό το πρωινό.»

Αυτός απάντησε: «Είναι σημαντικό. Γιατί δε ρωτάς τώρα;»

Τότε, σκέφτηκα ή ίσως φαντάστηκα ότι ήταν απαιτητικός.

«Πρέπει να σου το εξηγήσω αυτό;» ανταπάντησα έντονα.

Εκείνος επέμεινε: «Δεν είσαι υποχρεωμένος, γιατί όμως δεν μπορείς να ρωτήσεις την Άμμα; Ίσως η Άμμα είναι πρόθυμη να απαντήσει στην ερώτησή μου.»

Σ' αυτό το σημείο, απλώς τον αγνόησα και κοίταξα προς την άλλη κατεύθυνση. Η Άμμα έδινε *ντάρσαν*. Η λογομαχία μας έλαβε χώρα πίσω από την πολυθρόνα του *ντάρσαν*. Και οι δυο μας μιλούσαμε χαμηλόφωνα αλλά έντονα.

Ξάφνου, η Άμμα στράφηκε πίσω, προς τη μεριά μου και με ρώτησε: «Είσαι κουρασμένος; Νυστάζεις; Έφαγες;» Έμεινα άναυδος και συγχρόνως ντράπηκα επειδή η Άμμα είχε ακούσει τη συζήτηση. Ήμουν πράγματι απερίσκεπτος. Θα έπρεπε να ήμουν πιο προσεκτικός. Παρόλο που η Άμμα έδινε *ντάρσαν* κι εμείς μιλούσαμε χαμηλόφωνα, τα μάτια, τ' αυτιά κι ολόκληρο το σώμα Της βλέπει, ακούει και νιώθει τα πάντα.

Η Άμμα συνέχισε: «Αν είσαι κουρασμένος κάνε ένα διάλειμμα, αλλά πρώτα φρόντισε για την ερώτηση αυτού του παιδιού. Μάθε να λαμβάνεις υπόψη σου τους άλλους. Μην έχεις εμμονές σε ό,τι εσύ θεωρείς σωστό.»

Ζήτησα συγνώμη από τον άντρα και δέχτηκα την ερώτησή του. Η Άμμα απάντησε στο πρόβλημά του με αγάπη κι εκείνος έφυγε ικανοποιημένος. Φυσικά, η ερώτησή του ήταν σημαντική, όπως είχε πει.

Αφού έφυγε, η Άμμα είπε: «Κοίτα γιε μου, όταν αντιδράς σε κάποιον, σφάλλεις κι αυτός έχει κατά πάσα πιθανότητα δίκιο. Κάποιος που ψυχονοητικά είναι σε μια καλύτερη θέση, έχει τη διαύγεια να παρατηρεί την κατάσταση. Η αντίδραση σε τυφλώνει. Η αντιδραστική σου στάση δε σε βοηθά να βλέπεις τη θέση των άλλων ή να λαμβάνεις υπόψη σου τα συναισθήματά τους.

Πριν αντιδράσεις σε μια συγκεκριμένη κατάσταση, μπορείς να σταματήσεις για λίγο και να πεις στον άλλο: «Δώσε μου λίγο χρόνο πριν σου απαντήσω. Άσε με να σκεφτώ αυτά που είπες. Ίσως να έχεις δίκιο κι εγώ άδικο.» Αν έχεις το θάρρος να το πεις αυτό, λαμβάνεις τουλάχιστον υπόψη σου τα συναισθήματα του άλλου. Αυτό θα αποτρέψει πολλές δυσάρεστες καταστάσεις που θα μπορούσαν να προκύψουν αργότερα.»

Έτσι, έγινα μάρτυρας ενός ακόμη πολύτιμου μαθήματος από τη Μεγάλη Διδάσκαλο. Είχα γίνει πιο ταπεινός.

Κατανοώντας ένα Φωτισμένο Ον

Ερωτούσα ρώτηση: Είναι εφικτό να κατανοήσουμε ένα *Μαχάτμα* με το νου μας;

Άμμα: Πρώτα απ' όλα, ένας *Μαχάτμα* δεν μπορεί να κατανοηθεί. Μπορεί μόνο να βιωθεί. Με την αμφιταλαντευόμενη και αμφιβάλλουσα φύση του, ο νους δεν μπορεί να βιώσει τίποτα όπως είναι, ακόμα κι αν αυτό είναι ένα συνηθισμένο αντικείμενο του κόσμου. Για παράδειγμα, όταν θέλεις να βιώσεις πραγματικά ένα λουλούδι, ο νους σταματά κι αρχίζει να λειτουργεί κάτι πέρα από το νου.

Ερώτηση: Άμμα, είπες «ο νους σταματά κι αρχίζει να λειτουργεί κάτι πέρα απ' το νου.» Τι είναι αυτό;

Άμμα: Ονόμασέ το καρδιά, αλλά είναι μια κατάσταση προσωρινής, βαθιάς σιωπής – μια ηρεμία του νου, μια παύση στη ροή των σκέψεων.

Ερώτηση: Άμμα, τι εννοείς όταν λες «νους»; Μόνο τις σκέψεις ή και κάτι περισσότερο;

Άμμα: Ο νους αποτελείται από μνήμη, που είναι η αποθήκη του παρελθόντος, σκέψεις, αμφιβολίες, κρίσεις και την αίσθηση του «εγώ».

Ερώτηση: Και τι γίνεται με όλα τα συναισθήματα;

Άμμα: Κι αυτά επίσης αποτελούν μέρος του νου.

Ερώτηση: Εντάξει, άρα λοιπόν όταν λες ότι «ο νους δεν μπορεί να κατανοήσει ένα *Μαχάτμα*», εννοείς ότι ο σύνθετος αυτός μηχανισμός δεν μπορεί να γνωρίσει την κατάσταση, στην οποία έχει εδραιωθεί ένας *Μαχάτμα*;

Άμμα: Ναι. Ο ανθρώπινος νους είναι τόσο απρόβλεπτος και πανούργος. Είναι το πιο σημαντικό για έναν αναζητητή της Αλήθειας να γνωρίζει ότι δεν μπορεί να αναγνωρίσει ένα *Σάτγκουρου* (Αληθινό Διδάσκαλο). Δεν υπάρχουν κριτήρια για κάτι τέτοιο. Ένας μέθυσος μπορεί ν' αναγνωρίσει έναν άλλο μέθυσο. Παρομοίως, δύο χαρτοπαίκτες θα καταλάβουν ο ένας τον άλλο. Ένας φιλάργυρος μπορεί να αναγνωρίσει έναν άλλο φιλάργυρο. Εχουν όλοι την ίδια ιδιοσυγκρασία. Τέτοια κριτήρια όμως δεν είναι διαθέσιμα για να αναγνωρίσει κανείς ένα *Σάτγκουρου*. Ούτε τα εξωτερικά μας μάτια ούτε ο νους μας μπορούν να αναγνωρίσουν ένα μεγάλο ον. Γι' αυτό απαιτείται ειδική εκπαίδευση. Αυτή είναι η *σάντανα* (πνευματική άσκηση). Μόνο η διαρκής *σάντανα* θα μας βοηθά να διαπερνάμε την επιφάνεια και να διεισδύουμε κάτω από την επιφάνεια του νου. Από τη στιγμή που θα διεισδύσεις κάτω απ' την επιφάνεια του νου, θα έλθεις αντιμέτωπος με αμέτρητες στρώσεις συναισθημάτων και σκέψεων. Για να διαπεράσει και να υπερβεί όλα αυτά τα περίπλοκα, ακατέργαστα και εκλεπτυσμένα επίπεδα του νου, ο *σάντακ* (πνευματικός αναζητητής) χρειάζεται τη συνεχή καθοδήγηση ενός *Σάτγκουρου*. Η διείσδυση στα βαθύτερα επίπεδα του νου, το πέρασμα μέσα από τις διάφορες στρώσεις και η επιτυχημένη έξοδος από αυτές, είναι γνωστή ως *τάπας* (αυτοπειθαρχία - εγκράτεια). Αυτό, συμπεριλαμβανομένης της τελικής υπέρβασης, είναι δυνατό μόνο με την άνευ όρων Χάρη ενός *Σάτγκουρου*.

Ο νους έχει πάντα προσδοκίες. Αυτή είναι η φύση του. Ένας *Μαχάτμα* δε συμμορφώνεται με τις προσδοκίες και τις επιθυμίες του νου. Για να βιωθεί η αγνή συνείδηση ενός Διδασκάλου, αυτή η τάση του νου πρέπει να εξαλειφθεί.

Άμμα, η Ανεξάντλητη Ενέργεια

Ερωτούσα ρώτηση: Άμμα, θέλεις ποτέ να σταματήσεις την εργασία που κάνεις;

Άμμα: Αυτό που κάνει η Άμμα δεν είναι εργασία. Είναι λατρεία. Στη λατρεία υπάρχει μόνο αγνή αγάπη. Γι' αυτόν το λόγο δεν είναι εργασία. Η Άμμα λατρεύει τα παιδιά της, όπως το Θεό. Παιδιά μου, είστε όλοι ο Θεός της Άμμα. Η αγάπη δεν είναι περίπλοκη. Είναι απλή, αυθόρμητη και, στην πραγματικότητα, η ουσιαστική μας φύση. Γι' αυτό δεν είναι εργασία. Όσο για την Άμμα, αυτός ο τρόπος του προσωπικού αγκαλιάσματος των παιδιών της, είναι το απλούστερο μέσο για να εκφράζει την Αγάπη της γι' αυτά και προς όλη τη Δημιουργία. Η εργασία κουράζει και ξοδεύει την ενέργειά σου· ενώ η αγάπη δεν μπορεί ποτέ να είναι κουραστική ή βαρετή. Αντιθέτως, γεμίζει συνεχώς την καρδιά σου με ολοένα και περισσότερη ενέργεια. Η αγνή αγάπη σε κάνει να νιώθεις τόσο ανάλαφρος όσο ένα λουλούδι. Δε νιώθεις κανένα βάρος ή φορτίο. Το εγώ δημιουργεί το φορτίο.

Ο ήλιος δε σταματά ποτέ να λάμπει. Ο άνεμος επίσης συνεχίζει να πνέει στην αιωνιότητα κι ο ποταμός δε σταματά ποτέ να ρέει, λέγοντας «ως εδώ και μη παρέκει! Κάνω την ίδια δουλειά εδώ και αιώνες, τώρα είναι καιρός για μια αλλαγή.» Όχι, δεν μπορούν να σταματήσουν ποτέ. Θα συνεχίζουν όσο υπάρχει ο κόσμος, γιατί αυτή είναι η φύση τους. Παρομοίως, η Άμμα δεν μπορεί να σταματήσει να δίνει αγάπη στα παιδιά της. Δε βαριέται ποτέ να αγαπά τα παιδιά της.

168

Η ανία εμφανίζεται μόνο όταν δεν υπάρχει αγάπη. Τότε, χρειάζεσαι διαρκώς αλλαγή, να αλλάζεις από το ένα μέρος στο άλλο, από το ένα αντικείμενο στο άλλο. Ενώ όταν υπάρχει αγάπη, τίποτα δεν παλιώνει. Όλα παραμένουν αιωνίως νέα και φρέσκα. Για την Άμμα η παρούσα στιγμή είναι, σε κάθε περίπτωση, πολύ πιο σημαντική απ' αυτό που πρέπει να γίνει αύριο.

Ερώτηση: Αυτό σημαίνει ότι θα συνεχίσεις να δίνεις *ντάρσαν* για πολλά χρόνια στο μέλλον;

Άμμα: Όσο αυτά τα χέρια θα μπορούν να κινούνται έστω και λίγο και να απλώνονται σ' εκείνους που έρχονται στην Άμμα, όσο θα υπάρχει έστω και λίγη δύναμη κι ενέργεια για να τοποθετεί τα χέρια της στον ώμο ενός ανθρώπου που κλαίει, να τον χαϊδεύει και να σκουπίζει τα δάκρυά του, η Άμμα θα συνεχίσει να δίνει *ντάρσαν*. Η επιθυμία της είναι να χαϊδεύει με αγάπη τους ανθρώπους, να τους παρηγορεί και να σκουπίζει τα δάκρυά τους, μέχρι να έρθει το τέλος αυτού του θνητού σώματος.

Η Άμμα δίνει *ντάρσαν* τα τελευταία 35 χρόνια. Με τη Χάρη του *Παραμάτμαν* (Υπέρτατη Ψυχή), δε χρειάστηκε να ακυρώσει ποτέ ως τώρα ούτε ένα *ντάρσαν* ή πρόγραμμα εξαιτίας κάποιας σωματικής αδιαθεσίας. Η Άμμα δεν ανησυχεί για την επόμενη στιγμή. Η αγάπη είναι στο παρόν, η ευτυχία είναι στο παρόν, ο Θεός είναι στο παρόν και η φώτιση είναι επίσης στο παρόν. Γιατί να ανησυχεί λοιπόν ανώφελα για το μέλλον; Αυτό που συμβαίνει τώρα είναι πολύ πιο σημαντικό απ' αυτό που πρόκειται να συμβεί. Όταν το παρόν είναι τόσο όμορφο και τόσο πλήρες, γιατί να ανησυχεί κάποιος για το μέλλον; Άφησε το μέλλον να ξεδιπλωθεί μόνο του μέσα από το παρόν.

Ο Χαμένος Γιος Βρέθηκε

Ο Δρ. Τζάγκου είναι ένας κάτοικος του *Άσραμ* της Άμμα στην Ινδία. Πρόσφατα, του έδωσε η οικογένειά του τα χρήματα, για να ταξιδέψει μαζί με την Άμμα στην Ευρώπη. Τη στιγμή που του εγκρίθηκε η βίζα ήταν αργά και η Άμμα με την ομάδα που πλαισίωνε την περιοδεία Της είχε ήδη φύγει από την Ινδία. Ωστόσο, ήμασταν όλοι ευτυχείς που ο Τζάγκου επρόκειτο να μας συναντήσει στην Αμβέρσα του Βελγίου. Ήταν το πρώτο ταξίδι του Τζάγκου εκτός Ινδίας. Δεν είχε ταξιδέψει ποτέ πριν με αεροπλάνο. Γι' αυτό και προβήκαμε εκ των προτέρων σε όλες τις διευθετήσεις, ώστε να πάμε να τον πάρουμε από το αεροδρόμιο. Πιστοί της Άμμα περίμεναν με το αυτοκίνητο έξω από το αεροδρόμιο, αλλά ο Τζάγκου δεν εμφανίστηκε. Οι αρχές του αεροδρομίου επιβεβαίωσαν ότι ένας επιβάτης, ονόματος Τζάγκου, ήταν στην πτήση από το Χήθροου του Λονδίνου. Είπαν ότι είχε προσγειωθεί στο διεθνές αεροδρόμιο των Βρυξελλών γύρω στις 16:00. Τέσσερις ώρες είχαν περάσει από τότε που προσγειώθηκε η πτήση, εντούτοις δεν υπήρχε καμιά πληροφορία αναφορικά με τον Δρ. Τζάγκου.

Με τη βοήθεια του προσωπικού του αεροδρομίου, οι ντόπιοι πιστοί έψαξαν εξονυχιστικά παντού στο αεροδρόμιο. Το όνομα του Τζάγκου ανακοινώθηκε επανειλημμένως μέσω του συστήματος ανακοινώσεων του αεροδρομίου. Δεν υπήρχε καμιά απολύτως απάντηση και κανένα σημάδι του Τζάγκου πουθενά.

Τελικά, αναγκαστήκαμε όλοι να πιστέψουμε ότι ο Δρ. Τζάγκου είχε χαθεί - είτε στο τεράστιο αεροδρόμιο είτε στην πόλη των Βρυξελλών, σε μια απεγνωσμένη προσπάθεια να φτάσει στο χώρο διεξαγωγής του προγράμματος της Άμμα.

Στο μεταξύ, η Άμμα, καθισμένη ήρεμα στο μέσο όλης της ομάδας που πλαισίωνε την περιοδεία Της, τραγουδούσε με ευδαιμονική διάθεση, δοκιμάζοντας κάποια καινούργια *μπάτζανς*. Επειδή νιώθαμε όλοι κάπως στενοχωρημένοι κι ανήσυχοι για την ξαφνική εξαφάνιση του Τζάγκου, αποκάλυψα τα νέα στην Άμμα στη μέση του τραγουδιού. Περίμενα ότι η Άμμα θα εξέφραζε ιδιαίτερη μητρική ανησυχία. Αλλά προς μεγάλη μου έκπληξη, στράφηκε προς εμένα λέγοντας απλά: «Έλα, τραγούδησε το επόμενο τραγούδι.» Για μένα αυτό ήταν ένα θετικό σημάδι. Βλέποντας την Άμμα να παραμένει ήρεμη και ψύχραιμη, είπα στους πιστούς: «Επειδή η Άμμα είναι τόσο ήρεμη, πιστεύω ότι ο Τζάγκου είναι απολύτως ασφαλής. Αν υπήρχε κάποιο πρόβλημα, η Άμμα θα ήταν πιο ανήσυχη.»

Μόνο μερικά λεπτά αργότερα, εμφανίστηκε ο *Μπραχματσάρι* Νταγιαμρίτα και ανακοίνωσε: «Μόλις παρουσιάστηκε ο Τζάγκου στην κεντρική είσοδο.» Σχεδόν την ίδια στιγμή, μπήκε στο χώρο ο Δρ. Τζάγκου μ' ένα μεγάλο χαμόγελο ζωγραφισμένο στο μικρό του πρόσωπο.

Σύμφωνα με την περιπετειώδη ιστορία, την οποία αφηγήθηκε, είχε πράγματι χαθεί: «Όταν βγήκα απ' το αεροδρόμιο, δεν ήταν κανένας εκεί. Δεν ήξερα τι να κάνω. Παρόλο που ήμουν ανήσυχος και αγχωμένος, πίστευα ακράδαντα ότι η Άμμα θα έστελνε κάποιον να με σώσει απ' αυτή τη δύσκολη κατάσταση. Για καλή μου τύχη, είχα τη διεύθυνση του χώρου διεξαγωγής του προγράμματος. Ένα ζευγάρι με λυπήθηκε και με βοήθησε να φτάσω ως εδώ».

Η Άμμα είπε: «Η Άμμα γνώριζε πολύ καλά ότι ήσουν καλά και ότι θα έβρισκες το δρόμο σου ως εδώ. Γι' αυτό παρέμεινε ήσυχη, όταν της είπαν ότι χάθηκες.»

Αργότερα το ίδιο βράδυ, ρώτησα την Άμμα, πώς γνώριζε ότι ο Τζάγκου ήταν ασφαλής. Εκείνη απάντησε: «Η Άμμα απλώς το γνώριζε.»

«Αλλά πώς;» Η περιέργειά μου είχε εξαφθεί. Η Άμμα είπε: «Ακριβώς όπως βλέπεις το είδωλό σου σ' έναν καθρέφτη, έτσι μπόρεσε η Άμμα να τον δει ασφαλή». Ρώτησα ξανά: «Είδες ότι ο Τζάγκου είχε βοήθεια ή ενέπνευσες το ζευγάρι να τον βοηθήσει;» Η Άμμα δεν ήθελε να πει τίποτα περισσότερο σχετικά μ' αυτό, παρότι έκανα κανά δυο περαιτέρω προσπάθειες.

Βία

Ε ρώτηση: Άμμα, μπορούν η βία κι ο πόλεμος να αποτελέσουν ποτέ ένα μέσο για την επίτευξη της ειρήνης;

Άμμα: Ο πόλεμος δε θα χρησιμέψει ως μέσο για την επίτευξη της ειρήνης. Αυτό είναι μια ανόθευτη αλήθεια, την οποία μας αποκάλυψε η ιστορία. Αν δεν πραγματοποιηθεί μια μεταμόρφωση στη συνείδηση του καθενός, η ειρήνη θα παραμένει ένα απατηλό όνειρο. Μόνο ένας πνευματικός τρόπος σκέψης και ζωής θα επιφέρει αυτήν τη μεταμόρφωση. Γι' αυτό, δε θα μπορέσουμε ποτέ να διορθώσουμε μια συγκεκριμένη κατάσταση διεξάγοντας πόλεμο.

Η ειρήνη και η βία είναι δύο αντίθετα. Η βία είναι ισχυρή αντίδραση και όχι ανταπόκριση. Η αντίδραση πυροδοτεί περισσότερες αντιδράσεις. Αυτό είναι απλή λογική. Η Άμμα άκουσε ότι στην Αγγλία υπήρξε ένας παράξενος τρόπος τιμωρίας για τους κλέφτες. Αφού οδηγούσαν τον ένοχο σε ένα σταυροδρόμι, τον μαστίγωναν γυμνό μπροστά σε μια μεγάλη συνάθροιση

173

ανθρώπων. Ο σκοπός ήταν να λάβουν όλοι στην πόλη γνώση για την αυστηρή τιμωρία που επρόκειτο να υποστούν, αν εγκληματούσαν. Ωστόσο, σύντομα χρειάστηκε να αλλάξουν αυτό το σύστημα, επειδή τέτοιες περιστάσεις δημιουργούσαν μια θαυμάσια ευκαιρία για τους κλέφτες πορτοφολιών. Αυτοί αξιοποιούσαν το χρόνο για να αδειάζουν τις τσέπες εκείνων, οι οποίοι παρέμεναν απορροφημένοι από το θέαμα. Ο ίδιος ο χώρος της τιμωρίας έγινε μια εστία αναπαραγωγής του εγκλήματος.

Ερώτηση: Σημαίνει αυτό ότι δε θα έπρεπε να υπάρχει καθόλου τιμωρία;

Άμμα: Όχι, σε καμιά περίπτωση. Επειδή η πλειονότητα των ανθρώπων παγκοσμίως δε γνωρίζει πώς να χρησιμοποιεί την ελευθερία μ' έναν τρόπο που να ωφελεί την κοινωνία, μια σχετική αίσθηση φόβου – «θα τιμωρηθώ αν δεν τηρώ το νόμο» - είναι καλή. Η επιλογή, όμως, του δρόμου της βίας και του πολέμου για την εδραίωση της ειρήνης και της αρμονίας στην κοινωνία δε θα έχει μακροχρόνια αποτελέσματα. Κι αυτό είναι έτσι, απλά επειδή η βία δημιουργεί βαθιές πληγές και πληγωμένα συναισθήματα στη συλλογική μνήμη της κοινωνίας, πράγμα που θα εκδηλωθεί σαν σφοδρότερη βία και σύγκρουση σ' ένα μεταγενέστερο στάδιο.

Ερώτηση: Ποια είναι η λύση τότε;

Άμμα: Κάνε ό,τι μπορείς για να διευρύνεις την ατομική σου συνείδηση. Μόνο μια διευρυμένη συνείδηση διαθέτει αληθινή κατανόηση. Μόνο τέτοιοι άνθρωποι θα μπορέσουν να αλλάξουν την προοπτική της κοινωνίας. Αυτός είναι ο λόγος που η πνευματικότητα είναι τόσο σημαντική στο σημερινό κόσμο.

Η Άγνοια Είναι το Πρόβλημα

Ερώτηση: Υπάρχει διαφορά ανάμεσα στα προβλήματα των ανθρώπων στην Ινδία και σ' αυτά των ανθρώπων στη Δύση;

Άμμα: Από μια εξωτερική οπτική γωνία τα προβλήματα των ανθρώπων στην Ινδία και αυτών στη Δύση είναι διαφορετικά. Το θεμελιώδες όμως πρόβλημα, η ρίζα όλων των προβλημάτων, παντού στον κόσμο, είναι μία και ίδια. Αυτή είναι η άγνοια· η άγνοια σε ότι αφορά τον *Άτμαν* (Εαυτό), σε ότι αφορά την ουσιαστική μας φύση.

Το υπερβολικό ενδιαφέρον για την υλική ασφάλεια και το ελάχιστο ενδιαφέρον για την πνευματικότητα, είναι το χαρακτηριστικό γνώρισμα του σημερινού κόσμου. Οι προτεραιότητες που βάζουμε θα πρέπει να αναθεωρηθούν. Η Άμμα δε λέει ότι οι άνθρωποι δε θα έπρεπε να φροντίζουν για το σώμα τους και τη φυσική τους ύπαρξη. Όχι, δεν είναι αυτό το ζήτημα. Το βασικό πρόβλημα είναι η σύγχυση σχετικά με το τι είναι μόνιμο και τι είναι προσωρινό. Στο προσωρινό, που είναι το σώμα, έχει αποδοθεί πολύ μεγάλη σημασία και το μόνιμο, που είναι ο *Άτμαν*, έχει ξεχαστεί εντελώς. Αυτή η στάση είναι που πρέπει να αλλάξει.

Ερώτηση: Βλέπεις δυνατότητες για αλλαγή στην κοινωνία μας;

Άμμα: Δυνατότητες πάντα υπάρχουν. Το σημαντικό ερώτημα είναι αν η κοινωνία και τα ξεχωριστά άτομα έχουν την προθυμία να αλλάξουν. Σε μια σχολική τάξη παρέχονται σε όλους τους μαθητές οι ίδιες ευκαιρίες. Ωστόσο, το πόσο μαθαίνει ένας μαθητής, εξαρτάται από το βαθμό της επιδεκτικότητάς του. Στο σημερινό κόσμο ο καθένας περιμένει να αλλάξουν πρώτα οι άλλοι. Είναι πολύ δύσκολο να βρει κανείς ανθρώπους που να νιώθουν ειλικρινά ότι οι ίδιοι πρέπει να υποβάλλουν τον εαυτό τους σε μια αλλαγή. Κάθε άνθρωπος ξεχωριστά, αντί να σκέφτεται ότι οι άλλοι θα πρέπει να αλλάξουν πρώτοι, θα πρέπει εκείνος να προσπαθεί να αλλάξει τον εαυτό του. Αν δε συντελεστεί μια μεταμόρφωση στον εσωτερικό κόσμο, τα πράγματα θα παραμένουν λίγο πολύ τα ίδια στον εξωτερικό κόσμο.

Ερμηνεύοντας Την Ταπεινότητα

Η *Άμμα απευθύνεται σ' έναν πιστό, ο οποίος έθεσε μια ερώτηση σχετικά με την ταπεινότητα:*

Άμμα: Συνήθως, όταν λέμε: «Αυτός ο άνθρωπος είναι τόσο ταπεινός», τότε αυτό σημαίνει απλά: «Αυτός ενίσχυσε το εγώ μου και με βοήθησε να το διατηρήσω ακέραιο κι αλώβητο. Ήθελα να κάνει κάτι για μένα, και το έκανε χωρίς να προβάλλει καμιά αντίρρηση. Γι' αυτό είναι ένας τόσο ταπεινός άνθρωπος.» Ωστόσο, τη στιγμή που εκείνος ο «ταπεινός άνθρωπος» ανοίξει το στόμα του και μας αμφισβητήσει, ακόμα κι αν έχει δίκιο, η γνώμη μας αλλάζει. Τώρα θα πούμε: «Δεν είναι τόσο ταπεινός όσο νόμιζα». Το υπονοούμενο είναι: «Πλήγωσε το εγώ μου και γι' αυτό δεν είναι τόσο ταπεινός.»

Είμαστε Ξεχωριστοί;

Δημοσιογράφος: Άμμα, πιστεύεις ότι οι άνθρωποι αυτής της χώρας είναι ξεχωριστοί;

Άμμα: Όσον αφορά την Άμμα, το ανθρώπινο γένος στο σύνολό του, η Δημιουργία στην ολότητά της, είναι κάτι ιδιαίτερα ξεχωριστό, επειδή η θεϊκότητα βρίσκεται μέσα στον καθένα και στο καθετί. Η Άμμα βλέπει, επίσης, αυτήν τη θεϊκότητα και μέσα στους ανθρώπους εδώ. Άρα λοιπόν, είστε όλοι ξεχωριστοί.

Αυτοβοήθεια ή αυτοβοήθεια;

Eρώτηση: Οι μέθοδοι και τα βιβλία για την αυτοβοήθεια έχουν γίνει πολύ δημοφιλή στη Δυτική κοινωνία. Άμμα, θα μπορούσες σε παρακαλώ να μοιραστείς τις σκέψεις σου πάνω σ' αυτό το θέμα;

Άμμα: Όλα εξαρτώνται από το πώς ορίζει κάποιος την αυτοβοήθεια.

Ερώτηση: Τι εννοείς μ' αυτό;

Άμμα: Είναι Αυτοβοήθεια ή αυτοβοήθεια;

Ερώτηση: Ποια είναι η διαφορά;

179

Άμμα: Πραγματική Αυτοβοήθεια είναι να βοηθάς την καρδιά σου να ανθίσει· ενώ αυτοβοήθεια είναι να ενδυναμώνεις το εγώ.

Ερώτηση: Τι προτείνεις λοιπόν, Άμμα;

Άμμα: «Να αποδέχεσαι την Αλήθεια», είναι αυτό που θα έλεγε η Άμμα.

Ερωτών: Δεν καταλαβαίνω.

Άμμα: Αυτό κάνει το εγώ. Δε σου επιτρέπει να αποδεχτείς την Αλήθεια ή να καταλάβεις οτιδήποτε με τον ορθό τρόπο.

Ερώτηση: Πώς θα δω την Αλήθεια;

Άμμα: Για να δεις την Αλήθεια, πρέπει πρώτα να δεις το ψέμα.

Ερώτηση: Είναι πράγματι το εγώ μια ψευδαίσθηση;

Άμμα: Θα το αποδεχτείς, αν η Άμμα πει πως έτσι είναι;

Ερωτών: Μμμμ... αν εσύ θέλεις.

Άμμα: (*γελώντας*) Αν θέλει η Άμμα; Το ερώτημα είναι, θέλεις *εσύ* να ακούσεις και να αποδεχτείς την Αλήθεια;

Ερωτών: Ναι, θέλω ν' ακούσω και ν' αποδεχτώ την Αλήθεια.

Άμμα: Η Αλήθεια, τότε, είναι ο Θεός.

Ερώτηση: Αυτό σημαίνει ότι το εγώ είναι μη πραγματικό, έτσι δεν είναι;

Άμμα: Το εγώ είναι μη πραγματικό. Είναι η ταραχή μέσα σου.

Ερώτηση: Άρα λοιπόν, όλοι κουβαλούν αυτήν την ταραχή οπουδήποτε κι αν πάνε;

Άμμα: Ναι, οι άνθρωποι γίνονται μια κινούμενη ταραχή.

Ερώτηση: Ποιο είναι, τότε, το επόμενο βήμα;

Άμμα: Αν θέλεις να ενδυναμώσεις το εγώ, τότε βοήθα τον εαυτό σου να γίνει πιο δυνατός. Ή αν θέλεις Αυτοβοήθεια, αναζήτησε τη βοήθεια του Θεού.

Ερωτών: Πολλοί άνθρωποι φοβούνται να χάσουν το εγώ τους. Νομίζουν ότι αυτό είναι η βάση της ύπαρξή τους στον κόσμο.

Άμμα: Αν πραγματικά θέλεις να αναζητήσεις τη βοήθεια του Θεού για να ανακαλύψεις τον Αληθινό Εαυτό σου, τότε δεν πρέπει να φοβάσαι να χάσεις το εγώ σου, το μικρό εαυτό.

Ερωτών: Έλα όμως που ενδυναμώνοντας το εγώ, έχουμε γρήγορα εγκόσμια οφέλη, των οποίων η εμπειρία είναι χειροπιαστή και άμεση. Ενώ, αντιθέτως, χάνοντας το εγώ μας, η εμπειρία δεν επέρχεται γρήγορα, ούτε είναι χειροπιαστή και άμεση.

Άμμα: Γι' αυτό είναι η πίστη τόσο σημαντική στο δρόμο για τον Αληθινό Εαυτό. Για να λειτουργούν όλα σωστά και να επιφέρουν το αναμενόμενο αποτέλεσμα, θα πρέπει να έχει γίνει επαφή με την κατάλληλη πηγή ενέργειας. Σε ότι αφορά την πνευματικότητα, το σημείο της επαφής και η πηγή βρίσκονται εντός. Άγγιξε αυτό το σημείο και θα έχεις γρήγορα χειροπιαστή και άμεση εμπειρία.

Το Εγώ Είναι Μόνο
Μια Μικρή Φλόγα

Άμμα: Το εγώ είναι μια πολύ μικρή φλόγα, η οποία μπορεί να σβήσει κάθε στιγμή.

Ερώτηση: Πώς θα περιέγραφες το εγώ σύμφωνα μ' αυτό που μόλις είπες;

Άμμα: Όλα όσα συσσωρεύεις – όνομα, φήμη, χρήματα, εξουσία, κοινωνική θέση – δεν τροφοδοτούν τίποτε άλλο παρά μόνο τη μικρή φλόγα του εγώ, η οποία μπορεί να σβήσει κάθε στιγμή. Ακόμα και το σώμα και ο νους είναι μέρος του εγώ. Όλα αυτά είναι προσωρινά από τη φύση τους· επομένως είναι επίσης μέρος αυτής της ασήμαντης φλόγας.

Ερωτών: Όμως, Άμμα, αυτά είναι σημαντικά για ένα μέσο άνθρωπο.

Άμμα: Φυσικά και είναι σημαντικά. Αυτό όμως δε σημαίνει ότι είναι και μόνιμα. Είναι άνευ σημασίας, επειδή είναι προσωρινά. Μπορείς να τα χάσεις κάθε στιγμή. Ο χρόνος θα τα αρπάξει χωρίς προειδοποίηση. Το να τα χρησιμοποιεί και να τα απολαμβάνει κανείς είναι εντάξει, το να τα θεωρεί όμως μόνιμα είναι λανθασμένος τρόπος αντίληψης. Με άλλα λόγια, κατανόησέ τα ως παροδικά και μη νιώθεις πολύ περήφανος γι' αυτά.

Το χτίσιμο της εσωτερικής σου σύνδεσης με το Μόνιμο και Αμετάβλητο, με το Θεό ή τον Εαυτό είναι το πιο σημαντικό πράγμα στη ζωή. Ο Θεός είναι η πηγή, το πραγματικό κέντρο της ζωής και ύπαρξής μας. Όλα τα άλλα είναι η περιφέρεια. Η πραγματική Αυτοβοήθεια επέρχεται μόνο όταν εδραιώσεις τη σύνδεσή σου με το Θεό, το πραγματικό *μπίντου* (κέντρο), όχι με την περιφέρεια.

Ερώτηση: Άμμα, κερδίζουμε κάτι σβήνοντας αυτήν τη μικρή φλόγα του εγώ; Αντίθετα, ίσως να χάναμε ακόμα και την ταυτότητά μας σαν άτομα.

Άμμα: Σίγουρα, σβήνοντας τη μικρή φλόγα του εγώ, θα χάσεις την ταυτότητά σου σαν μικρό, περιορισμένο άτομο. Εντούτοις, αυτό δεν είναι απολύτως τίποτα συγκρινόμενο με ό,τι θα κερδίσεις απ' αυτήν τη φαινομενική απώλεια - τον ήλιο της αγνής γνώσης, το άσβεστο φως. Επιπλέον, όταν χάνεις την ταυτότητά σου σαν μικρός, περιορισμένος εαυτός, γίνεσαι ένα με το μεγαλύτερο του μεγίστου, το σύμπαν, την άνευ όρων και περιορισμών συνείδηση. Για να φτάσεις στο σημείο ώστε να επέλθει αυτό το βίωμα, χρειάζεσαι τη συνεχή καθοδήγηση ενός *Σάτγκουρου* (Αληθινού Διδασκάλου).

Ερώτηση: Απώλεια της ταυτότητάς μου! Δεν είναι αυτό ένα τρομαχτικό βίωμα;

Άμμα: Πρόκειται μόνο για την απώλεια του μικρού εαυτού κάποιου. Ο Αληθινός Εαυτός μας δεν μπορεί ποτέ να χαθεί. Είναι τρομαχτικό επειδή είσαι σε πολύ μεγάλο βαθμό ταυτισμένος με το εγώ σου. Όσο μεγαλύτερο το εγώ, τόσο περισσότερο φοβάσαι και τόσο πιο ευάλωτος γίνεσαι επίσης.

Ειδήσεις

Δημοσιογράφος: Άμμα, ποια είναι η γνώμη σου για τις ειδήσεις και τα μέσα ενημέρωσης;

Άμμα: Πολύ καλή, εφόσον ανταποκρίνονται στις ευθύνες τους απέναντι στην κοινωνία με τιμιότητα και ειλικρίνεια. Τότε, παρέχουν τεράστιες υπηρεσίες στην ανθρωπότητα.

Η Άμμα έχει ακούσει μια ιστορία: Κάποτε, μια ομάδα ανδρών στάλθηκε σ' ένα δάσος να εργαστεί για ένα χρόνο. Δυο γυναίκες ορίστηκαν να μαγειρεύουν γι' αυτούς. Με το πέρας του συμβολαίου, δύο από τους εργάτες της ομάδας παντρεύτηκαν τις δύο γυναίκες. Την επόμενη μέρα οι εφημερίδες μετέφεραν τα καυτά νέα: «Το δύο τοις εκατό των ανδρών παντρεύεται το εκατό τοις εκατό των γυναικών!»

Στο δημοσιογράφο άρεσε η ιστορία αυτή και γέλασε πολύ.

Άμμα: Τέτοιου είδους ρεπορτάζ είναι εντάξει, αν πρόκειται για χιούμορ, αλλά όχι για μια ειλικρινή δημοσιογραφική πληροφορία.

Το Σοκολατάκι &
Το Τρίτο Μάτι

Κάποιος πιστός αποκοιμήθηκε καθώς προσπαθούσε να διαλογιστεί. Η Άμμα του πέταξε ένα σοκολατάκι Kiss. Η Άμμα είναι τέλεια στο σημάδι. Το σοκολατάκι χτύπησε ακριβώς στο σημείο ανάμεσα στα φρύδια. Ο άντρας, ξαφνιασμένος, άνοιξε απότομα τα μάτια του. Με το σοκολατάκι στα χέρια του κοίταζε τριγύρω για να διαπιστώσει από πού είχε έρθει. Βλέποντας την αμηχανία του, η Άμμα ξέσπασε σε γέλια. Όταν εκείνος συνειδητοποίησε ότι η Άμμα το είχε πετάξει, το πρόσωπό του φωτίστηκε. Άγγιξε με αυτό το μέτωπό του, σαν να υποκλινόταν σε αυτό. Αλλά την επόμενη στιγμή γέλασε δυνατά και μετά σηκώθηκε από τη θέση του και πλησίασε την Άμμα.

Ερωτών: Το σοκολατάκι χτύπησε στο σωστό σημείο, ανάμεσα στα φρύδια, στο πνευματικό κέντρο. Ίσως αυτό βοηθήσει να ανοίξει το τρίτο μου μάτι.

Άμμα: Δε θα βοηθήσει.

Ερώτηση: Γιατί;

Άμμα: Επειδή είπες «ίσως»· αυτό σημαίνει ότι αμφιβάλλεις. Η πίστη σου δεν είναι ακέραιη. Πώς μπορεί να συμβεί, αν δεν έχεις πίστη;

Ερώτηση: Λες δηλαδή ότι το τρίτο μου μάτι θα είχε ανοίξει, αν είχα ακλόνητη πίστη;

Άμμα: Ναι. Όταν έχεις ακέραιη πίστη, η πραγμάτωση μπορεί να συμβεί οποιαδήποτε στιγμή και οπουδήποτε.

Ερώτηση: Σοβαρολογείς;

Άμμα: Ναι, φυσικά.

Ερωτών: Ωχ, Θεέ μου, έχασα μια μεγάλη ευκαιρία!

Άμμα: Μην ανησυχείς, να είσαι συνειδητός και σε συνεχή επαγρύπνηση. Ευκαιρίες θα έρθουν ξανά. Έχε υπομονή και συνέχιζε να προσπαθείς.

Ο άντρας φαινόταν λίγο απογοητευμένος και στράφηκε προς τα πίσω για να επιστρέψει στη θέση του.

Άμμα: *(χτυπώντας τον ελαφρά στην πλάτη)* Παρεμπιπτόντως, γιατί γέλασες τόσο δυνατά;

Ακούγοντας την ερώτηση, ο πιστός γέλασε για άλλη μια φορά.

Ερωτών: Καθώς αποκοιμήθηκα κατά τη διάρκεια του διαλογισμού, είδα ένα θαυμάσιο όνειρο. Είδα ότι μου πέταγες ένα σοκολατάκι για να με ξυπνήσεις. Ξαφνικά ξύπνησα. Μου χρειάστηκαν λίγα δευτερόλεπτα για να καταλάβω ότι εσύ είχες πράγματι πετάξει το σοκολατάκι.

Η Άμμα και όλοι οι πιστοί, οι οποίοι κάθονταν γύρω Της, ξέσπασαν μαζί με τον άντρα σε γέλια.

Η Φύση της Φώτισης

Ερώτηση: Υπάρχει κάτι, το οποίο σε ανησυχεί ήσε ευχαριστεί ιδιαίτερα;

Άμμα: Η εξωτερική Άμμα ανησυχεί όσον αφορά το καλό των παιδιών της. Σαν μέρος της βοήθειας προς τα παιδιά της για ν' αναπτυχθούν πνευματικά, μπορεί μερικές φορές ακόμα και να φαίνεται πως είναι ευχαριστημένη ή θυμωμένη μ' αυτά. Ωστόσο, η εσωτερική Άμμα είναι ατάραχη και αποστασιοποιημένη, παραμένοντας σε μια κατάσταση συνεχούς ευδαιμονίας και γαλήνης. Δεν επηρεάζεται από οτιδήποτε συμβαίνει εξωτερικά, επειδή έχει διαρκώς πλήρη επίγνωση της συνολικής κατάστασης.

Ερωτών: Η ύψιστη κατάσταση του Εαυτού περιγράφεται χρησιμοποιώντας τόσα πολλά επίθετα. Για παράδειγμα: ακλόνητη, σταθερή, αμετακίνητη, αμετάβλητη, κλπ. Ακούγεται σαν να είναι μια κατάσταση συμπαγής, στέρεη σαν βράχος. Σε παρακαλώ, Άμμα, βοήθησέ με να καταλάβω καλύτερα.

Άμμα: Οι λέξεις αυτές χρησιμοποιούνται για να αποδώσουν την εσωτερική κατάσταση της αποστασιοποίησης, την ικανότητα να παρατηρείς, να είσαι ένας μάρτυρας όλων όσων συμβαίνουν - να παίρνεις αποστάσεις απ' όλες τις συνθήκες της ζωής.

Παρόλα αυτά, η φώτιση δεν είναι μια κατάσταση απάθειας, όπου χάνει κανείς όλα τα εσωτερικά συναισθήματα. Είναι μια κατάσταση του νου, ένα πνευματικό επίτευγμα, στο οποίο μπορείς να αποτραβηχτείς και να παραμείνεις προσηλωμένος, όποτε θέλεις. Αφού βρεις την πρόσβαση και συνδεθείς με την απεριόριστη πηγή ενέργειας, η ικανότητά σου να νιώθεις και να εκφράζεις τα πάντα, αποκτά μια ιδιαίτερη, υπερκόσμια ομορφιά και βάθος. Αν ένας φωτισμένος άνθρωπος το επιθυμεί, μπορεί να εκφράζει συναισθήματα με οποιαδήποτε ένταση θέλει.

Ο Σρι Ράμα έκλαψε όταν ο βασιλιάς των δαιμόνων Ραβάνα απήγαγε τη Σίτα, την ιερή του σύντροφο. *Θρηνώντας, πράγματι, ως θνητός, ρώταγε κάθε πλάσμα στο δάσος: «Μήπως έχεις δει τη Σίτα μου; Πού πήγε, αφήνοντάς με μόνο;» Τα μάτια του Κρίσνα ήταν γεμάτα δάκρυα όταν, μετά από πολύ καιρό, είδε τον αγαπημένο του φίλο Σουντάμα. Παρόμοια περιστατικά υπάρχουν στη ζωή του Χριστού και του Βούδα επίσης.* Αυτοί οι *Μαχάτμα* ήταν τόσο ευρείς όσο το απεριόριστο σύμπαν και γι' αυτόν το λόγο μπορούσαν ν' αντανακλούν οποιοδήποτε συναίσθημα ήθελαν. Ανταποκρίνονταν, αλλά δεν αντιδρούσαν.

Ερώτηση: Ανταποκρίνονταν;

Άμμα: Όπως ένας καθρέφτης αντανακλά ό,τι βρίσκεται μπροστά του, έτσι και οι *Μαχάτμα* προσεγγίζουν τις καταστάσεις και ανταποκρίνονται σε αυτές με απόλυτο αυθορμητισμό. Το να τρως όταν πεινάς, είναι ανταπόκριση. Αντιθέτως, το να τρως κάθε φορά που βλέπεις κάτι φαγώσιμο, είναι αντίδραση. Είναι επίσης ένα είδος αρρώστιας. Αυτό που ένας Μαχάτμα κάνει, είναι να ανταποκρίνεται σε μια συγκεκριμένη κατάσταση, παραμένοντας ανεπηρέαστος απ' αυτήν, κι ύστερα να προχωρά στην επόμενη στιγμή.

Το να νιώθει, να εκφράζει και να μοιράζεται συναισθήματα ένα φωτισμένο ον ειλικρινά, χωρίς επιφυλάξεις, είναι κάτι που μόνο αυξάνει την πνευματική του μεγαλοπρέπεια. Είναι εσφαλμένο να εκλαμβάνεται αυτό ως αδυναμία. Θα πρέπει, αντίθετα, να θεωρείται ως εκδήλωση της ευσπλαχνίας και της αγάπης των Μαχάτμα, με έναν πολύ πιο ανθρώπινο τρόπο. Πώς αλλιώς θα μπορούσαν οι συνηθισμένοι άνθρωποι να κατανοήσουν το ενδιαφέρον και την αγάπη τους;

Ο Παρατηρητής

Ερώτηση: Τι είναι αυτό που μας εμποδίζει να βιώσουμε το Θεό;

Άμμα: Το αίσθημα της διαφορετικότητας.

Ερώτηση: Πώς μπορούμε να το απομακρύνουμε;

Άμμα: Με το να αποκτάτε ολοένα και περισσότερη επίγνωση, να γίνεστε ολοένα και περισσότερο συνειδητοί.

Ερώτηση: Συνειδητοί για ποιο πράγμα;

Άμμα: Συνειδητοί για όλα όσα συμβαίνουν εσωτερικά και εξωτερικά.

Ερώτηση: Πώς αποκτάμε περισσότερη επίγνωση;

Άμμα: Η επίγνωση έρχεται όταν κατανοείς ότι όλα όσα προβάλλει ο νους είναι χωρίς νόημα και σημασία.

Ερώτηση: Άμμα, στις Γραφές αναφέρεται ότι ο νους είναι αδρανής, ενώ εσύ λες ότι ο νους προβάλλει. Αυτό ακούγεται αντιφατικό. Πώς μπορεί ο νους να προβάλλει, αν είναι αδρανής;

Άμμα: Ακριβώς όπως οι άνθρωποι, ειδικότερα τα παιδιά, προβάλλουν διαφορετικά σχήματα στον απέραντο ουρανό. Κοιτάζοντας τον ουρανό, τα μικρά παιδιά θα πουν: «Εκεί είναι ένα άρμα κι εκεί ένας δαίμονας που περνά. Ω! Κοίτα το λαμπερό πρόσωπο εκείνου του ουράνιου όντος!» και ούτω καθεξής. Σημαίνει αυτό ότι οι μορφές εκείνες υπάρχουν πράγματι στον ουρανό; Όχι, τα παιδιά απλώς φαντάζονται τις μορφές αυτές στον απέραντο ουρανό. Στην πραγματικότητα, είναι τα σύννεφα που παίρνουν διάφορα σχήματα. Ο ουρανός, ο απέραντος χώρος, είναι απλά εκεί. Όλα τα ονόματα και οι μορφές προβάλλονται πάνω σ' αυτόν και τον επικαλύπτουν.

Ερώτηση: Αν, όμως, ο νους είναι αδρανής, πώς μπορεί ακόμα και να προβάλλει πάνω στον *Άτμαν* ή να τον καλύπτει;

Άμμα: Μολονότι φαίνεται ότι ο νους είναι αυτός που βλέπει, ο πραγματικός παρατηρητής εντούτοις είναι ο *Άτμαν*. Οι συσσωρευμένες τάσεις, οι οποίες συνιστούν το νου, είναι όπως ένα ζευγάρι γυαλιά. Κάθε άνθρωπος φοράει γυαλιά με φακούς διαφορετικού χρώματος. Βλέπουμε και κρίνουμε τον κόσμο ανάλογα με το χρώμα των γυαλιών. Πίσω απ' αυτά τα γυαλιά παραμένει ο *Άτμαν* ήρεμος, σαν ένας παρατηρητής, φωτίζοντας απλά τα πάντα με την παρουσία του. Εμείς όμως συγχέουμε το νου με τον *Άτμαν*. Ας υποθέσουμε ότι φοράμε ροζ γυαλιά – δε θα βλέπουμε όλο τον κόσμο ροζ; Ποιος είναι εδώ ο πραγματικός παρατηρητής; «Εμείς» είμαστε ο πραγματικός παρατηρητής, ενώ τα γυαλιά είναι απλά αδρανή, έτσι δεν είναι;

Αν στεκόμαστε πίσω από ένα δέντρο, δεν θα μπορούμε να δούμε τον ήλιο. Σημαίνει αυτό ότι το δέντρο μπορεί να καλύπτει τον ήλιο; Όχι, αυτό υποδηλώνει μόνο τα όρια των δυνατοτήτων της όρασής μας. Το ίδιο ισχύει και για την αίσθηση ότι ο νους μπορεί να καλύπτει τον *Άτμαν.*

Ερώτηση: Αν ο *Άτμαν* είναι η πραγματική μας φύση, γιατί θα πρέπει να καταβάλλουμε προσπάθεια για να το συνειδητοποιήσουμε αυτό;

Άμμα: Οι άνθρωποι έχουν την εσφαλμένη εντύπωση ότι μπορούν να κατορθώσουν τα πάντα μέσω της προσπάθειας. Η προσπάθεια είναι, στην πραγματικότητα, η υπερηφάνια που κρύβουμε μέσα μας. Στο ταξίδι μας προς το Θεό όλες οι προσπάθειες, οι οποίες προέρχονται από το εγώ, καταρρέουν και καταλήγουν στην αποτυχία. Αυτό είναι στην πραγματικότητα ένα θεϊκό μήνυμα, το μήνυμα ότι η παράδοση και η Χάρη είναι απαραίτητες. Αυτό τελικά μας βοηθά να συνειδητοποιήσουμε τα όρια των δυνατοτήτων της προσπάθειάς μας, του εγώ μας. Με λίγα λόγια, λοιπόν, η προσπάθεια μας διδάσκει ότι μέσω της προσπάθειας μόνο δε θα κατακτήσουμε τους στόχους μας. Στο τέλος, η Χάρη είναι ο καθοριστικός παράγοντας.

Είτε είναι προσπάθεια για την πραγμάτωση του Θεού είτε προσπάθεια για την εκπλήρωση εγκόσμιων επιθυμιών, η Χάρη είναι ο παράγοντας που επιτρέπει την πραγματοποίηση του στόχου.

Η Αθωότητα Είναι
Θεϊκή Σάκτι

Ερώτηση: Μπορεί ένας αθώος άνθρωπος να είναι αδύναμος;

Άμμα: Η λέξη «αθωότητα» είναι πολύ παρερμηνευμένη. Χρησιμοποιείται ακόμα κι όταν γίνεται αναφορά στους νωθρούς και δειλούς ανθρώπους. Οι αδαείς και οι αναλφάβητοι επίσης θεωρούνται συνήθως αθώοι. Η άγνοια όμως δεν είναι αθωότητα. Η άγνοια είναι έλλειψη πραγματικής αγάπης, ικανότητας διάκρισης και κατανόησης, ενώ η πραγματική αθωότητα είναι αγνή αγάπη, που είναι προικισμένη με ικανότητα διάκρισης και κατανόηση. Είναι *σάκτι* (Θεϊκή ενέργεια). Ακόμα κι ένας δειλός άνθρωπος έχει εγώ. Ένας πραγματικά αθώος, όμως, είναι πραγματικά ένας άνθρωπος χωρίς εγώ· γι' αυτό είναι ο πιο δυνατός.

Η Άμμα δεν Μπορεί να Είναι Αλλιώς

Άμμα: (απευθυνόμενη σε μια πιστή κατά τη διάρκεια του ντάρσαν) Τι σκέφτεσαι;

Πιστή: Αναρωτιέμαι πώς μπορείς και κάθεσαι για τόσο μεγάλο χρονικό διάστημα, τόσες ώρες συνεχώς, με απόλυτη υπομονή και λάμψη.

Άμμα: (γελώντας) Κόρη μου, πώς γίνεται και σκέφτεσαι ασταμάτητα χωρίς διακοπή;

Πιστή: Απλά γίνεται. Δεν μπορεί να είναι αλλιώς.

Άμμα: Να, λοιπόν, αυτή είναι η απάντηση: Απλά γίνεται, η Άμμα δεν μπορεί να είναι αλλιώς.

Όπως Όταν Αναγνωρίζεις την Αγαπημένη Σου

Ενας άντρας έθεσε μια ερώτηση στην Άμμα σχετικά με τη σχέση αγάπης που αναπτύσσει με το Θεό ένας αναζητητής που ακολουθεί το δρόμο της αφοσίωσης.

Άμμα: Η αγάπη μπορεί να συμβεί οπουδήποτε, κάθε στιγμή. Είναι σαν να αναγνωρίζεις την αγαπημένη σου σ' ένα πλήθος. Τη βλέπεις να στέκεται σε μια γωνία με χιλιάδες άλλους ανθρώπους, αλλά τα μάτια σου βλέπουν εκείνη και μόνο εκείνη. Την αναγνωρίζεις, επικοινωνείς μαζί της και την ερωτεύεσαι, έτσι δεν είναι; Δε σκέφτεσαι – η σκέψη σταματά και, ξαφνικά, για λίγα λεπτά, είσαι στην καρδιά. Παραμένεις στην αγάπη. Παρομοίως, όλα συμβαίνουν σε κλάσμα δευτερολέπτου. Βρίσκεσαι ακριβώς εκεί, στο κέντρο της καρδιάς σου, το οποίο είναι αγνή αγάπη.

Ερώτηση: Αν αυτό είναι το πραγματικό κέντρο της αγάπης, τότε τι μας κάνει ν' απομακρυνόμαστε και μας αποσπά απ' αυτό το σημείο;

Άμμα: Η κτητικότητα - με άλλα λόγια η προσκόλληση. Καταστρέφει την ομορφιά αυτού του αγνού βιώματος. Από τη στιγμή που υπερισχύει η προσκόλληση, ξεφεύγεις από το δρόμο και η αγάπη γίνεται μιζέρια.

Το Αίσθημα της Διαφορετικότητας

Ερώτηση: Θα κατακτήσω το *σαμάντι* (φώτιση) σ' αυτήν τη ζωή;

Άμμα: Γιατί όχι;

Ερώτηση: Αν ναι, τι θα πρέπει να κάνω για να επισπεύσω τη διαδικασία;

Άμμα: Πρώτα απ' όλα, ξέχνα το *σαμάντι* κι εστιάσου απόλυτα στη *σάντανά* σου (πνευματική άσκηση) με ακλόνητη πίστη. Ένας αληθινός *σάντακ* (πνευματικός αναζητητής) πιστεύει περισσότερο στο παρόν παρά στο μέλλον. Όταν εναποθέτουμε την πίστη μας στο παρόν, όλη μας η ενέργεια θα βρίσκεται επίσης εδώ και τώρα. Το αποτέλεσμα είναι η παράδοση. Παραδόσου στην παρούσα στιγμή και θα συμβεί. Όλα συμβαίνουν αυθόρμητα όταν αποστασιοποιείσαι από το νου σου. Μόλις συμβεί αυτό, τότε θα παραμένεις ολοκληρωτικά στο παρόν. Ο νους είναι ο «άλλος» μέσα σου. Ο νους είναι που δημιουργεί το αίσθημα της διαφορετικότητας.

Η Άμμα θα σου πει μια ιστορία: Υπήρχε κάποτε ένας διακεκριμένος αρχιτέκτονας, ο οποίος είχε αρκετούς μαθητές. Με έναν απ' αυτούς ο αρχιτέκτονας είχε μια ιδιαίτερη σχέση. Δεν προχωρούσε καμιά εργασία, αν δεν είχε έγκριση απ' αυτόν το μαθητή. Αν ο μαθητής διαφωνούσε με κάποιο σχέδιο, ο αρχιτέκτονας θα το εγκατέλειπε αμέσως. Θα σχεδίαζε το ένα σχέδιο μετά το άλλο, ώσπου ο μαθητής να συμφωνούσε. Η αναζήτηση της γνώμης του μαθητή του, του είχε γίνει έμμονη ιδέα. Δεν

195

προχωρούσε βήμα παραπέρα, παρά μόνο αν ο μαθητής έλεγε: «Εντάξει, κύριε καθηγητά, προχωρείστε τώρα με αυτό το σχέδιο.» Κάποια φορά, κλήθηκαν να σχεδιάσουν την πόρτα ενός ναού. Ο αρχιτέκτονας άρχισε να σχεδιάζει διάφορα σχέδια. Ως συνήθως τα έδειξε ένα προς ένα στο μαθητή του. Ο μαθητής είπε όχι σε ό,τι είχε σχεδιογραφήσει ο αρχιτέκτονας, ο οποίος εργάστηκε μέρα νύχτα δημιουργώντας εκατοντάδες νέα σχέδια. Αλλά στο μαθητή δεν άρεσε κανένα απ' αυτά. Τα χρονικά περιθώρια εξαντλούνταν κι έπρεπε να τελειώσουν με τα σχέδια πολύ σύντομα. Κάποια στιγμή, ο αρχιτέκτονας έστειλε το μαθητή να του γεμίσει την πένα με μελάνι. Ο μαθητής χρειάστηκε λίγη ώρα για να επιστρέψει. Στο μεταξύ ο αρχιτέκτονας απορροφήθηκε στο σχεδιασμό ενός άλλου μοντέλου. Ακριβώς όταν ο μαθητής μπήκε στο δωμάτιο, τελείωσε κι ο αρχιτέκτονας το νέο μοντέλο και δείχνοντάς το στο μαθητή, ρώτησε:«τι λες γι' αυτό;» «Ναι, αυτό είναι!» αναφώνησε ενθουσιασμένος ο μαθητής. «Τώρα ξέρω γιατί!» απάντησε ο αρχιτέκτονας. «Μέχρι τώρα μου είχε γίνει έμμονη ιδέα η παρουσία και η άποψή σου. Εξαιτίας αυτού δεν μπορούσα ποτέ να είμαι εκατό τοις εκατό παρόν σε ό,τι έκανα. Όταν, όμως, ήσουν μακριά, ήμουν ελεύθερος, χαλαρός και παρέμεινα παραδομένος στη στιγμή. Έτσι έγινε.»

Στην πραγματικότητα, δεν ήταν η παρουσία του μαθητή που παρεμπόδιζε τον αρχιτέκτονα· ήταν η προσκόλληση του στη γνώμη του μαθητή. Μόλις μπόρεσε να αποστασιοποιηθεί απ' αυτήν, βρέθηκε ξαφνικά στο παρόν κι έτσι προέκυψε μια μοναδική, γνήσια δημιουργία.

Επειδή σκέφτεσαι ότι το *σαμάντι* είναι κάτι που θα συμβεί στο μέλλον, κάθεσαι απλώς και το ονειρεύεσαι. Σπαταλάς πολύ *σάκτι* (Θεϊκή ενέργεια) ονειρευόμενος το *σαμάντι*. Κατεύθυνε τη *σάκτι* κατάλληλα – χρησιμοποίησέ την για να επικεντρωθείς στο παρόν – κι ο διαλογισμός ή το *σαμάντι* θα επέλθει έτσι απλά. Ο στόχος δεν είναι στο μέλλον· είναι στο παρόν. Το να ζεις στο παρόν, είναι όντως *σαμάντι* κι αυτό είναι αληθινός διαλογισμός.

Είναι ο Θεός Αρσενικός ή Θηλυκός;

Ερώτηση: Άμμα, ο Θεός είναι αρσενικός ή θηλυκός;

Άμμα: Ο Θεός δεν είναι ούτε «αυτός» ούτε «αυτή». Ο Θεός είναι πέρα από τέτοιους στενούς ορισμούς. Ο Θεός είναι «Αυτό» ή «Εκείνο». Αν όμως θα έπρεπε να ορίσεις το Θεό σαν «αυτός» ή «αυτή», το «αυτή» είναι καλύτερο, επειδή το «αυτή» εμπεριέχει το «αυτός».

Ερωτών: Η απάντηση αυτή, επειδή τοποθετεί τις γυναίκες σε υψηλότερο βάθρο, ίσως εκνευρίσει τους άντρες.

Άμμα: Ούτε οι άντρες ούτε οι γυναίκες θα πρέπει να τοποθετούνται σε υψηλότερο βάθρο, επειδή ο Θεός έχει δώσει στον καθένα τη δική του θαυμάσια και ξεχωριστή θέση. Οι άνδρες και οι γυναίκες δε δημιουργήθηκαν για να ανταγωνίζονται μεταξύ τους, αλλά για να αλληλοσυμπληρώνονται και να ολοκληρώνουν ο ένας τη ζωή του άλλου.

Ερώτηση: Τι εννοείς με το «να αλληλοσυμπληρώνονται και να ολοκληρώνουν ο ένας τη ζωή του άλλου»;

Άμμα: Αυτό σημαίνει να στηρίζουν ο ένας τον άλλο και να συνταξιδεύουν προς την τελειότητα.

Ερώτηση: Άμμα, δε νομίζεις ότι πολλοί άνδρες νιώθουν ανώτεροι από τις γυναίκες;

Άμμα: Είτε το συναίσθημα είναι «είμαι ανώτερος» είτε «είμαι κατώτερος», και τα δύο είναι προϊόντα του εγώ. Αν οι άνδρες νιώθουν «είμαστε ανώτεροι των γυναικών», αυτό φανερώνει μόνο το υπερδιογκωμένο τους εγώ, κάτι που είναι βέβαια μια μεγάλη αδυναμία και καταστρεπτικό επίσης. Παρομοίως, αν οι γυναίκες νομίζουν ότι είναι κατώτερες των αντρών, αυτό απλά σημαίνει, «είμαστε κατώτερες τώρα, αν και θέλουμε να είμαστε ανώτερες.» Τι άλλο μπορεί να είναι αυτό παρά μια εκδήλωση του εγώ; Και οι δύο είναι απρόσφορες και μη υγιείς στάσεις, οι οποίες μεγαλώνουν την απόσταση μεταξύ ανδρών και γυναικών. Αν δε γεφυρώσουμε το χάσμα, αποδίδοντας τον απαιτούμενο σεβασμό και την αγάπη τόσο στους άντρες όσο και στις γυναίκες, το μέλλον της ανθρωπότητας θα γίνεται μόνο πιο σκοτεινό.

Η Πνευματικότητα Δημιουργεί Ισορροπία

Ερώτηση: Άμμα, όταν είπες ότι ο Θεός είναι μάλλον «αυτή» παρά «αυτός», δεν εννοούσες την εξωτερική εμφάνιση, έτσι δεν είναι;

Άμμα: Όχι, δεν είναι η εξωτερική εμφάνιση. Αυτό που πραγματώνεται εσωτερικά είναι που έχει σημασία. Υπάρχει μια γυναίκα μέσα σε κάθε άντρα και το αντίθετο. Η γυναίκα μέσα στον άντρα – δηλαδή η αληθινή αγάπη και η ευσπλαχνία στον άντρα – θα πρέπει να αφυπνισθεί. Αυτό είναι το νόημα πίσω από τη γενική ιδέα του *Αρνταναρίσβαρα* (κατά το ήμισυ Θεός και κατά το ήμισυ Θεά), στην Ινδουιστική πίστη. Αν η θηλυκή πλευρά μιας γυναίκας κοιμάται, τότε αυτή δεν είναι μητέρα και είναι μακριά από το Θεό. Όταν όμως αυτή η πλευρά αφυπνισθεί σε έναν άντρα, τότε αυτός έχει περισσότερα στοιχεία μητρότητας μέσα του και είναι πλησιέστερα στο Θεό. Αυτό είναι εξίσου εφαρμόσιμο και στην αρσενική πλευρά επίσης. Ο σκοπός της πνευματικότητας είναι να δημιουργηθεί η κατάλληλη ισορροπία ανάμεσα στο αρσενικό και το θηλυκό. Γι' αυτό το λόγο, η εσωτερική αφύπνιση της συνείδησης είναι πιο σημαντική από την εξωτερική εμφάνιση.

Προσκόλληση & Αγάπη

*Ε**νας μεσήλικας εξηγούσε στην Άμμα, πόσο θλιμμένος ένιωθε μετά το διαζύγιό του.*

Ερώτηση: Άμμα, την αγαπούσα τόσο πολύ κι έκανα ό,τι μπορούσα για να την κάνω ευτυχισμένη. Παρόλα αυτά, έχει συμβεί αυτή η τραγωδία στη ζωή μου. Κάποιες φορές νιώθω συντετριμμένος. Σε παρακαλώ, βοήθησέ με. Τι πρέπει να κάνω; Πώς μπορώ να ξεπεράσω αυτόν τον πόνο;

Άμμα: Γιε μου, η Άμμα κατανοεί ότι πονάς και υποφέρεις. Είναι δύσκολο να ξεπεράσει κανείς τέτοιες συναισθηματικά καταθλιπτικές καταστάσεις. Ωστόσο, είναι επίσης σημαντικό να έχεις μια ορθή κατανόηση αυτού που βιώνεις, ειδικά αφού έχει γίνει ένα εμπόδιο στη ζωή σου.

Το πιο σημαντικό πράγμα που πρέπει να αναλογιστείς, είναι αν αυτή η θλίψη προέρχεται από πραγματική αγάπη ή από προσκόλληση. Στην πραγματική αγάπη δεν υπάρχει αυτοκαταστροφικός πόνος, επειδή απλά αγαπάς τη γυναίκα αυτή και δεν την κατέχεις. Προφανώς, είσαι πολύ προσκολλημένος σε αυτήν ή είσαι πολύ κτητικός. Αυτό είναι η αιτία της θλίψης σου και των καταθλιπτικών σκέψεών σου.

Ερώτηση: Έχεις τότε κάποια απλή μέθοδο ή τεχνική για να ξεπεράσω αυτόν τον αυτοκαταστροφικό πόνο;

Άμμα: «Αγαπώ πραγματικά ή είμαι πολύ προσκολλημένος;» Θέσε στον εαυτό σου αυτό το ερώτημα όσο πιο βαθιά και ειλικρινά μπορείς. Στοχάσου πάνω σ' αυτό. Και σύντομα θα συνειδητοποιήσεις ότι η αγάπη όπως τη γνωρίζουμε, είναι στην πραγματικότητα προσκόλληση. Οι περισσότεροι άνθρωποι ποθούν την προσκόλληση κι όχι την πραγματική αγάπη. Η Άμμα θα έλεγε, λοιπόν, ότι αυτό είναι μια ψευδαίσθηση. Κατά κάποιο τρόπο, εξαπατούμε τον εαυτό μας. Συγχέουμε την προσκόλληση με την αγάπη. Η αγάπη είναι το κέντρο και η προσκόλληση είναι στην περιφέρεια. Παράμεινε στο κέντρο και αποστασιοποιήσου από την περιφέρεια. Τότε ο πόνος θα εξαφανιστεί.

Ερωτών: (*με εξομολογητικό τόνο*) Έχεις δίκιο. Συνειδητοποιώ ότι το κυρίαρχο συναίσθημά μου απέναντι στην πρώην σύζυγό μου είναι προσκόλληση κι όχι αγάπη, όπως έχεις εξηγήσει.

Άμμα: Εφόσον κατανόησες τη ριζική αιτία του πόνου, άφησέ τον κι απελευθερώσου. Η ασθένεια έχει διαγνωσθεί, το μολυσμένο τμήμα έχει βρεθεί – τώρα απομάκρυνέ το. Γιατί θέλεις να κουβαλάς το ανώφελο και περιττό αυτό βάρος; Πέταξέ το απλά από πάνω σου.

Πώς Ξεπερνιούνται οι Κίνδυνοι της ζωής

Ερώτηση: Άμμα, πώς μπορώ να αναγνωρίσω τους επικείμενους κινδύνους στη ζωή;

Άμμα: Αυξάνοντας τη δύναμη της διάκρισής σου.

Ερώτηση: Είναι η διάκριση το ίδιο με την οξυδέρκεια του νου;

Άμμα: Είναι η ικανότητα του νου να παραμένει σε επαγρύπνηση στο παρόν.

Ερώτηση: Όμως, Άμμα, πώς με προειδοποιεί αυτό για τους μελλοντικούς κινδύνους;

Άμμα: Αν είσαι σε επαγρύπνηση στο παρόν, θα αντιμετωπίζεις λιγότερο κίνδυνο στο μέλλον. Ωστόσο, δεν μπορείς να αποφύγεις ή να αποτρέψεις όλα τα προβλήματα.

Ερώτηση: Μας βοηθά η τζιότις (Βεδική αστρολογία) να κατανοήσουμε καλύτερα το μέλλον και να αποφύγουμε έτσι πιθανούς κινδύνους;

Άμμα: Ακόμη και οι ειδικοί σ' αυτόν το χώρο διέρχονται δύσκολες περιόδους στη ζωή. Υπάρχουν αστρολόγοι, οι οποίοι έχουν ελάχιστη διάκριση και διαίσθηση. Τέτοιοι άνθρωποι θέτουν σε κίνδυνο τη ζωή τους καθώς και τη ζωή άλλων. Δεν είναι η γνώση της αστρολογίας ή η ερμηνεία του αστρολογικού σου χάρτη που σε οδηγούν να αποφεύγεις τους κινδύνους της ζωής. Μια βαθύτερη κατανόηση της ζωής και μια προσέγγιση των διαφόρων καταστάσεων με διάκριση είναι που βοηθούν πραγματικά κάποιον να έχει περισσότερη γαλήνη και λιγότερα προβλήματα.

Ερώτηση: Είναι η διάκριση και η κατανόηση ένα και το αυτό;

Άμμα: Ναι, είναι το ίδιο. Όσο περισσότερη διάκριση έχεις τόσο περισσότερη κατανόηση αποκτάς και το αντίστροφο.

Όσο μεγαλύτερη ικανότητα έχεις να είσαι στο παρόν, τόσο περισσότερη εγρήγορση θα αποκτήσεις και τόσο περισσότερες αποκαλύψεις θα έχεις. Θα λαμβάνεις περισσότερα μηνύματα από το Θείο. Κάθε στιγμή σου φέρνει τέτοια μηνύματα. Αν είσαι ανοιχτός και δεκτικός μπορείς να τα νιώσεις.

Ερώτηση: Άμμα, λες ότι αυτές οι αποκαλύψεις θα μας βοηθούν να αναγνωρίζουμε πιθανούς μελλοντικούς κινδύνους;

Άμμα: Ναι, θα λαμβάνεις οδηγίες και σημάδια από τέτοιες αποκαλύψεις.

Ερώτηση: Τι είδους οδηγίες και σημάδια;

Άμμα: Πώς γνωρίζεις ότι πρόκειται να έχεις ημικρανία; Θα νιώθεις πολύ ανήσυχος και θα αρχίσεις να βλέπεις μαύρους κύκλους μπροστά σου, έτσι δεν είναι; Μόλις εκδηλώνονται τα συμπτώματα, θα πάρεις το κατάλληλο φάρμακο κι αυτό θα βοηθήσει. Παρομοίως, πριν από τις αποτυχίες ή τους κινδύνους

στη ζωή, εμφανίζονται συγκεκριμένα σημάδια. Αυτά περνούν συνήθως απαρατήρητα από τους ανθρώπους. Ωστόσο, αν έχεις έναν πιο διαυγή και δεκτικό νου, μπορείς να αντιλαμβάνεσαι τα σημάδια και να λαμβάνεις τα απαραίτητα μέτρα για να ξεπερνάς τις αποτυχίες και τους κινδύνους. Η Άμμα έχει ακούσει το ακόλουθο ανέκδοτο: Ένας δημοσιογράφος έπαιρνε συνέντευξη από έναν επιτυχημένο επιχειρηματία. «Ποιο είναι το μυστικό πίσω απ' την επιτυχία σας;» ρώτησε ο δημοσιογράφος.
Επιχειρηματίας: «Δυο λέξεις.»
Δημοσιογράφος: «Ποιες είναι αυτές;»
Επιχειρηματίας: «Σωστές αποφάσεις.»
Δημοσιογράφος: «Πώς παίρνετε σωστές αποφάσεις;»
Επιχειρηματίας: «Μια λέξη.»
Δημοσιογράφος: « Ποια είναι αυτή;»
Επιχειρηματίας: «Εμπειρία.»
Δημοσιογράφος: «Πώς αποκτάτε τέτοια εμπειρία;»
Επιχειρηματίας: «Δυο λέξεις.»
Δημοσιογράφος: «Ποιες είναι αυτές;»
Επιχειρηματίας: «Λανθασμένες αποφάσεις.»
Βλέπεις λοιπόν γιε μου, ότι όλα εξαρτώνται από το πώς αποδέχεσαι, κατανοείς και παραδίδεσαι στις καταστάσεις.

Η Άμμα θα σου πει ακόμα μια ιστορία: Οι Καουράβα, μετά από πρόσκληση του Γιουντιστίρα, επισκέφτηκαν την Ιντραπράστα, τη βασιλική πρωτεύουσα των Πάνταβα. Ο χώρος εκεί είχε τόσο επιδέξια φτιαγμένες κατασκευές, που κάποια σημεία του έμοιαζαν με πανέμορφες λίμνες, οι οποίες στην πραγματικότητα ήταν κανονικά δάπεδα. Παρομοίως, υπήρχαν άλλα σημεία, τα οποία παρότι φαίνονταν να είναι κανονικά δάπεδα, στην πραγματικότητα ήταν λιμνούλες με νερό. Όλο το περιβάλλον είχε έναν αέρα εξωπραγματικό. Καθώς τα 100 αδέλφια, με επικεφαλή τον Ντουριόντανα, τον γηραιότερο Καουράβα, περπατούσαν μέσα στον πανέμορφο κήπο, σχεδόν γδύθηκαν για να κολυμπήσουν, νομίζοντας ότι μπροστά τους υπήρχε μια λίμνη. Ωστόσο, αυτό ήταν ένα κανονικό δάπεδο, το οποίο έμοιαζε μόνο με λίμνη.

Πολύ σύντομα, όμως, όλα τ' αδέλφια, συμπεριλαμβανομένου και του Ντουριόντανα, έπεσαν σε μια πραγματική λίμνη, η οποία φαινόταν σαν ένα κανονικό δάπεδο κι έγιναν εντελώς μούσκεμα. Η Παντσάλι, η σύζυγος των πέντε αδελφών, ξέσπασε σε γέλια βλέποντας αυτήν την αστεία σκηνή. Ο Ντουριόντανα και τα αδέλφια του ένιωσαν πολύ προσβεβλημένοι απ' αυτό. Αυτό ήταν ένα από τα κύρια περιστατικά, το οποίο προκάλεσε στους αδελφούς Καουράβα πολλή οργή και επιθυμία για εκδίκηση, κάτι που αργότερα οδήγησε στον Πόλεμο της *Μαχαμπαράτα* και σε τεράστια καταστροφή. Η ιστορία αυτή είναι πολύ μεγάλης σημασίας. Και στην πραγματικότητα, επίσης, ερχόμαστε στη ζωή αντιμέτωποι με πολλές καταστάσεις που φαίνονται πραγματικά επικίνδυνες και γι' αυτό λαμβάνουμε μερικά προληπτικά μέτρα για να τις αντιμετωπίσουμε. Ωστόσο, οι καταστάσεις αυτές μπορεί να αποδειχθούν ακίνδυνες τελικά. Αντίθετα, άλλα περιστατικά που φαίνονται ασήμαντα, στο τέλος μπορεί να έχουν μεγάλες συνέπειες. Τίποτα δεν είναι άνευ σημασίας. Αυτός είναι ο λόγος που είναι πολύ σημαντικό να έχουμε *σράντα* (οξεία διάκριση, επαγρύπνηση και συνειδητότητα), όταν αντιμετωπίζουμε τη ζωή και τις διάφορες εμπειρίες, τις οποίες αυτή φέρνει.

Μη Συσσωρεύεις τα Πλούτη του Θεού

Ερώτηση: Είναι η συσσώρευση και η κατοχή αγαθών αμαρτία;

Άμμα: Δεν είναι αμαρτία, εφόσον είσαι ευσπλαχνικός. Με άλλα λόγια, θα πρέπει να έχεις την προθυμία να τα μοιράζεσαι με τους φτωχούς και όσους έχουν ανάγκη.

Ερώτηση: Αλλιώς;

Άμμα: Αλλιώς είναι αμαρτία.

Ερώτηση: Γιατί;

Άμμα: Επειδή όλα όσα είναι εδώ, ανήκουν στο Θεό. Η δική μας ιδιοκτησία είναι προσωρινή· έρχεται και παρέρχεται.

Ερώτηση: Δε θέλει όμως ο Θεός να χρησιμοποιούμε όλα όσα έχει δημιουργήσει για μας;

Άμμα: Φυσικά, αλλά δεν πρέπει να κάνουμε κατάχρηση. Ο Θεός θέλει να χρησιμοποιούμε τη διάκρισή μας, ενώ απολαμβάνουμε όλα όσα έχει δημιουργήσει.

Ερώτηση: Τι είναι διάκριση;

Άμμα: Διάκριση είναι να εφαρμόζεις τη γνώση με τέτοιο τρόπο, ώστε να μη σε παραπλανά. Με άλλα λόγια, το να χρησιμοποιεί κανείς τη γνώση για να διακρίνει ανάμεσα στο *ντάρμα* και στο *αντάρμα* (ορθότητα και μη ορθότητα), στο μόνιμο και στο προσωρινό, είναι διάκριση.

Ερώτηση: Πώς χρησιμοποιούμε τότε τα αντικείμενα του κόσμου με διάκριση;

Άμμα: Απαρνήσου την ιδιοκτησία. Θεώρησε ότι όλα ανήκουν στο Θεού και απόλαυσέ τα. Αυτός ο κόσμος είναι μια προσωρινή στάση. Είσαι εδώ για ένα μικρό χρονικό διάστημα, σαν ένας επισκέπτης. Εξαιτίας της άγνοιάς σου, κατακερματίζεις τα πάντα, κάθε εκατοστό της γης, και το ορίζεις σαν δικό σου και δικό τους. Το κομμάτι της γης που διεκδικείς σαν δικό σου, ανήκε πριν σε πολλούς άλλους. Τώρα, οι προηγούμενοι ιδιοκτήτες είναι θαμμένοι σ' αυτό. Σήμερα, ίσως είναι η δική σου σειρά να παίξεις το ρόλο του ιδιοκτήτη, αλλά θυμήσου, μια μέρα κι εσύ επίσης θα χαθείς. Τότε, κάποιος άλλος θα έλθει και θα πάρει τη θέση σου. Υπάρχει λοιπόν κάποιο νόημα στο να διεκδικεί κανείς ιδιοκτησία;

Ερώτηση: Ποιο ρόλο πρέπει να παίξω εδώ;

Άμμα: Να είσαι υπηρέτης του Θεού. Ο Θεός, ο δότης των πάντων, θέλει να μοιράζεσαι τα πλούτη Του με όλους. Αν αυτό είναι το θέλημα του Θεού, ποιος είσαι εσύ τότε να τα κρατάς για τον εαυτό σου; Αν, αντίθετα με το θέλημα του Θεού, αρνείσαι να τα μοιράζεσαι, τότε αυτό είναι συσσώρευση, το οποίο ισοδυναμεί με κλοπή. Έχε απλά τη στάση ενός επισκέπτη απέναντι σ' αυτόν τον κόσμο .

Κάποτε, ένας άντρας επισκέφτηκε έναν *Μαχάτμα*. Μη βλέποντας έπιπλα ή διακοσμητικά αντικείμενα στο σπίτι του, ο άντρας ρώτησε τη μεγάλη εκείνη ψυχή:

«Περίεργο, γιατί δεν υπάρχουν καθόλου έπιπλα εδώ;»

«Ποιος είσαι εσύ;» τον ρώτησε ο *Μαχάτμα*.

«Είμαι ένας επισκέπτης», απάντησε ο άντρας.

«Κι εγώ επίσης», είπε ο *Μαχάτμα*.

«Γι' αυτό το λόγο, γιατί θα έπρεπε ανόητα να επιδοθώ στη συσσώρευση πραγμάτων;»

Η Άμμα & η Φύση

Ερώτηση: Ποια είναι η σχέση σου με τη Φύση;

Άμμα: Η σύνδεση της Άμμα με τη Φύση δεν είναι σχέση· είναι απόλυτη Ενότητα. Ένας λάτρης του Θεού είναι επίσης λάτρης της Φύσης, επειδή Θεός και Φύση δεν είναι δύο διαφορετικά πράγματα. Από τη στιγμή που φτάνεις στην κατάσταση της φώτισης, συνδέεσαι με ολόκληρο το σύμπαν. Στη σχέση της Άμμα με τη Φύση δεν υπάρχει αγαπών ή αγαπημένος - μόνο αγάπη υπάρχει. Δεν υπάρχουν δύο· υπάρχει μόνο ένα· υπάρχει μόνο αγάπη.

Κατά κανόνα, οι σχέσεις στερούνται πραγματικής αγάπης. Στις σχέσεις συνηθισμένης αγάπης υπάρχουν δύο ή θα μπορούσες να πεις ότι υπάρχουν τρεις· ο αγαπών, ο αγαπημένος και η αγάπη. Στην πραγματική αγάπη όμως, ο αγαπών και ο αγαπημένος εξαφανίζονται κι αυτό που παραμένει είναι μια συνεχής εμπειρία αγνής, άνευ όρων αγάπης.

Ερώτηση: Τι είναι η Φύση για τα ανθρώπινα όντα;

Άμμα: Για τους ανθρώπους Φύση σημαίνει ζωή. Η φύση είναι αναπόσπαστο μέρος της ύπαρξής μας. Είναι μια αμοιβαία σχέση, η οποία λαμβάνει χώρα κάθε στιγμή και σε κάθε επίπεδο. Όχι μόνο είμαστε πλήρως εξαρτημένοι από τη Φύση, αλλά την επηρεάζουμε και μας επηρεάζει. Κι όταν αληθινά αγαπάμε τη Φύση, εκείνη ανταποκρίνεται με τον ίδιο τρόπο και μας ανοίγει τις ανεξάντλητες πηγές της. Και όπως ακριβώς όταν αληθινά αγαπάμε κάποιον άλλο άνθρωπο, στην αγάπη μας προς τη Φύση θα πρέπει να είμαστε απεριόριστα πιστοί, υπομονετικοί κι ευσπλαχνικοί.

Ερώτηση: Είναι αυτή μια σχέση ανταλλαγής ή αμοιβαίας στήριξης;

Άμμα: Είναι και τα δυο κι ακόμα περισσότερα. Η Φύση θα συνεχίζει όμως να υπάρχει ακόμα και χωρίς τα ανθρώπινα όντα. Γνωρίζει πώς να φροντίζει τον εαυτό της. Αλλά οι άνθρωποι χρειάζονται την υποστήριξη της Φύσης για την ύπαρξή τους.

Ερώτηση: Τι θα συμβεί όταν η ανταλλαγή ανάμεσα στη Φύση και τα ανθρώπινα όντα γίνει πλήρης;

Άμμα: Η Φύση θα πάψει να μας κρύβει πράγματα. Ανοίγοντας τον απέραντο θησαυρό του φυσικού πλούτου της, θα μας επιτρέψει να τον απολαύσουμε. Όπως μια μητέρα, θα μας προστατεύει, θα μας φροντίζει και θα μας θρέφει.

Σε μια τέλεια σχέση ανάμεσα στην ανθρωπότητα και τη Φύση, δημιουργείται ένα κυκλικό ενεργειακό πεδίο, στο οποίο αυτά τα δύο μέρη αρχίζουν να ρέουν το ένα μέσα στο άλλο. Για να το θέσω μ' έναν άλλο τρόπο, όταν εμείς οι άνθρωποι ερωτευτούμε τη Φύση, θα μας ερωτευτεί κι εκείνη.

Ερώτηση: Τι είναι αυτό που κάνει τους ανθρώπους να ενεργούν τόσο σκληρά απέναντι στη Φύση; Είναι εγωισμός ή έλλειψη κατανόησης;

Από την καρδιά της Άμμα

Άμμα: Και τα δύο. Στην πραγματικότητα είναι έλλειψη κατανόησης, η οποία εκδηλώνεται με εγωιστικές ενέργειες. Βασικά είναι άγνοια. Εξαιτίας της άγνοιας οι άνθρωποι νομίζουν ότι η Φύση είναι απλά ένας τόπος, από τον οποίο μπορούν συνεχώς να παίρνουν χωρίς να δίνουν. Τα περισσότερα ανθρώπινα όντα γνωρίζουν μόνο τη γλώσσα της εκμετάλλευσης. Εξαιτίας του απόλυτου εγωισμού τους είναι ανίκανοι να λάβουν υπόψη τους συνανθρώπους τους. Στο σημερινό κόσμο, η σχέση μας με τη Φύση δεν είναι παρά μια προέκταση του εγωισμού που νιώθουμε μέσα μας.

Ερώτηση: Άμμα, τι εννοείς όταν λες να λαμβάνουμε υπόψη τους άλλους;

Άμμα: Αυτό που εννοεί η Άμμα είναι να λαμβάνουμε υπόψη τους άλλους με ευσπλαχνία. Για να λάβει κανείς υπόψη τους άλλους - τη Φύση ή τους συνανθρώπους - η πρώτη και κύρια ιδιότητα που πρέπει να αναπτύξει είναι μια βαθιά εσωτερική σύνδεση, μια σύνδεση με τη συνείδησ του. Η συνείδηση, με την πραγματική της σημασία, είναι η δύναμη να βλέπεις τους άλλους σαν τον εαυτό σου. Όπως ακριβώς βλέπεις το είδωλό σου σ' έναν καθρέφτη, έτσι βλέπεις τους άλλους σαν να είσαι εσύ ο ίδιος. Καθρεφτίζεις τους άλλους, τα συναισθήματά τους, τόσο την ευτυχία όσο και τη θλίψη. Πρέπει ν' αναπτύξουμε αυτήν την ικανότητα στη σχέση μας με τη Φύση.

Ερώτηση: Οι αρχικοί κάτοικοι αυτής της χώρας ήταν αυτόχθονες Αμερικανοί. Αυτοί λάτρευαν τη φύση και είχαν μια βαθιά σύνδεση μαζί της. Πιστεύεις ότι αυτό θα έπρεπε να κάνουμε κι εμείς;

Άμμα: Αυτό που θα πρέπει να πράξει ο καθένας εξαρτάται από την πνευματική του κατάσταση. Η Φύση όμως είναι μέρος της ζωής, μέρος του όλου. Η Φύση, αληθινά είναι ο Θεός. Το να λατρεύει κανείς τη Φύση είναι το ίδιο με το να λατρεύει το Θεό. Μέσω της λατρείας του προς το Όρος Γκοβάρντανα, ο *Κρίσνα* μας δίδαξε ένα σπουδαίο μάθημα: Να κάνουμε τη λατρεία προς τη Φύση μέρος της καθημερινότητάς μας. Ζήτησε από τους ανθρώπους του λαού του να λατρεύουν το Όρος Γκοβάρντανα επειδή εκείνο τους προστάτευε. Παρομοίως, πριν ο Ράμα χτίσει τη γέφυρα από τη μια πλευρά της θάλασσας στην άλλη, υπέβαλε τον εαυτό του σε αυστηρή πειθαρχία τριών ημερών, για να ευχαριστήσει τον ωκεανό. Ακόμα και οι *Μαχάτμα* αποδίδουν πολύ μεγάλο σεβασμό κι εκτίμηση στη Φύση κι αναζητούν τις ευλογίες της πριν προβούν σε οποιαδήποτε ενέργεια. Στην Ινδία υπάρχουν ναοί για πουλιά, ζώα, δέντρα κι ακόμα για σαύρες και δηλητηριώδη φίδια. Μ' αυτόν τον τρόπο, τονίζεται η μεγάλη σημασία της σύνδεσης μεταξύ ανθρώπων και Φύσης.

Ερώτηση: Άμμα, ποια είναι η συμβουλή σου για την επανάκτηση της σχέσης μεταξύ ανθρώπινων όντων και Φύσης;

Άμμα: Ας είμαστε ευσπλαχνικοί και ευγενικοί. Ας παίρνουμε από τη Φύση μόνο αυτό που πραγματικά χρειαζόμαστε και μετά ας προσπαθούμε να το ανταποδίδουμε, όσο μπορούμε. Διότι μόνο δίνοντας θα λάβουμε. Η ευλογία είναι κάτι που επιστρέφει σε μας ως απάντηση στον τρόπο, με τον οποίο προσεγγίζουμε κάτι. Αν προσεγγίζουμε τη Φύση με αγάπη, θεωρώντας την σαν τη ζωή, σαν Θεό, σαν μέρος της ίδιας μας της ύπαρξης, τότε αυτή θα μας υπηρετεί ως ο καλύτερός μας φίλος, ένας φίλος, τον οποίο θα μπορούμε πάντα να εμπιστευόμαστε, ένας φίλος, ο οποίος δε θα μας προδώσει ποτέ. Αν, όμως, η στάση μας απέναντι στη Φύση είναι λανθασμένη, τότε, Εκείνη αντί να μας χαρίζει την ευλογία της, θα αντιδρά αρνητικά. Η Φύση θα στραφεί ενάντια στο ανθρώπινο γένος, αν δεν είμαστε προσεκτικοί στη σχέση μας μαζί της και οι συνέπειες ίσως είναι ολέθριες.

Πολλά από τα πανέμορφα δημιουργήματα του Θεού έχουν ήδη χαθεί εξαιτίας της εσφαλμένης συμπεριφοράς των ανθρώπων και της πλήρους περιφρόνησής τους προς τη Φύση. Αν συνεχίσουμε να ενεργούμε με αυτό τον τρόπο, τότε αυτό θα ανοίξει το δρόμο προς την καταστροφή.

Σαννυάς, το Αποκορύφωμα της Ανθρώπινης Ύπαρξης

Ερώτηση: Τι είναι σαννυάς;

Άμμα: Σαννυάς είναι το αποκορύφωμα της ανθρώπινης ύπαρξης, η εκπλήρωση της ανθρώπινης γέννησης.

Ερώτηση: Είναι μια κατάσταση του νου ή είναι κάτι άλλο;

Άμμα: Σαννυάς είναι και τα δύο, μια κατάσταση του νου και μια κατάσταση «χωρίς νου».

Ερώτηση: Άμμα, πώς εξηγείς αυτήν την κατάσταση ... ή ό,τι κι αν είναι;

Άμμα: Όταν ακόμη και οι εγκόσμιες εμπειρίες είναι δύσκολο να εξηγηθούν, πώς μπορεί να εξηγηθεί η κατάσταση *σαννυάς*, η ύψιστη μορφή εμπειρίας; Είναι μια κατάσταση, όπου το άτομο έχει εσωτερικά απόλυτη ελευθερία επιλογής.

Ερώτηση: Άμμα, ξέρω ότι θέτω πάρα πολλές ερωτήσεις, όμως τι εννοείς με το «εσωτερική ελευθερία επιλογής;»

Άμμα: Οι άνθρωποι είναι σκλάβοι των σκέψεών τους. Ο νους δεν είναι τίποτε άλλο παρά μια διαρκής ροή σκέψεων. Η πίεση που δημιουργείται από τις σκέψεις αυτές, σε κάνει ένα αβοήθητο θύμα εξωτερικών συνθηκών. Σε έναν άνθρωπο υπάρχουν αμέτρητες σκέψεις και συναισθήματα, τόσο εκλεπτυσμένα όσο και χονδροειδή. Μη μπορώντας να κοιτάξουν πιο διεξοδικά και να διακρίνουν μεταξύ καλών και κακών, παραγωγικών και καταστροφικών σκέψεων και συναισθημάτων, οι περισσότεροι άνθρωποι γίνονται εύκολη λεία βλαβερών παρορμήσεων και ταυτίζονται με αρνητικά συναισθήματα. Στην ύψιστη κατάσταση *σαννυάς, κάποιος έχει την επιλογή να ταυτιστεί ή να αποστασιοποιηθεί από κάθε συγκεκριμένο συναίσθημα και σκέψη.* Έχεις την επιλογή να ασχοληθείς ή όχι με την κάθε σκέψη, το κάθε συναίσθημα και την κάθε δεδομένη κατάσταση. Ακόμα κι αν επιλέξεις να ταυτιστείς, έχεις τη δυνατότητα επιλογής να αποτραβηχτείς όποια στιγμή θέλεις και να προχωρήσεις μπροστά. Αυτό είναι πράγματι απόλυτη ελευθερία.

Ερώτηση: Ποιο είναι το νόημα της ενδυμασίας στο χρώμα της ώχρας που φορούν οι *σαννυάσιν;*

Άμμα: Υποδηλώνει την εσωτερική κατάκτηση ή το σκοπό, τον οποίο επιθυμείς να φτάσεις. Σημαίνει επίσης ότι δεν έχεις πλέον κανένα ενδιαφέρον για εγκόσμια κατορθώματα - μια ανοιχτή διακήρυξη ότι η ζωή σου είναι αφιερωμένη στο Θεό και στην πραγμάτωση του Εαυτού. Σημαίνει επίσης ότι το σώμα και ο νους σου έχουν αναλωθεί από τη φλόγα της *βαϊράγκυα* (μη προσκόλληση - αποστασιοποίηση) κι ότι δεν ανήκεις πια σε κάποιο συγκεκριμένο έθνος, κάστα, πίστη, αίρεση ή θρησκεία. *Σαννυάς, όμως, δε σημαίνει μόνο να φοράει κανείς ρούχα στο χρώμα της ώχρας.*

Η ενδυμασία είναι μόνο ένα σύμβολο, που υποδηλώνει μια κατάσταση ύπαρξης, την υπερβατική κατάσταση. *Σαννυάς* είναι μια εσωτερική αλλαγή στη στάση σου απέναντι στη ζωή και στον τρόπο που την αντιλαμβάνεσαι. Γίνεσαι εντελώς χωρίς εγώ. Δεν ανήκεις πλέον στον εαυτό σου, αλλά στον κόσμο και η ζωή σου έχει γίνει μια προσφορά στην υπηρεσία της ανθρωπότητας. Σ' αυτήν την κατάσταση ποτέ δεν προσδοκείς ή απαιτείς κάτι από κανέναν. Στην αληθινή κατάσταση *σαννυάς* καταλήγεις να γίνεις περισσότερο μια παρουσία παρά μια προσωπικότητα.

Κατά τη διάρκεια της τελετής, κατά την οποία ο μαθητής μυείται στο *σαννυάς* από το Διδάσκαλο, κόβει τη μικρή τούφα μαλλιών, που άφηνε πάντα στο πίσω μέρος του κεφαλιού του, και προσφέρει έπειτα τόσο την τούφα όσο και το ιερό του νήμα στην τελετουργική φωτιά. Αυτό συμβολίζει την παραίτησή του, από εδώ και στο εξής, από όλες τις προσκολλήσεις στο σώμα, στο νου και στη διάνοια καθώς επίσης την παραίτησή του από όλες τις απολαύσεις. Οι σαννυάσιν πρέπει είτε να αφήνουν τα μαλλιά τους να μακρύνουν είτε να τα ξυρίζουν εντελώς. Σε παλαιότερες εποχές, οι σαννυάσιν άφηναν τα μαλλιά τους να μεγαλώνουν σχηματίζοντας ατημέλητες και μπερδεμένες κοτσίδες. Αυτό υποδηλώνει μη προσκόλληση στο σώμα. Δεν υπάρχει πια ενδιαφέρον για τον καλλωπισμό του σώματος, επειδή η αληθινή ομορφιά βρίσκεται στη γνώση του Άτμαν. Το σώμα αλλάζει, φθείρεται και χάνεται. Ποιο το νόημα της ανώφελης προσκόλλησης σε αυτό, τη στιγμή που η πραγματική σου φύση είναι ο αμετάβλητος και αθάνατος Εαυτός;

Η προσκόλληση στο παροδικό είναι η αιτία όλης της θλίψης και του πόνου. Ένας σαννυάσιν είναι κάποιος, ο οποίος έχει συνειδητοποιήσει αυτήν τη μεγάλη αλήθεια – την παροδική φύση του εξωτερικού κόσμου και τη μη παροδική φύση της συνείδησης, η οποία προσδίδει ομορφιά και γοητεία στα πάντα. Αληθινό σαννυάς δεν είναι κάτι, το οποίο μπορεί να δοθεί, είναι μάλλον μια συνειδητοποίηση.

Ερώτηση: Σημαίνει αυτό ότι είναι μια κατάκτηση;

Άμμα: Θέτεις ξανά την ίδια ερώτηση. Σαννυάς είναι το αποκορύφωμα όλων των προετοιμασιών που είναι γνωστές ως σάντανα.

Κοίτα, μπορούμε να κατακτήσουμε μόνο κάτι, το οποίο δεν είναι δικό μας, κάτι, το οποίο δεν είναι μέρος του εαυτού μας. Η κατάσταση σαννυάς είναι ο πυρήνας της ύπαρξής μας, αυτό που πραγματικά είμαστε. Μέχρι να το συνειδητοποιήσεις αυτό, μπορείς να το αποκαλείς κατάκτηση. Από τη στιγμή, όμως, που ανατείλλει η αληθινή γνώση, καταλαβαίνεις ότι αυτό είναι ο πραγματικός σου εαυτός και ότι ποτέ δεν ήσουν μακριά του - ότι ποτέ δεν μπορούσες να είσαι.

Αυτή η ικανότητα να γνωρίσουμε τι πραγματικά είμαστε, υπάρχει μέσα σε όλους μας. Είμαστε σε μια κατάσταση λήθης. Κάποιος θα πρέπει να επαναφέρει στη μνήμη μας αυτήν την απέραντη δύναμη μέσα μας. Για παράδειγμα, υπάρχει κάποιος, ο οποίος κερδίζει τα προς το ζην του ζητιανεύοντας στους δρόμους. Μια μέρα τον πλησιάζει ένας άγνωστος και λέει: «Ε! τι κάνεις εδώ; Δεν είσαι ούτε ζητιάνος, ούτε περιπλανώμενος τσιγγάνος, αλλά ένας πολυεκατομμυριούχος.»

Ο ζητιάνος δεν πιστεύει τον άγνωστο κι απομακρύνεται αγνοώντας τον εντελώς. Ο ξένος όμως επιμένει με αγάπη. Γι' αυτό ακολουθεί το ζητιάνο και του λέει: «Πίστεψέ με. Είμαι φίλος σου και θέλω να σε βοηθήσω. Αυτό που σου λέω, είναι η αλήθεια. Είσαι πράγματι πλούσιος και ο θησαυρός που κατέχεις είναι στην πραγματικότητα πολύ κοντά σου.»

Τώρα, η περιέργεια του ζητιάνου έχει ξυπνήσει κι έτσι τον ρωτά: «Πολύ κοντά μου; Πού;»

«Ακριβώς μέσα στην καλύβα, στην οποία ζεις,» απαντά ο ξένος. «Λίγο σκάψιμο αρκεί για να γίνει δικός σου για πάντα.»

Τώρα ο ζητιάνος δε θέλει να χάσει ούτε λεπτό. Επιστρέφει αμέσως στο σπίτι και ξεθάβει το θησαυρό.

Ο ξένος αντιπροσωπεύει τον Αληθινό Διδάσκαλο, ο οποίος μας δίνει την ορθή πληροφορία και μας πείθει, μας παρακινεί και μας εμπνέει, να ξεθάψουμε τον ανεκτίμητο θησαυρό, ο οποίος βρίσκεται σε λανθάνουσα κατάσταση μέσα μας. Είμαστε σε μια κατάσταση λήθης. Ο *Γκούρου* μας βοηθά να γνωρίσουμε ποιοι πραγματικά είμαστε.

Υπάρχει Μόνο Ένα Ντάρμα

Ερώτηση: Υπάρχουν πολλά *ντάρμα*;

Άμμα: Όχι, υπάρχει μόνο ένα *ντάρμα*.

Ερωτών: Οι άνθρωποι όμως μιλούν για διαφορετικά *ντάρμα*.

Άμμα: Αυτό συμβαίνει επειδή δε βλέπουν τη μια πραγματικότητα. Βλέπουν μόνο τα πολλά, τα διάφορα ονόματα και τις ποικίλες μορφές. Ωστόσο, θα μπορούσε κανείς να πει, ότι ανάλογα με τις *βάσανας* (τάσεις) του κάθε ανθρώπου υπάρχουν περισσότερα από ένα *ντάρμα*. Ένας μουσικός, για παράδειγμα, ίσως πει ότι η μουσική είναι το *ντάρμα* του, Παρομοίως, ένας επιχειρηματίας θα μπορούσε να πει ότι το *ντάρμα* του είναι να ασχολείται με τις επιχειρήσεις του. Αυτό είναι εντάξει. Ωστόσο, δεν μπορεί κάποιος να βρει την ολοκληρωμένη εσωτερική πληρότητα σε καμιά από αυτές τις δραστηριότητες. Εκείνο, το οποίο παρέχει απόλυτη ικανοποίηση και εσωτερική πληρότητα, είναι το πραγματικό *ντάρμα*. Ό, τι κι αν κάνει κάποιος, αν δεν είναι ικανοποιημένος με τον εαυτό του, η γαλήνη θα του διαφεύγει και η αίσθηση ότι «κάτι λείπει» θα παραμένει. Τίποτα, καμιά εγκόσμια επίτευξη, δε θα γεμίσει αυτόν τον κενό χώρο στη ζωή ενός ανθρώπου. Ο καθένας θα πρέπει πρώτα να ανακαλύψει το κέντρο μέσα του για να αναδυθεί αυτή η αίσθηση της πληρότητας. Αυτό είναι το πραγματικό *ντάρμα*. Μέχρι τότε, αναζητώντας τη γαλήνη και τη χαρά, θα πηγαίνει γύρω-γύρω κάνοντας κύκλους.

Ερώτηση: Αν κάποιος ακολουθεί συνεχώς το *ντάρμα*, θα έχει υλική ευημερία και πνευματική ανάπτυξη στη ζωή του;

Συνομιλίες με τη Σρι Μάτα Αμριτάνανταμαΐ Ντέβι

Άμμα: Ναι, αν κάποιος ακολουθεί το *ντάρμα* με το πιο αληθινό του νόημα, αυτό θα τον βοηθήσει σίγουρα ν' αποκτήσει και τα δύο. Ο Ράβανα, ο βασιλιάς των δαιμόνων, είχε δυο αδέλφια, τον Κουμπάκαρνα και τον Βιμπισάνα. Όταν ο Ράβανα απήγαγε τη Σίτα, την ιερή σύζυγο του Κυρίου Ράμα, τα δυο του αδέλφια τον προειδοποίησαν επανειλημμένα για τις καταστροφικές συνέπειες, τις οποίες αυτό θα μπορούσε να επιφέρει, και τον συμβούλεψαν να επιστρέψει τη Σίτα στον Ράμα. Εκείνος αγνόησε παντελώς όλες τις παρακλήσεις τους και τελικά κήρυξε πόλεμο ενάντια στον Ράμα. Ο Κουμπάκαρνα, παρότι είχε επίγνωση ότι η στάση του μεγαλύτερου αδελφού του δεν ήταν ορθή, στο τέλος υποτάχθηκε στο Ράβανα, εξαιτίας της προσκόλλησής του σ' εκείνον και της αγάπης του για το γένος των δαιμόνων. Ο Βιμπισάνα, από την άλλη πλευρά, ήταν πολύ ευσεβής και ειλικρινής άνθρωπος. Δεν μπορούσε ν' αποδεχτεί τις *ανταρμικές* (μη ορθές) ενέργειες του αδελφού του και συνέχισε να εκφράζει τις ανησυχίες του, προσπαθώντας να του αλλάξει τη γνώμη. Ο Ράβανα, όμως, ποτέ δεν αποδέχτηκε, ούτε εξέτασε ή ούτε καν άκουσε τις απόψεις του Βιμπισάνα. Τελικά, ο ακραία εγωιστικός Ράβανα θύμωσε τόσο πολύ με την επιμονή του μικρότερου αδελφού του, που τον εξόρισε από τη χώρα. Ο Βιμπισάνα βρήκε καταφύγιο στα πόδια του Ράμα. Στον πόλεμο που ακολούθησε, ο Ράβανα κι ο Κουμπάκαρνα σκοτώθηκαν, ενώ η Σίτα ξαναβρήκε την ελευθερία της. Πριν την επιστροφή του στην Αγιόντυα, την πατρίδα του, ο Ράμα έστεψε το Βιμπισάνα βασιλιά της Λάνκα.

Από τα τρία αδέλφια, ο Βιμπισάνα ήταν ο μόνος, ο οποίος μπόρεσε να δημιουργήσει μια ισορροπία ανάμεσα στο εγκόσμιο και το πνευματικό του *ντάρμα*. Πώς μπόρεσε να το κάνει αυτό; Τηρούσε μια πνευματική στάση ενόσω εκτελούσε τα εγκόσμια καθήκοντά του, και όχι το αντίθετο. Αυτός ο τρόπος εκτέλεσης των εγκόσμιων καθηκόντων, οδηγεί τον άνθρωπο στην κατάσταση της απόλυτης πληρότητας. Αντιθέτως, τα άλλα δύο

217

αδέλφια, ο Ράβανα κι ο Κουμπάκαρνα, είχαν μια εγκόσμια στάση ακόμη κι όταν εκτελούσαν το πνευματικό τους *ντάρμα*. Η στάση του Βιμπισάνα ήταν ανιδιοτελής. Δε ζήτησε από τον Ράμα να τον στέψει βασιλιά. Ήθελε μόνο να είναι σταθερά ριζωμένος στο ντάρμα. Αυτή η ακλόνητη υπόσχεσή του και η αποφασιστικότητά του, του επέφεραν όλες τις ευλογίες. Απέκτησε τόσο την υλική όσο και την πνευματική ευημερία.

Ερώτηση: Άμμα, πολύ ωραία η ιστορία αυτή. Ωστόσο, οι αληθινοί πνευματικοί αναζητητές δεν επιθυμούν την υλική ευημερία, έτσι δεν είναι;

Άμμα: Όχι, το ένα και μοναδικό *ντάρμα* ενός ειλικρινούς αναζητητή είναι η φώτιση. Δε θα ικανοποιηθεί με τίποτε λιγότερο απ' αυτό το βίωμα. Όλα τ' άλλα, είναι άνευ σημασίας για έναν τέτοιον άνθρωπο.

Ερώτηση: Άμμα, έχω ακόμα μια ερώτηση. Πιστεύεις ότι υπάρχουν σήμερα άνθρωποι όπως ο Ράβανα κι ο Κουμπάκαρνα; Αν ναι, θα είναι εύκολο για ανθρώπους όπως ο Βιμπισάνα να επιβιώσουν στην κοινωνία;

Άμμα: (*γελώντας*) Μέσα σ' όλους μας υπάρχει ένας Ράβανα κι ένας Κουμπάκαρνα. Η διαφορά έγκειται στο βαθμό. Φυσικά και υπάρχουν σήμερα, επίσης, άνθρωποι με υπερβολικά δαιμονικές ιδιότητες όπως ο Ράβανα κι ο Κουμπάκαρνα. Στην πραγματικότητα, όλο το χάος και οι διαμάχες που βλέπει κανείς στον κόσμο σήμερα, δεν είναι τίποτε άλλο παρά το συνολικό αποτέλεσμα της επίδρασης ανθρώπων με τέτοιο τρόπο σκέψης και στάσης. Ωστόσο, οι ειλικρινείς άνθρωποι, όπως ο Βιμπισάνα, θα επιβιώσουν επειδή θα βρουν καταφύγιο στον Ράμα, ή στο Θεό, ο οποίος θα τους προστατεύει.

Ερωτών: Παρότι είπα ότι αυτή θα ήταν η τελευταία μου ερώτηση, στην πραγματικότητα έχω άλλη μία, αν η Άμμα το επιτρέπει.

Άμμα: (στ' *αγγλικά*) Εντάξει, ρώτα.

Ερώτηση: Ποια είναι η προσωπική σου γνώμη για τους σύγχρονους Ράβανα;

Άμμα: Κι αυτοί, επίσης, είναι παιδιά της Άμμα.

Ενωτική Δράση ως Ντάρμα

«Σ' αυτήν την *Κάλι Γιούγκα* (Σκοτεινή Εποχή του Υλισμού), η γενική τάση των ανθρώπων σε όλο τον κόσμο, είναι ν' απομακρύνονται ο ένας από τον άλλο. Ζουν απομονωμένοι σαν νησιά, χωρίς εσωτερική σύνδεση μεταξύ τους. Αυτό είναι επικίνδυνο γιατί αυξάνει την πυκνότητα του σκότους που μας περιβάλλει. Είτε είναι μεταξύ των ανθρώπων είτε μεταξύ ανθρώπων και φύσης, η αγάπη είναι αυτή που δημιουργεί τη γέφυρα, τη σύνδεση. Η ενωτική δράση, είναι η δύναμη του σημερινού κόσμου. Γι' αυτό, θα πρέπει να θεωρείται ως ένα από τα πρωταρχικά *ντάρμα* (καθήκοντα) αυτής της εποχής.»

Αφοσίωση & Επίγνωση

Ε ρώτηση: Υπάρχει κάποια σχέση μεταξύ επίγνωσης και αφοσίωσης;

Άμμα: Αγνή αφοσίωση είναι άνευ όρων αγάπη. Άνευ όρων αγάπη είναι παράδοση. Πλήρης παράδοση του εαυτού σου σημαίνει να είσαι τελείως ανοιχτός ή να διευρύνεσαι. Αυτό το άνοιγμα, η διεύρυνση, είναι επίγνωση. Αυτό είναι πράγματι η κατάσταση της θέωσης.

Βοηθώντας την Κλειστή Καρδιά του Μαθητή να Ανοίξει

Ερώτηση: Άμμα, λες στους πιστούς και στους μαθητές σου, ότι η παρουσία ενός προσωπικού *Γκούρου* είναι απολύτως απαραίτητη για να φτάσουν στο Θεό, αλλά εσύ θεωρούσες όλη την *πλάση* σαν το *Γκούρου* Σου. Δε νομίζεις ότι έχουν κι άλλοι, επίσης, αυτήν την επιλογή;

Άμμα: Φυσικά, την έχουν. Στον πνευματικό δρόμο, όμως, οι επιλογές δε φέρνουν συνήθως αποτέλεσμα.

Ερώτηση: Στη δική σου περίπτωση αυτό ήταν αποτελεσματικό, έτσι δεν είναι;

Άμμα: Στην περίπτωση της Άμμα δεν ήταν καμιά επιλογή. Ήταν, απλώς, κάτι το αυθόρμητο. Κοίτα γιε μου, η Άμμα δεν επιβάλλει τίποτα σε κανέναν. Γι' αυτούς, οι οποίοι έχουν ακλόνητη πίστη, ώστε να βλέπουν την κάθε κατάσταση, είτε αρνητική είτε θετική, σαν ένα μήνυμα από το Θεό, ένας εξωτερικός *Γκούρου* δεν είναι απαραίτητος. Πόσοι όμως άνθρωποι έχουν τέτοια αποφασιστικότητα και δύναμη; Ο δρόμος που οδηγεί στο Θεό δεν είναι κάτι που μπορεί να επιβληθεί. Αυτό δεν είναι αποτελεσματικό. Αντίθετα, η επιβολή μπορεί ακόμα και να καταστρέψει όλη τη διαδικασία. Στο δρόμο αυτό, ο *Γκούρου* πρέπει να είναι απείρως υπομονετικός με το μαθητή. Ακριβώς όπως ένα μπουμπούκι ανοίγει και γίνεται ένα όμορφο, ευωδιαστό λουλούδι, έτσι κι ο *Γκούρου* βοηθά την κλειστή καρδιά του μαθητή να ανοίξει πλήρως.

Οι μαθητές ζουν στην άγνοια, ενώ ο *Γκούρου* έχει αφυπνισθεί. Οι μαθητές δεν έχουν ιδέα για τον *Γκούρου* και το επίπεδο, από το οποίο αυτός ενεργεί. Εξαιτίας της άγνοιάς τους αυτής, οι μαθητές γίνονται μερικές φορές υπερβολικά ανυπόμονοι. Και καθώς συνηθίζουν να διατυπώνουν κρίσεις, ίσως ακόμα και να επικρίνουν τον *Γκούρου*. Σε τέτοιες περιπτώσεις, μόνο η άνευ όρων αγάπη και η ευσπλαχνία ενός τέλειου Διδασκάλου, μπορούν να βοηθήσουν αληθινά το μαθητή.

Το Νόημα της Ευγνωμοσύνης

Ερώτηση: Τι σημαίνει να είναι κανείς ευγνώμων απέναντι στο Διδάσκαλο ή στο Θεό;

Άμμα: Η ευγνωμοσύνη είναι μια ταπεινή, ανοιχτή και δεητική στάση, η οποία σε βοηθά να δεχτείς τη Χάρη του Θεού. Ένας Αληθινός Διδάσκαλος δεν έχει τίποτα να κερδίσει ή να χάσει. Εδραιωμένος στην υπέρτατη κατάσταση της μη προσκόλλησης, ο Διδάσκαλος είναι ανεπηρέαστος, είτε είσαι ευγνώμων σ' Αυτόν είτε όχι. Ωστόσο, η στάση της ευγνωμοσύνης σε βοηθά να είσαι δεκτικός στη Χάρη του Θεού. Η ευγνωμοσύνη είναι μια εσωτερική στάση. Να είσαι ευγνώμων στο Θεό, επειδή αυτός είναι ο καλύτερος τρόπος για να βγεις από το στενό κόσμο, που δημιουργήθηκε από το σώμα και το νου, και να εισέλθεις στον απέραντο εσωτερικό κόσμο.

Η Δύναμη Πίσω από το Σώμα

Ερώτηση: Είναι κάθε ψυχή διαφορετική, έχοντας μια ξεχωριστή ατομική ύπαρξη;

Άμμα: Είναι ο ηλεκτρισμός διαφορετικός, αν και εκδηλώνεται με διάφορους τρόπους μέσω ανεμιστήρων, ψυγείων, τηλεοράσεων και άλλων συσκευών;

Ερώτηση: Όχι, έχουν, όμως, οι ψυχές μια ξεχωριστή ύπαρξη μετά το θάνατο;

Άμμα: Ανάλογα με το κάρμα τους (αποτελέσματα των συσσωρευμένων πράξεων του παρελθόντος) και τις συσσωρευμένες βάσανας (τάσεις), οι ψυχές θα έχουν μια φαινομενικά ξεχωριστή ύπαρξη.

Ερώτηση: Έχουν οι ατομικές μας ψυχές επιθυμίες και σ' αυτήν την κατάσταση;

Άμμα: Ναι, αλλά δεν μπορούν να τις εκπληρώσουν. Όπως ακριβώς κάποιος, ο οποίος είναι εντελώς παράλυτος, δεν μπορεί να σηκωθεί και να πάρει ό,τι επιθυμεί, τέτοιες ψυχές δεν μπορούν να ικανοποιήσουν τις επιθυμίες τους, επειδή δεν έχουν σώμα.

Ερώτηση: Για πόσο χρονικό διάστημα παραμένουν έτσι;

Άμμα: Αυτό εξαρτάται από την ένταση του *πραράμπντα κάρμα* τους (τα αποτελέσματα πράξεων του παρελθόντος, που εκδηλώνονται στο παρόν).

Ερώτηση: Τι συμβαίνει όταν αυτό εξαντληθεί;

Άμμα: Οι ψυχές θα γεννηθούν ξανά κι ο κύκλος συνεχίζεται, μέχρι να συνειδητοποιήσουν ποιες πραγματικά είναι.εξαιτίας της ταύτισής μας με το σώμα και το νου μας, σκεφτόμαστε: «Εγώ είμαι αυτός που πράττει, εγώ είμαι αυτός που σκέφτεται» και ούτω καθεξής. Στην πραγματικότητα, χωρίς την παρουσία του *Άτμαν* (Εαυτού) ούτε ο νους ούτε και το σώμα μπορούν να λειτουργήσουν. Μπορεί κάποιο μηχάνημα να λειτουργήσει χωρίς ηλεκτρισμό; Δεν είναι η δύναμη του ηλεκτρισμού που κινεί τα πάντα; Χωρίς αυτήν τη δύναμη, ακόμη και μια γιγάντια μηχανή δεν είναι τίποτε άλλο παρά ένας σωρός από σίδερο ή ατσάλι. Παρομοίως, ανεξάρτητα από το τι ή ποιοι είμαστε, είναι η παρουσία του *Άτμαν* εκείνη που μας βοηθά να κάνουμε τα πάντα. Χωρίς αυτόν είμαστε νεκρή ύλη. Όταν κανείς αγνοεί τον *Άτμαν* και γίνεται λάτρης μόνο του σώματος, είναι σαν να αγνοεί τον ηλεκτρισμό και να ερωτεύεται ένα εξάρτημα.

Δύο Ζωτικές Εμπειρίες

Ερώτηση: Μπορούν οι τέλειοι Διδάσκαλοι να επιλέξουν το χρόνο και τις συνθήκες της γέννησης και του θανάτου τους;

Άμμα: Μόνο ένα τελειοποιημένο ον έχει τον απόλυτο έλεγχο τέτοιων καταστάσεων. Όλοι οι άλλοι, είναι εντελώς αβοήθητοι κατά τη διάρκεια αυτών των δύο ζωτικών εμπειριών. Κανείς δε θα σε ρωτήσει, πού θέλεις να γεννηθείς ή ποιος ή τι θέλεις να είσαι. Παρομοίως, δεν θα ερωτηθείς αν είσαι έτοιμος να πεθάνεις.

Τόσο αυτός που παραπονιόταν διαρκώς για το μικρό του διαμέρισμα του ενός δωματίου όσο κι εκείνος που απολάμβανε την πολυτέλεια του παλατιού του, θα παραμένουν σιωπηλά και άνετα μέσα στο μικρό χώρο ενός φέρετρου, όταν δε θα υπάρχει πια η παρουσία του *Άτμαν* (Εαυτού). Εκείνος, που δεν μπορούσε να ζήσει ούτε καν για μια στιγμή χωρίς κλιματιστικό, δε θα έχει κανένα απολύτως πρόβλημα, όταν το σώμα του θα κατακαίγεται στην πυρά κατά την κηδεία του. Γιατί; Επειδή τότε δεν θα είναι τίποτα περισσότερο από ένα άψυχο αντικείμενο.

Ερώτηση: Ο θάνατος είναι μια τρομακτική εμπειρία, έτσι δεν είναι;

Άμμα: Είναι τρομακτική για εκείνους, οι οποίοι ζουν εντελώς ταυτισμένοι με το εγώ τους, χωρίς να σκέφτονται ούτε για μια στιγμή την πραγματικότητα που είναι πέρα από το σώμα και το νου.

Να Συναισθάνεσαι
τους Άλλους

Ένας πιστός ήθελε μια απλή, εύκολα κατανοητή, σύντομη ερμηνεία για την πνευματικότητα. Η Άμμα είπε: «Πνευματικότητα είναι το να φέρεται κανείς με συμπόνια στους άλλους.» «Φανταστικό», είπε ο άντρας και σηκώθηκε να φύγει. Άξαφνα, η Άμμα τον έπιασε απ' το χέρι, λέγοντας: «Κάθισε». Ο άντρας υπάκουσε. Η Άμμα, κρατώντας με το ένα χέρι τον πιστό, ο οποίος λάμβανε τη στιγμή εκείνη *ντάρσαν*, έγειρε προς τον πρώτο άντρα και με απαλή φωνή τον ρώτησε στ' αγγλικά, «Ιστορία;»

Ο άντρας σάστισε για λίγο. «Άμμα, θέλεις να διηγηθώ μια ιστορία;»

Η Άμμα γέλασε και απάντησε: «Όχι, θέλεις εσύ να ακούσεις μια ιστορία;»

Ενθουσιασμένος ο άντρας απάντησε: «Ασφαλώς θέλω να ακούσω μια ιστορία σου. Είμαι τόσο ευλογημένος.»

Η Άμμα, άρχισε να διηγείται την παρακάτω ιστορία:

«Μια μέρα, ενώ ένας άντρας κοιμόταν, μια μύγα μπήκε πετώντας στο ορθάνοιχτο στόμα του. Από τότε ο άντρας ένιωθε πάντα τη μύγα να ζει μέσα του.

«Με τη φαντασία του να οργιάζει, ο καημένος άρχισε να ανησυχεί ολοένα και περισσότερο. Σύντομα, η αγωνία του κορυφώθηκε καταλήγοντας σε έντονο άγχος και κατάθλιψη. Δεν μπορούσε ούτε να φάει ούτε να κοιμηθεί. Δεν υπήρχε πια χαρά στη ζωή του. Οι σκέψεις του περιστρέφονταν πάντοτε γύρω από τη μύγα. Την κυνηγούσε συνεχώς από το ένα μέρος του σώματός του στο άλλο.

Πήγε σε γιατρούς, ψυχολόγους και ψυχίατρους και σε διάφορους άλλους, για να τον βοηθήσουν να ξεφορτωθεί τη μύγα. Όλοι του έλεγαν: «Κοίτα, είσαι εντάξει. Δεν υπάρχει μύγα μέσα σου. Ακόμα κι αν μια μύγα μπήκε μέσα σου, θα έχει πεθάνει εδώ και πολύ καιρό. Σταμάτα να ανησυχείς· είσαι μια χαρά.» Εκείνος, όμως, δεν πίστευε κανέναν από αυτούς και συνέχιζε να υποφέρει. Μια μέρα, ένας στενός του φίλος τον οδήγησε σε ένα *Μαχάτμα*. Αφού άκουσε την ιστορία του για τη μύγα με μεγάλη προσοχή, ο *Μαχάτμα* εξέτασε τον άντρα και είπε: «Έχεις δίκιο. Υπάρχει πράγματι μια μύγα μέσα σου. Τη βλέπω να κινείται παντού.»

Συνεχίζοντας να κοιτάζει μέσα στο ορθάνοιχτο στόμα του, ο Διδάσκαλος είπε: «Ω! Θεέ μου! Για κοίτα δω! Έχει γίνει τεράστια με το πέρασμα του χρόνου.»

Τη στιγμή που ο *Μαχάτμα* ξεστόμισε αυτά τα λόγια, ο άντρας στράφηκε προς το φίλο του και τη σύζυγό του και είπε: «Βλέπετε που εκείνοι οι ανόητοι δεν ξέρουν τίποτα; Αυτός εδώ ο τύπος με καταλαβαίνει. Εντόπισε τη μύγα στη στιγμή.»

Ο *Μαχάτμα* είπε: «Μην κινείσαι καθόλου. Ακόμα κι η παραμικρότερη κίνησή σου μπορεί να κάνει ζημιά.» Μετά, κάλυψε τον άντρα από την κορυφή ως τα νύχια με μια χοντρή κουβέρτα και συνέχισε: «Αυτό θα βοηθήσει. Θέλω να κάνω όλο το σώμα σου, ακόμα και το εσωτερικό του, σκοτεινό, έτσι ώστε η μύγα να μη μπορεί να δει τίποτα. Γι' αυτό, μην ανοίγεις ούτε τα μάτια σου.»

Ο άντρας είχε αναπτύξει πια τέτοια ακλόνητη εμπιστοσύνη στο *Μαχάτμα* που ήταν εκατό τοις εκατό πρόθυμος να κάνει ό,τι του έλεγε.

«Τώρα χαλάρωσε και μείνε ακίνητος.» Λέγοντας αυτό, ο *Μαχάτμα* πήγε σε ένα άλλο δωμάτιο με την πρόθεση να πιάσει μια ζωντανή μύγα. Τελικά, κατάφερε να πιάσει μία και επέστρεψε κρατώντας την μέσα σε ένα μπουκάλι.

Μετά, άρχισε να κινεί τα χέρια του απαλά πάνω στο σώμα του ασθενή. Καθώς το έκανε αυτό, ο *Μαχάτμα* σχολίαζε συνεχώς τις κινήσεις της μύγας. Έλεγε: «Εντάξει, τώρα μην κινείσαι, η μύγα κάθεται στο στομάχι σου... Πριν μπορέσω να κάτω οτιδήποτε, πέταξε και κάθισε στο πάνω μέρος των πνευμόνων σου. Σχεδόν την έπιασα... Αχ, όχι, ξέφυγε πάλι!... Πω πω, είναι πολύ γρήγορη!... Τώρα είναι πάλι στο στομάχι... Εντάξει, θα ψάλλω τώρα ένα *μάντρα* που θα την ακινητοποιήσει.»
Ύστερα, προσποιήθηκε ότι έπιασε τη μύγα και την έβγαλε από το στομάχι του άντρα. Μετά από μερικά ακόμα δευτερόλεπτα, ο *Μαχάτμα* ζήτησε απ' τον άντρα να ανοίξει τα μάτια του και να απομακρύνει την κουβέρτα. Μόλις το έκανε αυτό, ο *Μαχάτμα* του έδειξε τη μύγα, που είχε προηγουμένως πιάσει.
Ο άντρας ήταν γεμάτος χαρά. Άρχισε να χορεύει λέγοντας στη γυναίκα του: «Στο είχα πει εκατό φορές ότι είχα δίκιο κι ότι εκείνοι οι ψυχολόγοι είναι ανόητοι. Τώρα θα πάω να τους βρω. Θέλω όλα τα χρήματά μου πίσω!»
Στην πραγματικότητα δεν υπήρχε μύγα. Η μοναδική διαφορά ήταν ότι ο *Μαχάτμα* συναισθάνθηκε τον άντρα, ενώ οι άλλοι όχι. Εκείνοι είπαν την αλήθεια, αλλά δεν τον βοήθησαν, ενώ ο *Μαχάτμα* τον στήριξε, τον συμπόνεσε τον κατανόησε και του έδειξε πραγματική ευσπλαχνία. Έτσι, βοήθησε τον άντρα να ξεπεράσει την αδυναμία του.
Ο *Μαχάτμα* είχε μια βαθύτερη κατανόηση του άντρα, του πόνου του και της ψυχικής του κατάστασης, γι' αυτό κατέβηκε στο επίπεδό του. Αντιθέτως, οι άλλοι παρέμειναν στο δικό τους επίπεδο κατανόησης και δε λάμβαναν υπόψη τους την κατάσταση του ασθενή.
Η Άμμα έκανε μια μικρή παύση κι ύστερα συνέχισε: «Γιε μου, αυτή είναι όλη η διαδικασία της πνευματικής πραγμάτωσης. Ο Διδάσκαλος θεωρεί τη μύγα της άγνοιας του μαθητή - το εγώ - αληθινή. Συναισθανόμενος το μαθητή και λαμβάνοντας απλώς υπόψη του την άγνοιά του, ο Διδάσκαλος κερδίζει την απόλυτη εμπιστοσύνη του. Χωρίς τη συνεργασία του μαθητή,

ο Διδάσκαλος δεν μπορεί να κάνει τίποτα. Ένας πραγματικά διψασμένος για γνώση μαθητής, δε θα έχει κανένα πρόβλημα να συνεργαστεί μ' έναν Αυθεντικό Διδάσκαλο, επειδή ο Διδάσκαλος συναισθάνεται πλήρως το μαθητή και τις αδυναμίες του, προτού τον βοηθήσει ν' αντιληφθεί την πραγματικότητα. Το πραγματικό έργο ενός Αληθινού Διδασκάλου, είναι να βοηθήσει το μαθητή να γίνει κι εκείνος κύριος όλων των καταστάσεων.»

Μήτρα Αγάπης

Ε ρώτηση: Διάβασα πρόσφατα σ' ένα βιβλίο ότι όλοι μας έχουμε μια πνευματική μήτρα. Υπάρχει κάτι τέτοιο;

Άμμα: Αυτό θα μπορούσε να είναι μόνο ένα παράδειγμα. Δεν υπάρχει κανένα ορατό όργανο γνωστό σαν «πνευματική μήτρα.» Ίσως να σημαίνει τη δεκτικότητα, την οποία θα έπρεπε να αναπτύξουμε για να νιώσουμε και να βιώσουμε την αγάπη μέσα μας.

Ο Θεός έχει ευλογήσει κάθε γυναίκα με το δώρο της μήτρας, μέσα στην οποία μπορεί να κυοφορεί ένα παιδί, να το τρέφει, να φροντίζει για την ανάπτυξή του και τελικά να το φέρνει στον κόσμο. Παρομοίως, θα έπρεπε κι εμείς να δημιουργήσουμε αρκετό χώρο μέσα μας για να διαμορφωθεί και να αναπτυχθεί η αγάπη. Οι διαλογισμοί, οι προσευχές και οι ψαλμοί μας θα θρέψουν και θα φροντίσουν να αναπτυχθεί αυτή η αγάπη, βοηθώντας σταδιακά το παιδί της αγάπης να αναπτύσσεται και να επεκτείνεται πέρα από κάθε όριο. Η αγνή αγάπη είναι *σάκτι* (θεϊκή ενέργεια) στην πιο καθαρή μορφή της.

Είναι οι Πνευματικοί Άνθρωποι κάτι Ξεχωριστό;

Ερώτηση: Άμμα, θεωρείς ότι η πνευματικότητα και οι πνευματικοί άνθρωποι είναι κάτι ξεχωριστό;

Άμμα: Όχι.

Ερώτηση: Τότε;

Άμμα: Πνευματικότητα σημαίνει να ζούμε μια απολύτως φυσιολογική ζωή σε αρμονία με τον Εσωτερικό μας Εαυτό. Ως προς αυτό, δεν υπάρχει τίποτα το ξεχωριστό.

Ερώτηση: Θες να πεις ότι μόνο οι πνευματικά ώριμοι άνθρωποι ζουν μια φυσιολογική ζωή;

Άμμα: Είπε η Άμμα κάτι τέτοιο;

Ερώτηση: Όχι άμεσα, η δήλωσή σου όμως το υπονοεί, έτσι δεν είναι;

Άμμα: Αυτή είναι η δική σου ερμηνεία των λόγων της Άμμα.

Ερώτηση: Εντάξει, ποια είναι όμως η γνώμη σου για την πλειονότητα των ανθρώπων, οι οποίοι ζουν στον κόσμο;

Άμμα: Όχι η πλειονότητα, όλοι δε ζούμε στον κόσμο;

Ερωτών: Άμμα, Σε παρακαλώ...

Άμμα: Όσο ζούμε στον κόσμο, είμαστε όλοι κοσμικοί άνθρωποι. Αυτό όμως που σε κάνει πνευματικό, είναι ο τρόπος, με τον οποίο βλέπεις τη ζωή και τις εμπειρίες της, ενώ ζεις μέσα στον κόσμο. Κοίτα γιε μου, όλοι νομίζουν ότι ζουν μια φυσιολογική ζωή. Το αν κάποιος ζει μια φυσιολογική ζωή ή όχι, είναι κάτι που θα πρέπει να ανακαλύψει ο καθένας ξεχωριστά με κατάλληλη ενδοσκόπηση. Θα πρέπει, επίσης, να γνωρίζουμε ότι η πνευματικότητα δεν είναι κάτι ασυνήθιστο ή εξαιρετικό. Σκοπός της πνευματικότητας δεν είναι να γίνουμε ξεχωριστοί, αλλά να γίνουμε ταπεινοί. Είναι, επίσης, πολύ σημαντικό να καταλάβουμε, ότι η ανθρώπινη γέννηση είναι από μόνη της κάτι το πολύ ξεχωριστό.

Μόνο μια Προσωρινή Στάση

Ερώτηση: Άμμα, γιατί είναι η μη προσκόλληση τόσο σημαντική στην πνευματική ζωή;

Άμμα: Όχι μόνο αυτοί που αποβλέπουν στον πνευματικό δρόμο, αλλά κι ο καθένας που επιθυμεί να αυξήσει το δυναμικό του και τη νοητική του γαλήνη, πρέπει να εξασκείται στη μη προσκόλληση. Το να είναι κάποιος αποστασιοποιημένος σημαίνει να είναι ένας *σάκσι* (παρατηρητής) όλων των εμπειριών της ζωής. Η προσκόλληση φορτίζει το νου ενώ η μη - προσκόλληση τον αποφορτίζει. Όσο πιο φορτισμένος είναι ο νους, τόσο μεγαλύτερη θα είναι η έντασή του και τόσο περισσότερο θα επιθυμεί να αποφορτιστεί. Στις μέρες μας ο νους των ανθρώπων φορτίζεται με αρνητικές σκέψεις ολοένα και περισσότερο. Αυτό από μόνο του θα επιφέρει μια έντονη εσωτερική πίεση, μια αληθινή ανάγκη για αποστασιοποίηση.

Ερωτών: Άμμα, θέλω πραγματικά να εξασκηθώ στη μη προσκόλληση, η αποφασιστικότητά μου, όμως, δεν είναι σταθερή.

Άμμα: Η σταθερή αποφασιστικότητα έρχεται μόνο με την επίγνωση. Όσο περισσότερη επίγνωση έχεις, τόσο πιο σταθερός θα είσαι. Γιε μου, θεώρησε τον κόσμο σαν μια προσωρινή στάση, λίγο μεγαλύτερης διάρκειας. Είμαστε όλοι ταξιδιώτες, κι αυτός είναι ακόμη ένας τόπος, τον οποίο επισκεπτόμαστε. Όπως συμβαίνει σ' ένα ταξίδι με λεωφορείο ή τρένο, θα συναντήσουμε πολλούς συνταξιδιώτες, με τους οποίους ίσως να κουβεντιάσουμε και να μοιραστούμε τις σκέψεις μας για τη ζωή και τον κόσμο. Μετά

235

από λίγο, ίσως αναπτύξουμε μια προσκόλληση απέναντι στο πρόσωπο που κάθεται δίπλα μας. Ωστόσο, ο καθένας από τους επιβάτες θα είναι υποχρεωμένος να αποβιβαστεί μόλις φτάσει στον προορισμό του. Γι' αυτό, τη στιγμή που συναντάς κάποιον ή εγκαθίστασαι σ' έναν τόπο, να διατηρείς την επίγνωση ότι κάποια μέρα θα πρέπει να φύγεις και να τραβήξεις άλλο δρόμο. Αν αναπτυχθεί αυτή η επίγνωση και συνδεθεί με μια θετική στάση, θα σε καθοδηγεί οπωσδήποτε σε όλες τις περιστάσεις της ζωής.

Ερώτηση: Άμμα, λες δηλαδή ότι κάποιος θα πρέπει να εξασκεί τη μη προσκόλληση, ενώ ζει στον κόσμο;

Άμμα: (χαμογελώντας) Πού αλλού μπορείς να μάθεις τη μη προσκόλληση, αν δεν την μάθεις ζώντας στον κόσμο; Μετά το θάνατο; Στην πραγματικότητα, η εξάσκηση στη μη προσκόλληση είναι ο τρόπος για να ξεπεράσει κανείς το φόβο του θανάτου. Εγγυάται έναν εντελώς ανώδυνο κι ευδαιμονικό θάνατο.

Ερώτηση: Πώς είναι αυτό δυνατό;

Άμμα: Επειδή όταν είσαι αποστασιοποιημένος, παραμένεις ένας σάκσι ακόμα και κατά την εμπειρία του θανάτου. Η μη προσκόλληση είναι η ορθή στάση. Είναι ο σωστός τρόπος αντίληψης. Ενώ παρακολουθούμε μια ταινία, αν ταυτιστούμε με τους χαρακτήρες και αργότερα προσπαθήσουμε να τους μιμηθούμε στη ζωή μας, θα είναι αυτό σωστό ή λάθος; Όταν παρακολουθείς μια ταινία με την επίγνωση ότι είναι απλά μια ταινία· τότε θα την ευχαριστηθείς πραγματικά. Ο πραγματικός δρόμος για τη γαλήνη είναι η πνευματικότητα.

Δεν κάνεις το μπάνιο σου σ' έναν ποταμό, μένοντας για πάντα μέσα σ' αυτόν· κάνεις το μπάνιο σου σε αυτόν για να ξαναβγείς έξω φρέσκος και καθαρός. Παρομοίως, αν επιθυμείς να ζεις μια πνευματική ζωή, θεώρησε τη ζωή σου ως οικογενειάρχης, σαν έναν τρόπο να υπερβείς τις *βασάνας* σου (νοητικές τάσεις). Με άλλα λόγια, θυμήσου ότι ζεις μια οικογενειακή ζωή, όχι για να βυθίζεσαι ολοένα και περισσότερο μέσα σε αυτήν, αλλά για να υπερβείς τις αρνητικές σου τάσεις και τελικά να απελευθερωθείς απ' όλα τα δεσμά. Στόχος σου θα πρέπει να είναι η εξάλειψη των αρνητικών σου τάσεων και όχι η συσσώρευσή τους.

Τι Ακούει ο Νους

Ερώτηση: Άμμα, πώς ορίζεις το «νου»;

Άμμα: Είναι ένα εργαλείο που δεν ακούει ποτέ αυτό που έχει ειπωθεί, αλλά μόνο αυτό που θέλει να ακούσει. Σου λένε κάτι κι ο νους ακούει κάτι άλλο. Ύστερα, μέσω μιας σειράς περικοπών, διορθώσεων και επικολλήσεων εκτελεί μια χειρουργική επέμβαση σε αυτό που άκουσε. Σε αυτή τη διαδικασία, ο νους απομακρύνει κάποια στοιχεία και προσθέτει κάποια άλλα στο πρωτότυπο, ερμηνεύοντας και φιλτράροντάς το, ώσπου το αποτέλεσμα να του ταιριάζει. Τότε, σε πείθει ότι αυτό είναι εκείνο που είχε αρχικά ειπωθεί.

Υπάρχει ένα νεαρό αγόρι, το οποίο έρχεται στο *άσραμ* μαζί με τους γονείς του. Μια μέρα η μητέρα του διηγήθηκε στην Άμμα ένα ενδιαφέρον περιστατικό που συνέβη στο σπίτι τους. Η μητέρα είπε στο γιο της να σοβαρευτεί λιγάκι περισσότερο σε σχέση με τις σπουδές του, επειδή πλησίαζαν οι εξετάσεις του. Οι προτεραιότητες του αγοριού ήταν διαφορετικές. Ήθελε να ασχολείται με τα σπορ και να βλέπει ταινίες. Σ' έναν καυγά που ακολούθησε, το αγόρι είπε τελικά στη μητέρα του: «Μαμά, δεν έχεις ακούσει την Άμμα που τονίζει στις ομιλίες της ότι πρέπει να ζούμε στο παρόν; Για όνομα του Θεού, δεν καταλαβαίνω γιατί εσύ ανησυχείς τόσο για τις εξετάσεις που δεν έχουν έρθει ακόμα, ενώ εγώ έχω άλλα πράγματα να κάνω στο παρόν.» Αυτό είναι εκείνο που άκουσε.

Αγάπη & Αφοβία

*Γ*ια να εξηγήσει πώς η αγάπη αποδιώχνει κάθε φόβο, η Άμμα διηγήθηκε την ακόλουθη ιστορία:

Άμμα: Πριν πολλά χρόνια υπήρχε ένας βασιλιάς, ο οποίος κυβερνούσε μια ινδική επαρχία και ζούσε σ' ένα κάστρο στην κορυφή ενός βουνού. Κάθε μέρα, ερχόταν στο κάστρο μια γυναίκα για να πουλήσει γάλα. Έφτανε γύρω στις έξι το πρωί κι έφευγε απ' το κάστρο πριν τις έξι το βράδυ. Ακριβώς στις έξι, έκλειναν οι τεράστιες πύλες στην είσοδο του κάστρου και μετά απ' αυτό κανείς δεν μπορούσε να μπει ή να βγει μέχρι την επόμενη μέρα που θα άνοιγαν ξανά.

Κάθε πρωί, όταν οι φρουροί άνοιγαν τις τεράστιες σιδερένιες πύλες, η γυναίκα στεκόταν εκεί, κρατώντας μια καρδάρα με γάλα στο κεφάλι της.

Κάποιο βράδυ, την ώρα που η γυναίκα έφτασε στην έξοδο, είχαν περάσει μερικά δευτερόλεπτα μετά τις έξι και οι πύλες είχαν μόλις κλείσει. Η γυναίκα είχε ένα μικρό αγόρι στο σπίτι, το οποίο την περίμενε να γυρίσει. Γι' αυτό, έπεσε στα πόδια των φρουρών και τους ικέτευσε να την αφήσουν να βγει. Με δάκρυα στα μάτια τους είπε: «Σας παρακαλώ, λυπηθείτε με. Το αγοράκι μου δε θα φάει ούτε θα κοιμηθεί αν δεν είμαι κοντά του. Ο καημενούλης· θα κλαίει όλη νύχτα χωρίς τη μητέρα του. Σας παρακαλώ, αφήστε με να φύγω!» Οι φρουροί, όμως, δεν της έκαναν τη χάρη, γιατί δεν μπορούσαν να αψηφήσουν τις εντολές.

Η γυναίκα έτρεχε πανικόβλητη πέρα δώθε μέσα στο κάστρο, προσπαθώντας απεγνωσμένα να βρει ένα σημείο, απ' όπου θα μπορούσε να βγει έξω. Δεν άντεχε στη σκέψη ότι ο μικρός, αθώος της γιος θα την περίμενε φοβισμένα και μάταια να επιστρέψει.

Το κάστρο περιβαλλόταν από βραχώδη βουνά, δάση γεμάτα από αγκαθωτούς θάμνους, ερπετά και δηλητηριώδη φυτά. Καθώς έπεφτε η νύχτα, το μητρικό ένστικτο της γαλακτοπώλισσας γινόταν ολοένα και πιο ανήσυχο και η αποφασιστικότητά της να βρεθεί κοντά στο γιο της εντονότερη. Ήταν αποφασισμένη να βρεθεί, με οποιοδήποτε κόστος, κοντά στο παιδί της. Τριγυρνούσε στα τείχη του κάστρου προσπαθώντας να βρει κάποιο μέρος, απ' όπου θα μπορούσε να κατέβει και να φτάσει με κάποιο τρόπο στο σπίτι της. Τελικά διέκρινε ένα μέρος, το οποίο έδειχνε συγκριτικά λιγότερο απόκρημνο και με λιγότερο βάθος. Αφού έκρυψε την καρδάρα για το γάλα πίσω από ένα θάμνο, άρχισε να κατεβαίνει πολύ προσεκτικά απ' το βουνό. Σ' αυτήν τη προσπάθεια, πολλά σημεία του σώματός της γδάρθηκαν και μωλωπίστηκαν. Χωρίς να δίνει σημασία στις αντιξοότητες, οι σκέψεις για το γιο της την ωθούσαν να συνεχίζει το κατέβασμα. Τελικά, κατάφερε κι έφτασε στους πρόποδες του βουνού. Η γαλακτοπώλισσα έτρεξε με λαχτάρα στο σπίτι της κι ευτυχισμένη πέρασε τη νύχτα μαζί με το γιο της.

Το επόμενο πρωί, όταν οι φρουροί άνοιξαν τις πύλες του κάστρου, έμειναν έκπληκτοι όταν είδαν τη γυναίκα, η οποία δεν μπόρεσε να φύγει το προηγούμενο βράδυ, να στέκεται έξω περιμένοντας να ξαναμπεί.

«Αν μια απλή γαλακτοπώλισσα κατάφερε να κατεβεί από το απόρθητο κάστρο μας, τότε θα πρέπει να υπάρχει ένα σημείο, απ' όπου οι εχθροί μας μπορούν να βρουν δίοδο για να μπουν και να μας επιτεθούν», σκέφτηκαν. Συνειδητοποιώντας τη σοβαρότητα της κατάστασης, οι φρουροί συνέλαβαν αμέσως τη γυναίκα και την οδήγησαν στο βασιλιά.

Ο βασιλιάς ήταν ένας άνθρωπος με μεγάλη κατανόηση και ωριμότητα. Οι υπήκοοι της χώρας του εγκωμίαζαν τη σοφία, τη γενναιότητα και την ευγενή του φύση.

Υποδέχτηκε τη γαλακτοπώλισσα με μεγάλη καλωσύνη. Με τις παλάμες του ενωμένες σε ένδειξη σεβασμού, είπε: «Ω! Μητέρα, αν οι φρουροί μου λένε την αλήθεια ότι χθες βράδυ έφυγες από το κάστρο, θα είχες την καλοσύνη να μου δείξεις το μέρος, απ' όπου κατάφερες να κατεβείς;»

Η γαλακτοπώλισσα οδήγησε το βασιλιά, τους υπουργούς του και τους φρουρούς στο συγκεκριμένο σημείο. Εκεί βρήκε και πήρε πίσω την καρδάρα, την οποία είχε κρύψει στο θάμνο το προηγούμενο βράδυ, και την έδειξε στο βασιλιά. Κοιτάζοντας κάτω την απόκρημνη πλαγιά του βουνού, ο βασιλιάς τη ρώτησε: «Μητέρα, θα μπορούσες σε παρακαλώ να μας δείξεις πώς κατάφερες να κατέβεις χθές το βράδυ;» Η γαλακτοπώλισσα κοίταξε κάτω την απότομη κι επικίνδυνη βουνοπλαγιά τρέμοντας από το φόβο. «Όχι, δεν μπορώ να το κάνω!» είπε κλαίγοντας.

«Πώς το έκανες τότε χθές το βράδυ;» ρώτησε ο βασιλιάς.

«Δεν ξέρω», απάντησε εκείνη.

«Εγώ όμως ξέρω», αποκρίθηκε μειλίχια ο βασιλιάς. «Ήταν η αγάπη για το γιο σου που σου έδωσε τη δύναμη και το θάρρος για να κατορθώσεις το ακατόρθωτο.»

Στην αληθινή αγάπη προχωρά κανείς πέρα από το σώμα, το νου και όλους τους φόβους. Η δύναμη της αγνής αγάπης είναι απεριόριστη. Μια τέτοια αγάπη αγκαλιάζει και διαπερνά τα πάντα. Σε μια τέτοια αγάπη, μπορεί να βιώσει κάποιος την ενότητα του Εαυτού. Η αγάπη είναι η ανάσα της ψυχής. Κανένας δε θα πει: «Θα αναπνέω μόνο στην παρουσία της συζύγου μου, των παιδιών, των γονιών και των φίλων μου. Δεν μπορώ να αναπνέω στην παρουσία των εχθρών μου, εκείνων που με μισούν ή εκείνων που μ' έχουν κακομεταχειριστεί.» Τότε, δε θα μπορούσες να είσαι ζωντανός· θα είχες πεθάνει. Παρομοίως, η αγάπη είναι μια δύναμη που υπερβαίνει όλες τις διαφορές. Είναι πανταχού παρούσα. Είναι η δύναμη που μας χαρίζει ζωή.

Η αγνή, αθώα αγάπη κάνει τα πάντα δυνατά. Όταν η καρδιά σου είναι γεμάτη από την αγνή ενέργεια της αγάπης, ακόμα και η πιο ακατόρθωτη πράξη, είναι τόσο εύκολη, όσο το να κόβεις ένα λουλούδι.

Γιατί Υπάρχουν Πόλεμοι;

Ερώτηση: Άμμα, γιατί υπάρχει τόση βία και πόλεμοι;

Άμμα: Εξαιτίας της έλλειψης κατανόησης.

Ερώτηση: Τι σημαίνει έλλειψη κατανόησης;

Άμμα: Απουσία ευσπλαχνίας.

Ερώτηση: Συνδέονται η κατανόηση και η ευσπλαχνία;

Άμμα: Ναι. Όταν εμφανίζεται η πραγματική κατανόηση, μαθαίνεις να σκέφτεσαι αληθινά τον άλλο, παραβλέποντας τις αδυναμίες του. Έτσι, αναπτύσσεται η αγάπη. Καθώς η αγνή αγάπη ανατέλλει μέσα σου, ανατέλλει και η ευσπλαχνία επίσης.

Ερωτών: Άμμα, σ' έχω ακούσει να λες ότι το εγώ είναι η αιτία του πολέμου και των συγκρούσεων.

Άμμα: Σωστά. Το ανώριμο εγώ και η έλλειψη κατανόησης είναι σχεδόν ταυτόσημα. Χρησιμοποιούμε τόσες πολλές διαφορετικές λέξεις, αλλά βασικά σημαίνουν όλες το ίδιο πράγμα. Όταν οι άνθρωποι χάνουν την επαφή με τον Εσώτερο Εαυτό τους και ταυτίζονται περισσότερο με το εγώ τους, το μόνο που μπορεί να υπάρξει είναι βία και πόλεμος. Αυτό είναι που συμβαίνει στον κόσμο σήμερα.

Ερώτηση: Άμμα, εννοείς ότι οι άνθρωποι δίνουν υπερβολική σημασία στον εξωτερικό κόσμο;

Άμμα: Ο πολιτισμός (οι εξωτερικές ανέσεις και η τεχνολογία) και το *σαμσκάρα* (η καλλιέργεια θετικών σκέψεων και αρετών) θα έπρεπε να βαδίζουν χέρι με χέρι. Τι βλέπουμε όμως στην κοινωνία; Ταχύτατα εκφυλιζόμενες πνευματικές αξίες, έτσι δεν είναι; Οι συγκρούσεις και ο πόλεμος είναι το χαμηλότερο σημείο της ύπαρξης και το ανώτερο είναι το *σαμσκάρα*.

Η κατάσταση του σημερινού κόσμου μπορεί να απεικονιστεί καλύτερα με το ακόλουθο παράδειγμα. Φαντάσου έναν πολύ στενό δρόμο. Δυο οδηγοί φρενάρουν τη στιγμή που τα αυτοκίνητά τους πλησιάζουν πολύ το ένα το άλλο. Αν ένας απ' αυτούς δεν κάνει όπισθεν και δεν παραχωρήσει προτεραιότητα στον άλλο, δεν μπορούν να προχωρήσουν. Ωστόσο, παραμένοντας ανυποχώρητα στις θέσεις τους, οι οδηγοί δηλώνουν ότι δεν πρόκειται να μετακινηθούν ούτε μια σπιθαμή. Το θέμα μπορεί να λυθεί, μόνο όταν ο ένας από αυτούς δείξει λίγη ταπεινότητα και υποχωρήσει στον άλλο. Τότε, θα μπορέσουν και οι δύο να φτάσουν εύκολα στον προορισμό τους. Εκείνος, ο οποίος υποχωρεί στον άλλο, μπορεί, επιπλέον, να έχει τη χαρά που απορρέει από τη γνώση ότι μόνο εξαιτίας του, μπόρεσε και ο άλλος να προχωρήσει.

Πώς Μπορούμε να Κάνουμε την Άμμα Ευτυχισμένη;

Ερώτηση: Άμμα, πώς μπορώ να σε υπηρετήσω;

Άμμα: Υπηρετώντας τους άλλους ανιδιοτελώς.

Ερώτηση: Τι μπορώ να κάνω για να σε κάνω ευτυχισμένη;

Άμμα: Βοήθα τους άλλους να νιώθουν ευτυχισμένοι. Αυτό κάνει πράγματι την Άμμα ευτυχισμένη.

Ερώτηση: Άμμα, δε θέλεις τίποτα από μένα;

Άμμα: Ναι, η Άμμα θέλει να είσαι ευτυχισμένη.

Ερωτούσα: Άμμα, είσαι τόσο όμορφη.

Άμμα: Αυτή η ομορφιά υπάρχει επίσης μέσα σου. Πρέπει μόνο να την ανακαλύψεις.

Ερωτούσα: Σ' αγαπώ Άμμα.

Άμμα: Κόρη μου, στην πραγματικότητα εσύ και η Άμμα δεν είμαστε δύο. Είμαστε ένα. Γι' αυτό, υπάρχει μόνο αγάπη.

Το Πραγματικό Πρόβλημα

Ερώτηση: Άμμα, λες ότι όλα είναι Ένα. Εγώ όμως τα αντιλαμβάνομαι όλα διαχωρισμένα. Γιατί συμβαίνει αυτό;

Άμμα: Το να αντιλαμβάνεσαι τα πράγματα ως διαχωρισμένα ή διαφορετικά δεν είναι πρόβλημα. Το πραγματικό πρόβλημα, είναι να μην μπορείς να δεις την Ενότητα πίσω από τη διαφορετικότητα. Αυτή είναι μια λανθασμένη αντίληψη, η οποία είναι πράγματι ένας περιορισμός. Ο τρόπος που βλέπεις τον κόσμο και όσα συμβαίνουν γύρω σου πρέπει να διορθωθεί· μετά απ' αυτό, όλα θ' αλλάξουν αυτόματα.

Ακριβώς όπως η όρασή μας χρειάζεται να ενισχυθεί, όταν τα εξωτερικά μας μάτια εξασθενίσουν - όταν για παράδειγμα αρχίζουμε να βλέπουμε τα πράγματα διπλά - έτσι και το εσωτερικό μας μάτι πρέπει επίσης να ρυθμιστεί, σύμφωνα με τις οδηγίες ενός Σάτγκουρου, ο οποίος έχει εδραιωθεί στην εμπειρία αυτής της Ενότητας.

Κανένα Πρόβλημα
με τον Κόσμο

Ερώτηση: Ποιο είναι το πρόβλημα με τον κόσμο; Τα πράγματα δε φαίνονται καλά. Μπορούμε να κάνουμε κάτι γι' αυτό;

Άμμα: Το πρόβλημα δεν είναι με τον κόσμο. Το πρόβλημα είναι με τον ανθρώπινο νου – το εγώ. Είναι το ανεξέλεγκτο εγώ που κάνει τον κόσμο προβληματικό. *Λίγο περισσότερη κατανόηση και λίγο περισσότερη ευσπλαχνία μπορούν να επιφέρουν μεγάλες αλλαγές.* Το εγώ κυβερνά τον κόσμο. Οι άνθρωποι έχουν γίνει αβοήθητα θύματα του εγώ τους. Οι ευαίσθητοι άνθρωποι που είναι προικισμένοι με ευσπλαχνικές καρδιές, είναι δυσεύρετοι. Βρες τη δική σου εσωτερική αρμονία, το όμορφο τραγούδι της ζωής και της αγάπης μέσα σου. Βγες έξω και υπηρέτησε αυτούς που υποφέρουν. Μάθε να τοποθετείς τους άλλους μπροστά από τον εαυτό σου. Πρόσεξέ, όμως, μην ερωτευτείς το εγώ σου, στο όνομα της αγάπης και της υπηρεσίας προς τους άλλους. Διατήρησε το εγώ σου, αλλά να είσαι κύριος του νου σου. Να σκέφτεσαι τους πάντες, επειδή αυτό είναι το άνοιγμα της πόρτας προς το Θεό και τον ίδιο σου τον Εαυτό.

Γιατί θα Πρέπει να Ακολουθεί Κάποιος τον Πνευματικό Δρόμο;

Ε ρώτηση: Γιατί θα πρέπει κάποιος να ακολουθεί τον πνευματικό δρόμο;

Άμμα: Αυτό είναι σαν να ρωτάει ο σπόρος: «Γιατί θα πρέπει να μπω κάτω από τη γη, να φυτρώσω και να αναπτυχθώ προς τα πάνω;»

Η Μεταχείριση της Πνευματικής Ενέργειας

Ε ρώτηση: Ένας μικρός, τουλάχιστον, αριθμός ανθρώπων χάνουν τα λογικά τους με την εκτέλεση πνευματικών πρακτικών. Γιατί συμβαίνει αυτό;

Άμμα: Οι πνευματικές ασκήσεις προετοιμάζουν το περιορισμένο σου σώμα και το νου να δεχτούν και να χωρέσουν την παγκόσμια *σάκτι* (ενέργεια). Ανοίγουν μέσα σου τις πύλες προς την ύψιστη συνείδηση. Με άλλα λόγια, έχουν να κάνουν άμεσα με την αγνή *σάκτι*. Αν δεν προσέχεις, μπορούν να προκαλέσουν ψυχονοητικά και σωματικά προβλήματα. Για παράδειγμα, το φως μας βοηθά να βλέπουμε. Το πολύ έντονο φως, όμως, θα βλάψει τα μάτια μας. Παρομοίως, η *σάκτι*, η ευδαιμονία, είναι εξαιρετικά ευεργετική. Ωστόσο, αν δε γνωρίζεις, πώς να τη μεταχειριστείς σωστά, μπορεί να είναι επικίνδυνη. Μόνο η καθοδήγηση ενός *Σάτγκουρου*, μπορεί να σε βοηθήσει σε αυτό αληθινά.

Το Παράπονο και η Ευσπλαχνία μιας Αθώας Καρδιάς

Ένα αγοράκι πλησίασε την Άμμα τρέχοντας και της έδειξε τη δεξιά του παλάμη. Εκείνη κράτησε το δάχτυλό του στοργικά και το ρώτησε στα αγγλικά, «Μωράκι, τι συμβαίνει;» Εκείνο στράφηκε προς την άλλη πλευρά και είπε: «Εκεί...»

Άμμα: (στ' αγγλικά) Τι είναι εκεί;

Αγοράκι: Ο μπαμπάς ...

Άμμα: (στ' αγγλικά) Ο μπαμπάς τι;

Αγοράκι: (δείχνοντας την παλάμη του) Ο μπαμπάς κάθισε εδώ.

Άμμα: (σφιχταγκαλιάζοντας το παιδί και μιλώντας στ' αγγλικά) Η Άμμα θα φωνάξει το μπαμπά.

Εκείνη τη στιγμή, ο πατέρας πλησίασε την Άμμα και της εξήγησε, ότι το πρωί είχε καθίσει κατά λάθος πάνω στο χέρι του παιδιού. Αυτό είχε συμβεί στο σπίτι και το μικρό αγόρι προσπαθούσε να το εξηγήσει στην Άμμα.

Κρατώντας ακόμα το αγόρι κοντά Της, η Άμμα είπε: «Για κοίτα μωρό μου, η Άμμα θα δώσει στο μπαμπά ένα χέρι ξύλο, εντάξει;» Το αγόρι κούνησε το κεφάλι του καταφατικά. Η Άμμα έκανε σαν να χτυπούσε τον πατέρα κι ο πατέρας του αγοριού προσποιήθηκε ότι έκλαιγε. Ξαφνικά, το αγόρι έπιασε το χέρι της Άμμα και είπε: «Φτάνει.»

Σφίγγοντας το αγόρι ακόμα πιο πολύ, η Άμμα γέλασε. Το ίδιο έκαναν και οι πιστοί.

Άμμα: Κοιτάξτε, ο μικρός αγαπάει τον μπαμπά του. Δε θέλει να τον πειράξει κανείς. Όπως αυτό το μικρό αγόρι, το οποίο ήρθε κι άνοιξε την καρδιά του ανεπιφύλακτα στην Άμμα, έτσι κι εσείς επίσης, παιδιά μου, θα πρέπει να μάθετε ν' ανοίγετε τις καρδιές σας και να τις αφήνετε να ξεχυθούν στο Θεό. Παρότι η Άμμα απλώς προσποιούταν ότι χτυπούσε τον πατέρα του, για το αγόρι αυτό ήταν πραγματικό. Δεν ήθελε να πονά ο πατέρας του. Έτσι κι εσείς, παιδιά μου, να κατανοείτε τον πόνο των άλλων και να είστε ευσπλαχνικοί απέναντι σε όλους.

Αφυπνίζοντας το Μαθητή που Ονειρεύεται

Ερώτηση: Πώς βοηθά ο *Γκούρου* το μαθητή να υπερβεί το εγώ;

Άμμα: Δημιουργώντας τις απαραίτητες καταστάσεις. Στην πραγματικότητα, είναι η ευσπλαχνία του *Σάτγκουρου* (Αληθινού Διδασκάλου), η οποία βοηθά το μαθητή.

Ερώτηση: Άρα λοιπόν, τι ακριβώς βοηθά το μαθητή; Οι καταστάσεις ή η ευσπλαχνία του *Γκούρου*;

Άμμα: Οι καταστάσεις εμφανίζονται ως αποτέλεσμα της απέραντης ευσπλαχνίας του *Γκούρου*.

Ερώτηση: Είναι αυτές συνηθισμένες καταστάσεις ή ειδικές;

Άμμα: Είναι συνηθισμένες καταστάσεις. Ωστόσο, είναι επίσης ειδικές, επειδή αποτελούν άλλη μια μορφή ευλογίας του *Γκούρου* για την πνευματική εξύψωση του μαθητή.

Ερώτηση: Υπάρχουν συγκρούσεις ανάμεσα στο *Γκούρου* και στο μαθητή κατά τη διάρκεια της διαδικασίας απομάκρυνσης του εγώ;

Άμμα: Ο νους θα ξεσηκωθεί και θα διαμαρτυρηθεί, επειδή θέλει να συνεχίσει να κοιμάται και να ονειρεύεται. Δε θέλει να παρενοχλείται. Ένας Αληθινός Διδάσκαλος όμως είναι αυτός που παρενοχλεί τον ύπνο του μαθητή. Ο ένας και μοναδικός στόχος του *Σάτγκουρου* είναι να αφυπνίσει το μαθητή. Υπάρχει, λοιπόν, μια φαινομενική αντίθεση. Ένας αληθινός μαθητής όμως, ο οποίος είναι προικισμένος με *σράντα* (πραγματική πίστη με αγάπη), θα χρησιμοποιήσει τη διάκριση για να ξεπεράσει τέτοιες εσωτερικές συγκρούσεις.

Υπακοή στον Γκούρου

Ερώτηση: Θα οδηγήσει τελικά η απόλυτη υπακοή στο *Γκούρου* στο θάνατο του εγώ;

Άμμα: Ναι θα οδηγήσει. Στην *Κατοπανισάδα*, ο *Σάτγκου-ρου* συμβολίζεται από τον Γιάμα, τον Άρχοντα του Θανάτου. Κι αυτό γιατί ο *Γκούρου* συμβολίζει το θάνατο του εγώ του μαθητή. Ο θάνατος αυτός μπορεί να λάβει χώρα μόνο με τη βοήθεια ενός *Σάτγκουρου*.

Η υπακοή στο *Σάτγκουρου* προέρχεται από την αγάπη του μαθητή για το *Γκούρου*. Ο μαθητής θα νιώσει σε πολύ μεγάλο βαθμό εμπνευσμένος από την αυτοθυσία και την ευσπλαχνία του Διδασκάλου. Συγκινημένος βαθύτατα απ' αυτήν τη φύση του *Γκούρου*, στην παρουσία του ο μαθητής παραμένει αυθόρμητα ανοιχτός και υπάκουος.

Ερώτηση: Χρειάζεται εξαιρετικό θάρρος για να αντιμετωπίσει κάποιος το θάνατο του εγώ, έτσι δεν είναι;

Άμμα: Ασφαλώς, γι' αυτό λίγοι μπορούν να το καταφέρουν. Το να επιτρέπει κάποιος στο εγώ να πεθάνει, είναι σαν να χτυπά την πόρτα του θανάτου. Αυτό ακριβώς έκανε ο Νατσικέτας, ο νεαρός αναζητητής της *Κατοπανισάδα*. Αλλά αν έχεις το θάρρος και την αποφασιστικότητα να χτυπήσεις την πόρτα του θανάτου, θα ανα-καλύψεις ότι θάνατος δεν υπάρχει. Διότι ακόμα και ο θάνατος, ή ο θάνατος του εγώ, είναι μια ψευδαίσθηση.

Ο Ορίζοντας Είναι Εδώ

Ερώτηση: Πού είναι κρυμμένος ο Εαυτός;

Άμμα: Η ερώτηση είναι σαν να ρωτάς, «Πού είμαι κρυμμένος;» Δεν είσαι κρυμμένος πουθενά. Είσαι μέσα σου. Παρομοίως, ο Εαυτός είναι και μέσα σου και έξω από σένα.

Κοιτάζοντας απ' την ακτή, φαίνεται ότι ο ωκεανός και ο ορίζοντας εφάπτονται. Αν υποθέσουμε ότι υπάρχει ένα νησί εκεί, θα δίνεται η εντύπωση ότι τα δέντρα ακουμπούν τον ουρανό. Αν όμως πάμε εκεί, βλέπουμε το σημείο επαφής; Όχι, αντιθέτως, αυτό το σημείο επίσης μετακινείται πιο πέρα. Τώρα θα είναι σε μια άλλη θέση. Στην πραγματικότητα πού είναι ο ορίζοντας; Ο ορίζοντας είναι ακριβώς εδώ, όπου στεκόμαστε, έτσι δεν είναι; Παρομοίως, αυτό που αναζητάς είναι ακριβώς εδώ. Όσο όμως παραμένουμε υπνωτισμένοι από το σώμα και το νου μας, αυτό θα παραμένει πολύ μακριά.

Όσον αφορά την ύψιστη γνώση, είσαι όπως ένας επαίτης. Ο Αληθινός Διδάσκαλος εμφανίζεται και σου λέει: «Κοίτα, σου ανήκει ολόκληρο το σύμπαν. Πέτα την κούπα του ζητιάνου κι αναζήτησε το θησαυρό που είναι κρυμμένος μέσα σου.» Η άγνοιά σου για την πραγματικότητα σε κάνει να αποκριθείς: «Λες ανοησίες. Είμαι επαίτης και θέλω να συνεχίσω την επαιτεία για την υπόλοιπη ζωή μου. Σε παρακαλώ, άσε με ήσυχο.» Ωστόσο, ένας *Σάτγκουρου* (Αληθινός Διδάσκαλος) δε θα σ' αφήσει έτσι. Ο *Σάτγκουρου* θα συνεχίσει να σου υπενθυμίζει επανειλημμένως το ίδιο πράγμα, ώσπου να πειστείς και να ξεκινήσεις την αναζήτηση.

Με λίγα λόγια, ο *Σάτγκουρου* μας βοηθά να συνειδητοποιήσουμε ότι ο νους μας βρίσκεται στην κατάσταση της επαιτείας, μας παρακινεί να πετάξουμε την κούπα του ζητιάνου και μας βοηθά να γίνουμε κύριοι του σύμπαντος.

Πίστη & Κομποσκοίνι

Κατά τη διάρκεια ενός *Ντέβι Μπάβα* στο Σαν Ραμόν της Καλιφόρνια, ετοιμαζόμουν να πάω για να τραγουδήσω *μπάτζανς* (λατρευτικά τραγούδια), όταν με πλησίασε μια κυρία με δάκρυα στα μάτια. «Έχασα κάτι, το οποίο μου είναι εξαιρετικά πολύτιμο», είπε. Η κυρία ακουγόταν πολύ απελπισμένη και συνέχισε λέγοντας: «Κοιμόμουν στο μπαλκόνι του πάνω ορόφου με το κομποσκοίνι, που μου είχε χαρίσει η γιαγιά μου. Όταν ξύπνησα το κομποσκοίνι είχε εξαφανιστεί. Κάποιος το έκλεψε. Ήταν ανεκτίμητο για μένα. Ω! Θεέ μου, τι να κάνω;» Με τα λόγια αυτά, άρχισε να κλαίει. «Το αναζητήσατε στο τμήμα απολεσθέντων;» ρώτησα. «Ναι», είπε, «αλλά δεν ήταν εκεί.» Της είπα τότε: «Μην κλαίτε σας παρακαλώ. Ας κάνουμε μια ανακοίνωση. Αν κάποιος το βρήκε ή το πήρε κατά λάθος, ίσως σας το επιστρέψει, αν εξηγήσετε πόσο πολύτιμο είναι για σας.»

Ετοιμαζόμουν να την οδηγήσω στο χώρο των μικροφωνικών εγκαταστάσεων, απ' όπου γίνονται ηχητικές ανακοινώσεις, όταν η γυναίκα είπε: «Πώς μπόρεσε να συμβεί κάτι τέτοιο τη νύχτα του *Ντέβι Μπάβα*, που ήρθα για το *ντάρσαν* της Άμμα;»

Όταν την άκουσα να το λέει αυτό, της μίλησα αυθόρμητα με τα παρακάτω λόγια: «Κοιτάξτε, δεν ήσασταν αρκετά προσεκτική. Γι' αυτόν το λόγο χάσατε το κομποσκοίνι. Γιατί κοιμηθήκατε με το κομποσκοίνι στο χέρι, αν σας ήταν τόσο πολύτιμο; Υπάρχουν διαφορετικών ειδών άνθρωποι μαζεμένοι εδώ απόψε. Η Άμμα δεν απορρίπτει κανέναν. Επιτρέπει στον καθένα να συμμετέχει και να είναι χαρούμενος. Γνωρίζοντάς το αυτό, θα έπρεπε να είστε περισσότερο προσεκτική. Αντί αυτού, κατηγορείτε την Άμμα χωρίς να αναλαμβάνετε την ευθύνη για την απερισκεψία σας.» Η κυρία δεν είχε πειστεί. «Η πίστη μου στην Άμμα κλονίστηκε», είπε.

Τότε τη ρώτησα: «Είχατε καθόλου πίστη για να τη χάσετε; Αν είχατε πραγματική πίστη πώς θα μπορούσατε να την έχετε χάσει;» Εκείνη δεν είπε τίποτα. Ωστόσο, την οδήγησα στο χώρο μικροφωνικών εγκαταστάσεων και έκανε την ανακοίνωσή της. Δυο ώρες περίπου αργότερα, αφού τα *μπάτζανς* είχαν τελειώσει, συνάντησα την κυρία στην κεντρική είσοδο της αίθουσας. Περίμενε για να με δει. Η κυρία μου είπε ότι είχε βρει το κομποσκοίνι. Πράγματι, κάποιος το βρήκε στο μπαλκόνι και το πήρε πιστεύοντας ότι ήταν ένα δώρο γι' αυτόν από την Άμμα. Όταν όμως άκουσε την ανακοίνωση, το επέστρεψε.

Η κυρία είπε: «Σας ευχαριστώ για την υπόδειξή σας.»

«Να ευχαριστείτε την Άμμα, επειδή ήταν τόσο ευσπλαχνική που δεν ήθελε να χάσετε την πίστη σας,» απάντησα. Πριν την αποχαιρετήσω της είπα: «Παρόλο που υπάρχουν εδώ διαφορετικών ειδών άνθρωποι, όλοι αγαπούν την Άμμα· διαφορετικά δε θα το ξαναβλέπατε το κομποσκοίνι σας.»

Αγάπη & Παράδοση

Ερώτηση: Άμμα, ποια είναι η διαφορά μεταξύ αγάπης και παράδοσης;

Άμμα: Η αγάπη εξαρτάται από προϋποθέσεις, ενώ η παράδοση είναι άνευ όρων.

Ερώτηση: Τι σημαίνει αυτό;

Άμμα: Στην αγάπη υπάρχει ο αγαπών και ο αγαπημένος, ο μαθητής και ο Διδάσκαλος, ο πιστός και ο Θεός. Στην παράδοση όμως οι δύο εξαφανίζονται. Υπάρχει μόνο ο Διδάσκαλος· μόνο ο Θεός.

Επίγνωση & Εγρήγορση

Ερώτηση: Είναι επίγνωση και *σράντα* (αγάπη και πίστη) το ίδιο;

Άμμα: Ναι. Όσο περισσότερη *σράντα* έχεις τόσο περισσότερη επίγνωση θα έχεις, επίσης. Η έλλειψη επίγνωσης δημιουργεί εμπόδια στο δρόμο προς την αιώνια ελευθερία. Είναι σαν να οδηγείς στην ομίχλη. Δεν μπορείς να βλέπεις τίποτα καθαρά. Είναι επίσης επικίνδυνο, επειδή ανά πάσα στιγμή μπορεί να συμβεί κάποιο ατύχημα. Από την άλλη πλευρά, οι πράξεις που γίνονται με επίγνωση, σε βοηθούν να συνειδητοποιείς την έμφυτη Θεϊκότητά σου. Βοηθούν να αυξάνεις τη διαύγειά σου λεπτό προς λεπτό.

Η Πίστη Απλοποιεί
τα Πάντα

Ερώτηση: Γιατί είναι τόσο δύσκολο να επιτευχθεί η Αυτοπραγμάτωση;

Άμμα: Η Αυτοπραγμάτωση είναι εύκολη επειδή ο *Άτμαν* (Εαυτός) είναι ό,τι πιο κοντινό σε μας. Είναι ο νους που την καθιστά δύσκολη.

Ερωτών: Όμως, δεν είναι αυτός ο τρόπος που περιγράφεται στις Γραφές και απ' τους Μεγάλους Διδασκάλους. Τα μέσα και οι μέθοδοι έχουν έναν πολύ σκληρό και αυστηρό χαρακτήρα.

Άμμα: Οι Γραφές και οι Μεγάλοι Διδάσκαλοι προσπαθούν πάντα να απλοποιήσουν τα πράγματα. Σου υπενθυμίζουν διαρκώς ότι ο Εαυτός, ή Θεός, είναι η πραγματική σου φύση, το οποίο σημαίνει ότι δεν βρίσκεται μακριά. Είναι ο πραγματικός εαυτός σου, το αρχικό σου πρόσωπο. Αλλά πρέπει να έχεις πίστη για να αφομοιώσεις αυτήν την αλήθεια. Η έλλειψη πίστης κάνει το δρόμο σκληρό και η πίστη τον απλοποιεί. Πες σ' ένα παιδί: «Είσαι βασιλιάς» και σ' ένα δευτερόλεπτο το παιδί θα ταυτιστεί με αυτό και θ' αρχίσει να συμπεριφέρεται όπως ένας βασιλιάς. Έχουν οι ενήλικες τέτοια πίστη; Όχι, δεν έχουν. Αυτός είναι ο λόγος που η Αυτοπραγμάτωση είναι δύσκολη γι' αυτούς.

Εστιάζοντας στο Στόχο

Ερώτηση: Άμμα, πώς μπορεί κάποιος να επιταχύνει το πνευματικό του ταξίδι;

Άμμα: Μέσω της ειλικρινούς *σάντανα* (πνευματικές ασκήσεις) και της εστίασης στο Στόχο. Να θυμάσαι πάντα ότι η φυσική σου ύπαρξη σ' αυτόν τον κόσμο έχει σκοπό την επίτευξη της πνευματικής τελειοποίησης. Ο τρόπος που σκέφτεσαι και ζεις θα πρέπει να διαμορφώνεται μ' έναν τέτοιο τρόπο, ώστε να σε βοηθά να προοδεύεις στον πνευματικό δρόμο.

Ερώτηση: Είναι η εστίαση στο Στόχο το ίδιο με τη μη - προσκόλληση;

Άμμα: Για εκείνον που είναι εστιασμένος στο Στόχο, η μη προσκόλληση επακολουθεί αυτομάτως. Για παράδειγμα, αν ταξιδεύεις σε μια άλλη πόλη για επείγουσες επαγγελματικές υποχρεώσεις, ο νους σου θα είναι διαρκώς προσηλωμένος στην αποστολή σου, έτσι δεν είναι; Ίσως δεις ένα όμορφο πάρκο και μια λίμνη, ένα καλό εστιατόριο, έναν ταχυδακτυλουργό που παίζει επιδέξια και ταχύτατα με 15 μπάλες κλπ. Θα τραβήξει όμως κάτι από αυτά την προσοχή σου; Όχι. Ο νους σου θα αποστασιοποιηθεί από αυτά που παρατηρείς και θα προσκολληθεί στον προορισμό. Παρομοίως, όταν υπάρχει ειλικρινής προσήλωση στο Στόχο, αυτομάτως ακολουθεί η μη προσκόλληση.

Πράξη & Υποδούλωση

Ερώτηση: Κάποιοι άνθρωποι πιστεύουν ότι η δράση δημιουργεί εμπόδια στον πνευματικό δρόμο και γι' αυτό είναι ενδεδειγμένο να την αποφεύγει κανείς. Είναι σωστό αυτό;

Άμμα: Κατά πάσα πιθανότητα αυτός είναι ο ορισμός κάποιου τεμπέλη. Το *κάρμα* (πράξη, δράση), από μόνο του, δεν είναι επικίνδυνο. Όταν όμως δε συνδυάζεται μ' ευσπλαχνία, όταν γίνεται για προσωπική ικανοποίηση και μόνο για να εξυπηρετεί ανομολόγητα κίνητρα, τότε είναι επικίνδυνο. Για παράδειγμα, κατά τη διάρκεια μιας χειρουργικής επέμβασης, ένας γιατρός θα πρέπει να είναι σε πλήρη εγρήγορση, αλλά και να έχει μια ευσπλαχνική στάση επίσης. Αν, αντ' αυτού, ο γιατρός συλλογίζεται τα προβλήματα στο σπίτι του, ο βαθμός της εγρήγορσής του μειώνεται. Αυτό, θα μπορούσε ακόμα και να θέσει σε κίνδυνο τη ζωή του ασθενή. Τέτοιου είδους *κάρμα* είναι *αντάρμα* (μη ορθή πράξη). Από την άλλη πλευρά, η αίσθηση ικανοποίησης, την οποία αντλεί ο γιατρός από μια επιτυχημένη επέμβαση, μπορεί να τον βοηθήσει να εξυψωθεί, εφόσον την κατευθύνει κατάλληλα. Με άλλα λόγια, όταν το *κάρμα* επιτελείται με επίγνωση, και την συμπόνια ως κινητήρια δύναμή του, τότε επιταχύνει το πνευματικό ταξίδι του ανθρώπου. Αντιθέτως, όταν πράττουμε με λίγη ή καθόλου επίγνωση και έλλειψη συμπόνιας, τότε αυτό γίνεται επικίνδυνο.

Για να Αναπτυχθεί η Διάκριση

Ερώτηση: Άμμα, πώς αναπτύσσεται η διάκριση;

Άμμα: Μέσω της συνετής δράσης.

Ερώτηση: Είναι ένας νους με ικανότητα διάκρισης ένας ώριμος νους;

Άμμα: Ναι, ένας πνευματικά ώριμος νους.

Ερώτηση: Έχει ένας τέτοιος νους περισσότερες ικανότητες;

Άμμα: Περισσότερες ικανότητες και περισσότερη κατανόηση.

Ερώτηση: Κατανόηση για ποιο πράγμα;

Άμμα: Για τα πάντα, για κάθε κατάσταση κι εμπειρία.

Ερώτηση: Εννοείς, ακόμα και για τις αρνητικές και οδυνηρές καταστάσεις;

Άμμα: Ναι, όλες. Ακόμα κι οι οδυνηρές εμπειρίες, όταν κατανοηθούν βαθιά, έχουν μια θετική επίδραση στη ζωή μας. Ακριβώς κάτω απ' την επιφάνεια όλων των εμπειριών, είτε είναι καλές είτε κακές, υπάρχει ένα πνευματικό μήνυμα. Έτσι λοιπόν, το να βλέπει κανείς τα πράγματα εξωτερικά, είναι υλισμός, ενώ το να αντιλαμβάνεται την εσωτερική τους διάσταση, είναι πνευματικότητα.

Το Τελικό Άλμα

Ερώτηση: Άμμα, υπάρχει κάποιο σημείο στη ζωή ενός αναζητητή, όπου αυτός πρέπει απλά να περιμένει;

Άμμα: Ναι. Αφού θα έχει εκτελέσει πνευματικές ασκήσεις για ένα μεγάλο χρονικό διάστημα, που σημαίνει, αφού θα έχει καταβάλλει κάθε απαραίτητη προσπάθεια, θα έλθει μια στιγμή, όπου ο *σάντακ* (πνευματικός αναζητητής) θα πρέπει να σταματήσει κάθε *σάντανα* και να περιμένει υπομονετικά να έρθει η πραγμάτωση.

Ερώτηση: Μπορεί ο αναζητητής να κάνει, στη δεδομένη στιγμή, το άλμα αυτό μόνος του;

Άμμα: Όχι. Στην πραγματικότητα αυτό είναι ένα κρίσιμο σημείο, όπου ο αναζητητής χρειάζεται άμετρη βοήθεια.

Ερώτηση: Θα προσφέρει ο *Γκούρου* αυτήν τη βοήθεια;

Άμμα: Ναι, μόνο η Χάρη του *Σάτγκουρου* μπορεί να βοηθήσει το *σάντακ* σ' αυτό το σημείο. Τότε είναι που ο *σάντακ* χρειάζεται απόλυτη υπομονή. Διότι ο *σάντακ* έχει κάνει ό,τι μπορούσε· κάθε ατομική προσπάθεια έχει καταβληθεί. Τώρα, ο *σάντακ* είναι αβοήθητος. Δε γνωρίζει, πώς να κάνει το τελευταίο βήμα. Σε αυτό το σημείο, ο αναζητητής ίσως ακόμα και να σαστίσει, και νομίζοντας πως δεν υπάρχει μια τέτοια κατάσταση όπως η Αυτοπραγμάτωση, ίσως επιστρέψει στα εγκόσμια. Μόνο η παρουσία και η Χάρη του *Σάτγκουρου*, θα εμπνεύσουν τον αναζητητή και θα τον βοηθήσουν να προχωρήσει πέρα από το σημείο αυτό.

Η Ευτυχέστερη Στιγμή στη Ζωή της Άμμα

Ερώτηση: Άμμα, ποια είναι η ευτυχέστερη στιγμή στη ζωή Σου;

Άμμα: Κάθε στιγμή.

Ερώτηση: Τι σημαίνει αυτό;

Άμμα: Η Άμμα εννοεί ότι είναι διαρκώς ευτυχισμένη, επειδή, για εκείνη, υπάρχει μόνο αγνή αγάπη.

Η Άμμα παρέμεινε σιωπηλή για λίγη ώρα. Το ντάρσαν συνεχιζόταν. Τότε, ένας πιστός έφερε στην Άμμα, για να την ευλογήσει, μια φωτογραφία που απεικόνιζε τη Θεά Κάλι να χορεύει πάνω στο στήθος του Κυρίου Σίβα. Η Άμμα έδειξε τη φωτογραφία στον πιστό που ήταν στην ουρά για τις ερωτήσεις.

Άμμα: Κοίτα αυτή τη φωτογραφία. Παρόλο που η *Κάλι* φαίνεται τρομαχτική, έχει μια ευδαιμονική διάθεση. Ξέρεις γιατί; Επειδή μόλις έκοψε το κεφάλι, το εγώ, του πολυαγαπημένου της μαθητή. Το κεφάλι θεωρείται η έδρα του εγώ. Η *Κάλι* πανηγυρίζει αυτήν την πολύτιμη στιγμή, που ο μαθητής της έχει υπερβεί πλήρως το εγώ του. Άλλη μια ψυχή, η οποία είχε περιπλανηθεί για πολύ καιρό στα σκοτάδια, απελευθερώθηκε από τα νύχια της *μάγια* (ψευδαίσθηση).

Όταν ένας άνθρωπος φτάνει στη σωτηρία, η *κουνταλίνι σάκτι* (πνευματική ενέργεια) ολόκληρης της πλάσης αφυπνίζεται και εξυψώνεται. Από τη στιγμή αυτή κι ύστερα, αυτός ο άνθρωπος βλέπει τα πάντα ως θεϊκά. Έτσι, ξεκινά μια γιορτή που δεν έχει τέλος. Γι' αυτό, λοιπόν, η *Κάλι* χορεύει εκστασιασμένη.

Ερώτηση: Εννοείς ότι και για σένα επίσης, η ευτυχέστερη στιγμή είναι όταν τα παιδιά σου υπερβαίνουν το εγώ τους;

Ένα λαμπερό χαμόγελο φώτισε το πρόσωπο της Άμμα.

Το Μεγαλύτερο Δώρο που Προσφέρει η Άμμα

Ένας ηλικιωμένος πιστός, ο οποίος υπέφερε από καρκίνο σε προχωρημένο στάδιο, προσήλθε για το *ντάρσαν* της Άμμα. Γνωρίζοντας ότι επρόκειτο να πεθάνει πολύ σύντομα, ο άντρας είπε: «Αντίο, Άμμα. Σ' ευχαριστώ τόσο πολύ για όλα όσα μου έδωσες. Με πλημμύρισες με αγνή αγάπη και μου έδειξες το δρόμο κατά τη διάρκεια αυτής της οδυνηρής περιόδου. Χωρίς εσένα, θα είχα καταρρεύσει προ πολλού. Κράτα πάντα κοντά σου αυτήν την ψυχή.» Με τα λόγια αυτά, ο πιστός πήρε το χέρι της Άμμα και το ακούμπησε στο στήθος του.

Ο άντρας άρχισε τότε να κλαίει με λυγμούς, καλύπτοντας το πρόσωπό του με τις παλάμες των χεριών του. Η Άμμα τον αγκάλιασε πολύ τρυφερά ακουμπώντας τον στον ώμο Της, ενώ σκούπιζε τα δάκρυα που κυλούσαν στα μάγουλά Της.

Ανασηκώνοντας το κεφάλι του απ' τον ώμο Της, η Άμμα κοίταξε βαθιά μέσα στα μάτια του. Εκείνος σταμάτησε το κλάμα. Έδειχνε, μάλιστα, χαρούμενος και δυνατός. Είπε τότε: «Με όλη την αγάπη που μου έχεις δώσει, Άμμα, το παιδί σου δεν είναι θλιμμένο. Η μία και μοναδική μου έγνοια είναι αν θα παραμείνω στην αγκαλιά σου ή όχι, ακόμα και μετά το θάνατό μου. Γι' αυτό έκλαψα. Αλλιώς, είμαι εντάξει.»

Κοιτάζοντας επίμονα στα μάτια του με βαθιά αγάπη κι ενδιαφέρον, η Άμμα του είπε τρυφερά: «Μην ανησυχείς παιδί μου. Η Άμμα σε διαβεβαιώνει ότι θα παραμείνεις αιώνια στην αγκαλιά της.»

Το πρόσωπο του άντρα φωτίστηκε ξαφνικά από απέραντη χαρά. Έδειχνε τόσο γαλήνιος. Με τα μάτια ακόμα γεμάτα δάκρυα, η Άμμα τον παρακολουθούσε σιωπηλή, καθώς εκείνος απομακρυνόταν.

Η Αγάπη Δίνει Ζωή στα Πάντα

Ερώτηση: Άμμα, εφόσον τα πάντα διαποτίζονται από συνείδηση, έχουν και τα μη ζωντανά αντικείμενα, επίσης, συνείδηση;

Άμμα: Έχουν μια συνείδηση, την οποία δεν μπορείς ν' αντιληφθείς ή να κατανοήσεις.

Ερώτηση: Πώς μπορούμε να την κατανοήσουμε;

Άμμα: Μέσω της αγνής αγάπης. Η αγάπη δίνει ζωή και συνείδηση στα πάντα.

Ερωτούσα: Έχω αγάπη, όμως δεν μπορώ να δω ζωή και συνείδηση στο καθετί.

Άμμα: Αυτό σημαίνει ότι κάτι δεν πάει καλά με την αγάπη σου.

Ερώτηση: Η αγάπη είναι αγάπη. Πώς είναι δυνατόν να μην πάει κάτι καλά με την αγάπη;

Άμμα: Η αληθινή αγάπη, είναι αυτό που μας βοηθά να βιώνουμε τη ζωή και τη ζωτική δύναμη παντού. Αν η αγάπη σου δε σε καθιστά ικανή να το δεις αυτό, τότε μια τέτοια αγάπη δεν είναι πραγματική αγάπη. Είναι ψευδαίσθηση αγάπης.

Ερώτηση: Αυτό, όμως, είναι κάτι που είναι πολύ δύσκολο να το καταλάβει και να το εφαρμόσει κανείς, έτσι δεν είναι;

Άμμα: Όχι, δεν είναι.

Η πιστή παρέμεινε σιωπηλή με μια σαστισμένη έκφραση στο πρόσωπό της.

Άμμα: Δεν είναι τόσο δύσκολο όσο νομίζεις. Στην πραγματικότητα, σχεδόν όλοι το κάνουν. Ωστόσο, δεν το αντιλαμβάνονται.

Εκείνη τη στιγμή, μια πιστή έφερε τη γάτα της για να ευλογηθεί απ' την Άμμα. Η Άμμα σταμάτησε για λίγο να μιλά. Κράτησε τη γάτα τρυφερά για λίγα λεπτά και τη χάιδεψε. Μετά άλειψε με προσοχή λίγη πάστα σανταλόξυλου στο μέτωπο του ζώου και του έδωσε να φάει ένα σοκολατάκι «Hershey's Kiss.»

Άμμα: Αγόρι ή κορίτσι;

Πιστή: Κορίτσι.

Άμμα: Πώς τη λένε;

Πιστή: Ρόουζ ... *(με έντονα ανήσυχο τόνο)*, είναι δυο μέρες τώρα που δε νιώθει καλά. Σε παρακαλώ, Άμμα, ευλόγησέ την, ώστε να αναρρώσει γρήγορα. Είναι πιστή μου φίλη και σύντροφος.

Καθώς η κυρία πρόφερε τα λόγια αυτά, δάκρυα κύλησαν από τα μάτια της. Η Άμμα έτριψε τρυφερά τη γάτα με λίγη ιερή στάχτη

270

και την έδωσε πίσω στην πιστή, η οποία απομακρύνθηκε από την Άμμα ικανοποιημένη.

Άμμα: Γι' αυτήν την κόρη, η γάτα της δεν είναι μία ανάμεσα σε εκατομμύρια άλλες γάτες· η γάτα της είναι μοναδική. Την αισθάνεται, σχεδόν, όπως έναν άνθρωπο. Γι' αυτήν, η «Ρόουζ» της έχει μια εντελώς δική της προσωπικότητα. Γιατί; Επειδή αγαπά τη γάτα τόσο πολύ, ταυτίζεται μαζί της.

Άνθρωποι σε όλο τον κόσμο το κάνουν αυτό, έτσι δεν είναι; Δίνουν ονόματα στις γάτες τους, στους σκύλους, στους παπαγάλους και μερικές φορές ακόμα και στα δέντρα. Από τη στιγμή που ένας άνθρωπος ονομάζει και κάνει δικό του ένα ζώο, πουλί ή φυτό, αυτό γίνεται, γι' αυτόν τον άνθρωπο, κάτι ξεχωριστό και διαφορετικό από άλλα του είδους του. Ξαφνικά, παίρνει μια ιδιαίτερη θέση, και παύει να είναι ένα απλό πλάσμα. Η ταύτιση εκείνου του ανθρώπου με το πλάσμα αυτό, χαρίζει στο τελευταίο μια νέα ζωή.

Δες τα μικρά παιδιά. Μια κούκλα γίνεται γι' αυτά ένα αντικείμενο με ζωή και συνείδηση. Συνομιλούν με την κούκλα, την ταΐζουν και κοιμούνται μαζί της. Τι δίνει ζωή στην κούκλα; Η αγάπη του παιδιού γι' αυτήν, έτσι δεν είναι; Η αγάπη μπορεί να μεταμορφώσει ακόμα κι ένα απλό αντικείμενο, σ' ένα ον με ζωή και συνείδηση.

Πες τώρα λοιπόν στην Άμμα, είναι μια τέτοια αγάπη δύσκολη;

Ένα Μεγάλο Μάθημα
Συγχώρεσης

Ερώτηση: Άμμα, υπάρχει κάτι που επιθυμείς να μου πεις τώρα; Κάποιες ιδιαίτερες οδηγίες για μένα σ' αυτό το σημείο της ζωής μου;

Άμμα: (χαμογελώντας) Να έχεις υπομονή.

Ερώτηση: Αυτό είναι όλο;

Άμμα: Λίγο το 'χεις; Αυτό είναι πάρα πολύ.

Ο πιστός είχε στραφεί για να φύγει και είχε κάνει κάποια βήματα, όταν η Άμμα του φώναξε: «...και να συγχωρείς επίσης.» Ακούγοντας τα λόγια της Άμμα, ο άντρας γύρισε πίσω και ρώτησε: «Σε μένα μίλησες;»

Άμμα: Ναι, σε σένα.

Ο άντρας ξαναγύρισε κοντά Της.

Ερώτηση: Είμαι σίγουρος ότι μου κάνεις κάποιες νύξεις, αφού αυτό ήταν πάντα η εμπειρία μου στο παρελθόν. Άμμα, Σε παρακαλώ, πες μου ξεκάθαρα τι θέλεις να πεις;

Η Άμμα συνέχισε να δίνει ντάρσαν, ενώ ο άντρας περίμενε για να ακούσει περισσότερα. Για λίγη ώρα, η Άμμα δεν είπε τίποτα.

Άμμα: Πρέπει να υπάρχει κάτι, κάποιο γεγονός ή κατάσταση που να αναδύθηκε ξαφνικά στο νου σου. Αλλιώς, γιατί αντέδρασες τόσο άμεσα, όταν άκουσες την Άμμα να λέει, «να συγχωρείς»; Γιε μου, δεν είχες την ίδια αντίδραση, όταν η Άμμα σου είπε «να έχεις υπομονή». Το δέχτηκες και στράφηκες να φύγεις, έτσι δεν είναι; Κάτι λοιπόν, όντως σε βασανίζει.

Ακούγοντας τα λόγια της Άμμα, ο άντρας καθόταν σιωπηλός για λίγα λεπτά με το κεφάλι του σκυμμένο. Ξάφνου άρχισε να κλαίει γοερά, καλύπτοντας το πρόσωπό του με τα χέρια του. Η Άμμα δεν μπορούσε να βλέπει το παιδί Της να κλαίει. Σκούπισε τα δάκρυά του τρυφερά και τον χάιδεψε στο στήθος.

Άμμα: Μην ανησυχείς γιε μου. Η Άμμα είναι κοντά σου.

Ερωτών: (*με λυγμούς*) Έχεις δίκιο. Δεν μπορώ να συγχωρέσω το γιο μου. Δεν του έχω μιλήσει εδώ κι ένα χρόνο. Είμαι βαθιά πληγωμένος και θυμωμένος μαζί του. Άμμα, σε παρακαλώ, βοήθησέ με.

Άμμα: (*κοιτάζοντας ευσπλαχνικά τον πιστό*) Η Άμμα καταλαβαίνει.

Ερωτών: Πριν ένα χρόνο ήρθε μια μέρα στο σπίτι σε άθλια κατάσταση, υπό την επήρεια ναρκωτικών. Όταν του ζήτησα να απολογηθεί για τη συμπεριφορά του, έγινε βίαιος και μου έβαλε τις φωνές, μετά άρχισε να σπάει πιάτα και να καταστρέφει πράγματα. Έχασα εντελώς την υπομονή μου και τον πέταξα έξω από το σπίτι. Από τότε, δεν τον ξαναείδα ούτε έχω μιλήσει μαζί του.

Ο άντρας φαινόταν πραγματικά δυστυχισμένος.

Άμμα: Η Άμμα βλέπει την καρδιά σου. Οποιοσδήποτε θα είχε χάσει τον έλεγχο σ' αυτήν την κατάσταση. Μη νιώθεις ενοχές για το γεγονός εκείνο. Ωστόσο, είναι πολύ σημαντικό για σένα να τον συγχωρέσεις.

Ερωτών: Το θέλω, όμως είμαι ανίκανος να ξεχάσω και να προχωρήσω μπροστά. Κάθε φορά που η καρδιά μου λέει να τον συγχωρέσω, ο νους μου το αμφισβητεί. Ο νους μου λέει, «Γιατί να τον συγχωρέσεις; Εκείνος διέπραξε το λάθος, γι' αυτό, άστον να το μετανιώσει και να έρθει να ζητήσει τη συγχώρεσή σου.»

Άμμα: Γιε μου, επιθυμείς πραγματικά να διορθώσεις την κατάσταση;

Ερωτών: Ναι, Άμμα. Το θέλω, και θέλω να βοηθήσω να θεραπευτεί ο γιος μου και ο εαυτός μου.

Άμμα: Αν είναι έτσι, μην ακούς ποτέ το νου σου. Ο νους δεν μπορεί να θεραπεύσει ή να επιλύσει καμιά τέτοια κατάσταση. Αντιθέτως, ο νους θα την επιδεινώσει και θα σου προκαλέσει περισσότερη σύγχυση.

Ερώτηση: Άμμα, ποια είναι η συμβουλή σου;

Άμμα: Ίσως η Άμμα δεν μπορεί να σου πει αυτό που θέλεις ν' ακούσεις. Η Άμμα μπορεί όμως να σου πει, τι θα σε βοηθήσει πραγματικά να θεραπεύσεις την κατάσταση και να φέρεις ειρήνη στη σχέση σου με το γιο σου.

Ερωτών: Σε παρακαλώ, καθοδήγησέ με, Άμμα. Θα προσπαθήσω να κάνω ό,τι πεις.

Άμμα: Ό,τι έγινε, έγινε. Άσε καταρχάς τον εαυτό σου να το πιστέψει και να το αποδεχτεί αυτό. Μετά, εμπιστέψου το γεγονός ότι, πέρα από την προφανή, υπήρχε και μια κρυφή αιτία για την αλυσίδα των γεγονότων που εκτυλίχθηκαν εκείνη την ημέρα. Ο νους σου είναι αδιάλλακτος και πολύ πρόθυμος να κατηγορήσει το γιο σου για όλα. Εντάξει, όσον αφορά εκείνο το συγκεκριμένο γεγονός, ίσως να έφταιγε αυτός. Όμως...

Ερωτών: *(με αγωνία)* Άμμα, δεν ολοκλήρωσες αυτό που επρόκειτο να πεις.

Άμμα: Άσε την Άμμα να σε ρωτήσει κάτι. Εσύ σεβόσουν και αγαπούσες τους γονείς σου, ειδικότερα τον πατέρα σου;

Ερωτών: *(κοιτάζοντας λίγο σαστισμένος)* Τη μητέρα μου ναι, μ' αυτήν είχα μια πολύ όμορφη σχέση... αλλά με τον πατέρα μου δεν τα πήγαινα καθόλου καλά.

Άμμα: Γιατί;

Ερωτών: Επειδή ήταν πολύ αυστηρός και μου ήταν πολύ δύσκολο να αποδέχομαι τους κανόνες του.

Άμμα: Και σίγουρα υπήρξαν φορές που ήσουν πολύ αγενής απέναντί του, κάτι που πλήγωνε τα συναισθήματά του, έτσι δεν είναι;

Ερωτών: Ναι.

Άμμα: Αυτό σημαίνει πως, ό,τι έχεις κάνει στον πατέρα σου επιστρέφει τώρα σε σένα μέσω του γιου σου, μέσα από τα λόγια και τις πράξεις του.

Ερωτών: Άμμα, εμπιστεύομαι τα λόγια σου.

Άμμα: Γιε μου, υπέφερες πολύ εξαιτίας της άσχημης σχέσης σου με τον πατέρα σου, έτσι δεν είναι;

Ερωτών: Ναι, υπέφερα πολύ.

Άμμα: Τον συγχώρεσες ποτέ, ώστε να θεραπεύσεις τη σχέση σας;

Ερωτών: Ναι, αλλά αυτό έγινε λίγες μόλις μέρες πριν το θάνατό του.

Άμμα: Γιε μου, θέλεις ο γιος σου να υποστεί τον ίδιο πόνο, κάτι που με τη σειρά του θα προκαλέσει δυστυχία και σε σένα επίσης;

Ο άντρας ξέσπασε σε κλάματα καθώς κουνούσε το κεφάλι του αρνητικά και είπε, «Όχι Άμμα, όχι... ποτέ.»

Άμμα: *(κρατώντας τον κοντά Της)* Τότε λοιπόν συγχώρεσε το γιο σου, επειδή αυτός είναι ο μόνος δρόμος προς τη γαλήνη και την αγάπη.

Ο άντρας κάθισε δίπλα στην Άμμα και διαλογίστηκε πολλή ώρα. Φεύγοντας, είπε: «Νιώθω τόσο ανακουφισμένος και χαλαρός. Θα συναντήσω το γιο μου το συντομότερο δυνατό. Σ' ευχαριστώ Άμμα. Σ' ευχαριστώ πάρα πολύ.»

Ντάρσαν

Ερώτηση: Με ποιο τρόπο θα πρέπει να σε προσεγγίζουν οι άνθρωποι, ώστε να βιώνουν το *ντάρσαν* σου έντονα;

Άμμα: Με ποιο τρόπο βιώνουμε έντονα την ομορφιά και το άρωμα ενός λουλουδιού; Παραμένοντας απόλυτα ανοιχτοί σ' αυτό. Αν υποθέσουμε ότι έχεις μια βουλωμένη μύτη, το άρωμα θα σου διαφύγει. Κατά παρόμοιο τρόπο, αν ο νους σου είναι μπλοκαρισμένος με επικριτικές σκέψεις και προκαταλήψεις, θα σου διαφεύγει το *ντάρσαν* της Άμμα.

Ένας επιστήμονας βλέπει ένα λουλούδι σαν ένα αντικείμενο για πειραματισμό· ένας ποιητής σαν έμπνευση για ένα ποίημα. Και τι γίνεται μ' ένα μουσικό; Αυτός τραγουδά για το λουλούδι. Κι ένας βοτανολόγος θα το δει σαν την πηγή ενός αποτελεσματικού φαρμακευτικού παρασκευάσματος, έτσι δεν είναι; Για ένα ζώο ή έντομο δεν είναι τίποτε άλλο παρά τροφή. Κανένας απ' αυτούς δε βλέπει το λουλούδι σαν ένα λουλούδι, σαν μια ολότητα. Παρομοίως, οι άνθρωποι έχουν διαφορετική ιδιοσυγκρασία. Η Άμμα δέχεται τους πάντες ισότιμα - δίνει σ' όλους την ίδια ευκαιρία, την ίδια αγάπη, το ίδιο *ντάρσαν.* Η Άμμα δεν απορρίπτει κανέναν, επειδή όλοι είναι παιδιά Της. Ωστόσο, ανάλογα με τη δεκτικότητα του καθενός, το *ντάρσαν* θα είναι διαφορετικό. Το *ντάρσαν* είναι πάντα εδώ. Είναι μια αέναη ροή. Πρέπει μόνο να το δεχτείς. Αν μπορείς να αποτραβηχτείς πλήρως απ' το νου σου, έστω και για ένα δευτερόλεπτο, θα συμβεί το *ντάρσαν* σε όλη του την πληρότητα.

Ερώτηση: Μ' αυτήν την έννοια, λαμβάνουν όλοι το *ντάρσαν* σου;

Άμμα: Εξαρτάται από το πόσο ανοιχτός είναι ο καθένας. Όσο πιο ανοιχτός είναι, τόσο περισσότερο *ντάρσαν* λαμβάνει. Αν και όχι πλήρως, ο καθένας παίρνει μια μικρή γεύση απ' αυτό.

Ερώτηση: Μια γεύση ποιου πράγματος;

Άμμα: Μια γεύση της πραγματικής του φύσης.

Ερώτηση: Σημαίνει αυτό, ότι θα πάρει επίσης μια γεύση και αυτού που πραγματικά είσαι;

Άμμα: Η πραγματικότητα τόσο σε σένα όσο και στην Άμμα είναι η ίδια.

Ερώτηση: Ποια είναι αυτή;

Άμμα: Η ευδαιμονική σιωπή της αγάπης.

Μη Νομίζεις, αλλά Έχε Εμπιστοσύνη

Δημοσιογράφος: Άμμα, ποιος είναι ο σκοπός της παρουσίας σου σ' αυτόν τον πλανήτη;

Άμμα: Ποιος είναι ο σκοπός της *δικής σου* παρουσίας σ' αυτόν τον πλανήτη;

Δημοσιογράφος: Έχω θέσει στόχους στη ζωή μου. Νομίζω ότι είμαι εδώ για να τους επιτύχω.

Άμμα: Και η Άμμα, επίσης, είναι εδώ για να εκπληρώσει συγκεκριμένους στόχους, οι οποίοι είναι ωφέλιμοι για την κοινωνία. Σε αντίθεση όμως μ' εσένα, η Άμμα όχι μόνο *νομίζει* ότι αυτοί οι στόχοι θα επιτευχθούν, αλλά έχει απόλυτη εμπιστοσύνη ότι οι στόχοι αυτοί θα κατακτηθούν.

OM TAT ΣAT

Γλωσσάρι Σανσκριτικών Όρων

(Το επιμελήθηκε και το συνέταξε η μεταφραστική ομάδα)

Άβαταρ (ο) (Avatar) : Θεία ενσάρκωση. Θεός που κατέρχεται με ανθρώπινη μορφή για να στηρίξει την πνευματική ανύψωση της ανθρωπότητας.

Αντάρμα (το) (Adharma) : Μη ορθότητα, ανεντιμότητα. Εκτροπή απ' τη φυσική αρμονία. Το αντίθετο του ντάρμα. *(βλέπε παρακάτω)*.

Αρνταναρίσβαρα (το) (Ardhanarishwara) : Είναι μια ανδρόγυνη Θεότητα του Ινδουισμού που συντίθεται απ' το Σίβα και τη σύζυγό του Σάκτι και αντιπροσωπεύει τη σύνθεση της αρσενικής και της θηλυκής ενέργειας. Στην εικονογραφία απεικονίζεται κατά το ήμισυ, απ' την αριστερή πλευρά, σαν θηλυκή Θεά (Σάκτι) και κατά το ήμισυ, απ' τη δεξιά πλευρά, σαν αρσενικός Θεός (Σίβα). Αυτό δείχνει, επίσης, ότι η θηλυκή αρχή του Θεού είναι αναπόσπαστη απ' την αρσενική αρχή του.

Ασάτυα (η) (Asatya) : Η μη αλήθεια. Το αντίθετο του Σάτυα. *(βλέπε παρακάτω)*.

Άσραμ (το) (Ashram) : Πνευματικό Κέντρο, όπου οι πνευματικοί αναζητητές, που μένουν σ' αυτό ή το επισκέπτονται, διάγουν έναν πνευματικό τρόπο ζωής και εκτελούν τις πνευματικές τους ασκήσεις κάτω απ' την καθοδήγηση του Πνευματικού Διδασκάλου - Γκούρου, που ζει εκεί.

Άτμαν (ο) (Atman) : Ο αληθινός Εαυτός, ή Συνείδηση. Η ουσιαστική φύση της αληθινής μας ύπαρξης. Ο ατομικός Εαυτός ονομάζεται **Τζιβάτμαν** (jivatman). Ο Απόλυτος ή Ύψιστος Εαυτός ονομάζεται *Παράματμαν* (Paramatman). Στην ουσία είναι και τα δύο το ίδιο. Απ' αυτήν την άποψη ο Άτμαν είναι συνώνυμο του Μπράχμαν (το Απόλυτο Ον).

Βαϊράγκυα (η) (Vairagya) : Μη – προσκόλληση. Αποστα-στιοποίηση από κάθε παροδικό, φαινομενικό και μη αληθινό.

Βάσανας (οι) (Vasanas) : Λανθάνουσες ή εκλεπτυσμένες τάσεις της ψυχοσύστασής μας που ενυπάρχουν μέσα μας και τείνουν να εκφράζονται μέσα από πράξεις και συνήθειες. Είναι το απο-τέλεσμα του κάρμα, *(βλέπε παρακάτω)* και των εντυπώσεων των διαφόρων εμπειριών (Σαμσκάρα) *(βλέπε παρακάτω)* στο υποσυνείδητο.

Βέδα (η) (Veda) : Κυριολεκτικά σημαίνει «Γνώση». Πρόκειται για τη συλλογή των Ιερών Κειμένων, χωρισμένων σε τέσ-σερα μέρη, που αποτελούν την Αγία Γραφή του Ινδουισμού. Δε θεωρούνται αποτέλεσμα ανθρώπινης συγγραφής, αλλά άμεσης αποκάλυψης της Ύψιστης Αλήθειας. Οι Βέδες απαρ-τίζονται από τα μάντρα, τα οποία υπήρχαν πάντα με τη μορφή εκλεπτυσμένων κυμάτων και δονήσεων, και αποκαλύφθηκαν στους ρίσις (αρχαίοι, αυτοπραγματωμένοι άγιοι - προφήτες), δηλαδή αναδύθηκαν μέσα τους όντας αυτοί σε κατάσταση βαθύτατου διαλογισμού (αυτοσυγκέντρωσης).

Βεδάντα (η) (Vedanta) : Φιλοσοφικό παραδοσιακό ρεύμα σκέψης του Ινδουισμού, που βασίζεται στη μελέτη των Βεδών και ανφέρεται στο μη δυϊσμό.

Γιόγκα (η) (Yoga) : Ο όρος αυτός προέρχεται απ' τη σανσκριτική συλλαβή «yuj» που σημαίνει «ενώνω – ενώνομαι». Υπονοεί το δρόμο, μέσω του οποίου η ατομική συνείδηση ενώνεται με την Ύψιστη Αλήθεια ή το Θεό. Όλες οι προσπάθειες να φτά-σει κανείς στην ύψιστη κατάσταση της Τελειότητας, δηλαδή στην ενότητα με το Υπέρτατο Ον - το Θεό, αποτελούν Γιόγκα. Η πρακτική της Γιόγκα επιτρέπει σ' αυτόν που την ασκεί (ο οποίος ονομάζεται Γιόγκι - Yogi) να ελευθερώσει το πνεύμα του απ' τη σκλαβιά των αισθήσεων και μ' αυτόν τον τρόπο να φτάσει στη φυσική κατάσταση του Εαυτού, δηλαδή στην πραγμάτωση της ενότητας με το Θεό και το διαρκές βίωμα αυτής.

Γιόγκι (ο) (Yogi) : Αυτός που ασκεί Γιόγκα.

Γιούγκα (η) (Yuga) : Εποχή. Υπάρχουν τέσσερις εποχές: η **Σάτυα Γιούγκα** (Satyajuga), η **Ντβάπαρα Γιούγκα** (Dvaparajuga), η **Τρέτα Γιούγκα** (Tretajuga) και η **Κάλι Γιούγκα** (Kalijuga). Σύμφωνα με την ινδουιστική παράδοση, ο κόσμος διέρχεται συνεχώς την κυκλική εναλλαγή αυτών των εποχών. Κάθε ανοδική φάση του κύκλου απ' την Κάλι Γιούγκα στη Σάτυα Γιούγκα τη διαδέχεται μια καθοδική φάση πίσω στην Κάλι Γιούγκα και ούτω καθεξής. Η πτώση απ' τη Σάτυα στην Κάλι Γιούγκα, συνδέεται με μια προοδευτική κατάπτωση του ντάρμα, κάτι που εκδηλώνεται σαν μια φυσική και ηθική κατάπτωση της ανθρώπινης ζωής. Εξαιτίας αυτής της φυσικής και ηθικής κατάπτωσης, μειώνεται σταδιακά η διάρκεια των Γιούγκα. Στην ύψιστη εποχή, τη Σάτυα Γιούγκα, η μεγάλη πλειοψηφία των ανθρώπων, βιώνουν την πνευματικότητα μέσω μιας άμεσης διαισθητικής πραγμάτωσης της αλήθειας. Σ' αυτήν την εποχή δεν υπάρχει ίχνος δυστυχίας, γι' αυτό και ονομάζεται επίσης «Χρυσή Εποχή». Στην κατώτατη φάση, την Κάλι Γιούγκα, οι άνθρωποι έχουν συνείδηση μόνο της υλικής πλευράς της ύπαρξης. Η κυρίαρχη έμφαση του τρόπου ζωής είναι η υλική επιβίωση. Επικρατούν η βία, το ψέμα, η κακία, η αισχρότητα, τα πάθη και η λαγνεία. Η σχέση των ανθρώπων με το πνευματικό στοιχείο κυριαρχείται από προκατάληψη. Γι' αυτό και η εποχή αυτή ονομάζεται «Σκοτεινή Εποχή». Στις δύο ενδιάμεσες εποχές, Ντβάπαρα και Τρέτα, κυριαρχεί η νοητική δύναμη και η λογική. Η εφευρετικότητα και οι επινοήσεις είναι σε υψηλά επίπεδα. Οι άνθρωποι βιώνουν το πνευματικό στοιχείο υπό το πρίσμα των εκλεπτυσμένων μορφών ενέργειας. Σήμερα, διανύουμε την εποχή της Κάλι Γιούγκα, τη σκοτεινή εποχή του υλισμού.

Γκόπις (οι) (Gopis) : Οι Γκόπις ήταν χωρικές, οι οποίες είχαν για κύρια βιοποριστική ασχολία τις αγελάδες και ζούσαν στο

Βριντάβαν, όπου ο Κρίσνα πέρασε την παιδική του ηλικία. Ήταν ολόθερμα αφοσιωμένες στον Κρίσνα. Θεωρούνται ενσάρκωση της εντατικής αγάπης στο Θεό.

Γκούρου (ο/η) (Guru) : Γενικότερα ο δάσκαλος και ειδικότερα ο Πνευματικός Διδάσκαλος. «Γκου» σημαίνει σκοτάδι και « Ρου» σημαίνει φως. Συνεπώς ο Γκούρου είναι αυτός που οδηγεί το μαθητή απ' το σκοτάδι της άγνοιας στο φως της αλήθειας.

Κάλι (η) (Kali) : Μια μορφή εκδήλωσης της Ντέβι, της Θεϊκής Μητέρας. Στην εικονογραφία παρουσιάζεται με τρομακτική όψη, η οποία συμβολίζει την αφοβία, το σθένος και την αποφασιστικότητα που θα πρέπει να χαρακτηρίζουν κάποιον, ο οποίος επιθυμεί ν' αποκόψει και να υπερβεί το εγώ του με σκοπό να προοδεύσει πνευματικά.

Κάλι Γιούγκα (η) Kaliyuga) : Βλέπε «Γιούγκα».

Κάρμα (το) (Karma) : Στην κυριολεξία σημαίνει πράξη, δράση, ενέργεια. Ευρύτερα όμως και γενικώς υποδηλώνει την παγκόσμια αρχή της αιτίας και του αποτελέσματος, της δράσης και της αντίδρασης που διέπει όλη τη ζωή, την αλυσίδα των επιπτώσεων που επιφέρει η κάθε πράξη (πράξη τόσο σε φυσικό επίπεδο, με την κυριολεκτική ή στενή σημασία της λέξης, όσο και σε επίπεδο σκέψεων, συναισθημάτων και λόγων) σ' αυτήν ή σε μελλοντικές ζωές. Το κάρμα αναφέρεται δηλαδή στο σύνολο των πράξεών μας σ' αυτήν και σε προηγούμενες ζωές καθώς και στις συνακόλουθες αντιδράσεις ή επιπτώσεις που αυτές προκαλούν στο παρόν ή σε επόμενες ζωές. Το κάρμα δεν είναι μοίρα, αφού τα ανθρώπινα όντα ενεργούν από ελεύθερη βούληση και καθορίζουν το πεπρωμένο τους. Οι επιπτώσεις του κάρμα δεν είναι μοιραία προδιαγραμμένες, μπορούν να μετριαστούν και να εξουδετερωθούν μέσω πράξεων που χαρακτηρίζονται από διάκριση και απαθών αντιδράσεων. Ένα ανθρώπινο ον δεν μπορεί να κατακτήσει τη *μόκσα* (απελευθέρωση - βλ. λέξη) αν δεν εξαντλήσει εντελώς το συσσωρευμένο κάρμα του. Το κάρμα θεωρείται ένας νόμος με πνευματικές ρίζες - πνευματικός νόμος. Στις Γραφές διαχωρίζεται το κάρμα σε τρία είδη: Το **σαντσίτα κάρμα** (sanchita karma): Το σύνολο του κάρμα που έχει συσσωρευθεί από προηγούμενες ζωές και πρέπει ακόμα να εξαντληθεί. Το **πραράμπντα κάρμα** (prarabdha karma): Το μέρος απ' το *σαντσίτα* (παρελθοντικό) κάρμα που πρέπει να βιωθεί σ' αυτήν τη ζωή. Πρόκειται για τις παρελθοντικές πράξεις, των οποίων οι καρποί είναι ώριμοι για αποκομιδή, για τις πράξεις από παρελθοντικές ζωές που άρχισαν ν' αποδίδουν τους καρπούς τους και επηρεάζουν τη ζωή ενός ανθρώπου κατά την παροντική του ενσάρκωση. Αυτό το κάρμα δεν μπορεί ν' αποφευχθεί ή ν' αλλαχτεί. Πρέπει να βιωθεί για να εξαντληθεί. Το **κριγιαμάνα κάρμα** (kriyamana karma): Το παροντικό κάρμα, αυτό που δημιουργείται μέσα απ' τη δράση στην παροντική ζωή και θα αποδώσει καρπούς στο μέλλον. Μετά την ολοκλήρωσή του, δηλαδή μετά το τέλος αυτής της ζωής γίνεται *σαντσίτα* κάρμα.

Κατοπανισάδα (η) (Kathopanishad) : Η Κατοπανισάδα αποτελεί μέρος, και μάλιστα πολύ γνωστό, της Ουπανισάδας (βλ. λέξη παρακάτω). Σ' αυτήν περιγράφεται λεπτομερώς η άυλη ουσία του Υψίστου Θεού.

Κρίσνα (ο) (Krishna) : Η πιο γνωστή και αγαπημένη Θεότητα του Ινδουισμού. Θεωρείται και λατρεύεται σαν Άβαταρ - η όγδοη ενσάρκωση του Βίσνου, του Υπέρτατου Θεού. Ενσαρκώθηκε στη γη όταν το ντάρμα (βλέπε παρακάτω) βρισκόταν σε κατάπτωση. Με τη δράση του αποκατέστησε το δίκαιο, επανέφερε κι εξύψωσε την αγάπη, την ευσπλαχνία και τη χαρά. Είναι ο κύριος ήρωας του έπους της Μαχαμπαράτα.

Κρίσνα μπάβα (το) (Krishna bhava) : Κατάσταση, κατά την οποία η Άμμα εκδηλώνει την απόλυτη ενότητα και την ταυτότητά Της με τον Κρίσνα.

Κουνταλίνι (η) (Kundalini) : Κυριολεκτικά σημαίνει «κουλουριάζομαι σα φίδι». Πρόκειται για τη Θεϊκή κοσμική ενέργεια που βρίσκεται σε λήθαργο στη βάση της σπονδυλικής στήλης – στο πρώτο τσάκρα (Μουλαντάρα), όπως ένα κουλουριασμένο

Από την καρδιά της Άμμα

φίδι, περιμένοντας, μέσω πνευματικών ασκήσεων ν' αφυπνιστεί και ν' ανυψωθεί, διαπερνώντας όλα τα κύρια τσάκρα, καταλήγοντας στο έβδομο και τελευταίο τσάκρα (Σαχασράρα), στην Ύψιστη Συνείδηση. (Βλέπε επίσης «τσάκρα»).
Λίλα (το) (Leela or Lila) : Θεϊκό παιχνίδι. Πρόκειται για μια έννοια που περιγράφει την πραγματικότητα, τον κόσμο, σαν το αποτέλεσμα του δημιουργικού παιχνιδιού του Θεού.
Μάγια (η) (Maya) : Ψευδαίσθηση, φαινομενικότητα. Το πέπλο που καλύπτει την πραγματικότητα και δημιουργεί την εντύπωση της διαφορετικότητας, πολυμορφίας και κατά συνέπεια προκαλεί πλάνη και την αίσθηση του διαχωρισμού. Μας κάνει να πιστέψουμε ότι η πληρότητα και η ολότητα βρίσκονται έξω από μας.
Μάντρα (το) (Mantra) : Είδος προσευχής. Προσευχή διατυπωμένη σε μια λέξη ή πρόταση (ευχή), που επαναλαμβάνεται, με προσοχή και αυτοσυγκέντρωση, διαρκώς, αδιαλείπτως. Μ' αυτόν τον τρόπο αφυπνίζεται μέσα μας η λανθάνουσα πνευματική δύναμη (ενέργεια), κάτι που συμβάλλει στην κατάκτηση του Πνευματικού Στόχου. Πιο αποτελεσματικό είναι ένα μάντρα, στο οποίο μυείται ο ενδιαφερόμενος πνευματικός αναζητητής απ' τον Πνευματικό Διδάσκαλο.
Μάντρα τζάπα (η) (Mantra japa) : Η διαρκής και αδιάλειπτη επανάληψη του μάντρα με προσοχή και αυτοσυγκέντρωση.
Μάτα Αμριτάναντα μαΐ Ντέβι (η) (Mata Amritanandamayi Devi) : Το επίσημο πνευματικό όνομα της Άμμα που σημαίνει «Μητέρα της Αιώνιας Ευδαιμονίας».
Μαχαμπαράτα (η) (Mahabharata) : Έπος των Βεδών. Αναφέρεται στον πόλεμο μεταξύ των Κάυραβας και των Πάνταβας συμβολίζοντας την μάχη ανάμεσα στο καλό και στο κακό. Το πιο γνωστό μέρος της είναι η Μπαγκαβάτ Γκίτα. (βλέπε «Μπαγκαβάτ Γκίτα»)
Μαχάτμα (ο / η) (Mahatma) : Μεγάλη Ψυχή. Κάποιος/α που κατέκτησε τον Ύψιστο Πνευματικό Στόχο και έχει συνείδηση

286

της ταυτότητάς του/της, της ενότητάς του/της με τον Παγκόσμιο Εαυτό.

Μόκσα (η) (Moksha) : Τελική Πνευματική Απελευθέρωση. Αναφέρεται στη συνειδητοποίηση της ταυτότητας, στην πραγμάτωση της ενότητας με την Ύψιστη Συνείδηση, την Απόλυτη Πραγματικότητα, το Θεό. Κατ' επέκταση ή κατά συνέπεια πρόκειται για απελευθέρωση απ' τον κύκλο της γέννησης και του θανάτου.

Μπάβα (το) (Bhava) : Χρησιμοποιείται για να περιγράψει μια κατάσταση, κατά την οποία εκδηλώνεται μια θεϊκή διάθεση ή στάση. Επίσης η ταύτιση με το Θείο.

Μπαγκαβάτ Γκίτα (η) (Bhagavad Gita): Ένα απ' τα γνωστότερα Ιερά Κείμενα – Ύμνος των Ινδουιστικών Γραφών που περιλαβμάνει το διάλογο μεταξύ του Κρίσνα και του μαθητή του Αρτζούνα στη διάρκεια του πολέμου της Μαχαμπαράτα.

Μπάτζανς (τα) (Bhajans) : Πνευματικά άσματα (ύμνοι) με δοξαστικό, λατρευτικό χαρακτήρα. Εκδήλωση λατρείας για το Θεό με τη μορφή άσματος.

Μπίντου (το) (Bindu) : Στην κυριολεξία σημαίνει 'σημείο' ή 'κουκίδα'. Χρησιμοποιείται μεταφορικά για να συμβολίσει το «κέντρο» του εσώτερου εαυτού μας, το οποίο πρέπει ν' ανακαλύψουμε για ν' αποκτήσουμε ισορροπία και αρμονία στη ζωή μας.

Μπιτζακσάρας (τα) (Bijaksharas) : Κυριολεκτικά σημαίνει «ο σπόρος που δεν μπορεί να καταστραφεί». Ο όρος αυτός αναφέρεται στα βασικά μάντρα που αποτελούν το σπόρο απ' τον οποίο προέρχονται όλα τ' άλλα.

Μπράχμαν (το) (Brahman) : Το απόλυτο Ον. Η απόλυτη, ύψιστη πραγματικότητα. Η Ύψιστη Ύπαρξη. Αυτό που τα περικλείει όλα και διεισδύει σε όλα. Το Ένα και Αδιαίρετο. Η Ολότητα.

Μπραχματσάρι / ρινι (ο / η) (Brahmachari / rini) : Άντρας / Γυναίκα που ζει με εγκράτεια και αγαμία και αφιερώνεται στη σωματική και πνευματική άσκηση και πειθαρχία, κάτω από την καθοδήγηση ενός Πνευματικού Διδασκάλου. Δόκιμος/η μοναχός /ή.

Μριτυουντζάγια μάντρα (το) (Mrityunjaya) : Ένα πολύ διαδεδομένο μάντρα της βεδικής παράδοσης που ψάλεται στη διάρκεια τελετών και αναφέρεται στην εσωτερική μεταμόρφωση του ατόμου κατά την διαδικασία της πνευματικής του εξέλιξης.

Νιργκούνα (η) (Nirguna) : Το άμορφο και απρόσωπο, χωρίς ιδιότητες και χαρακτηριστικά.

Ντβάπαρα Γιούγκα (η) (Dwaparayuga) : Βλέπε «Γιούγκα».

Ντάρμα (το) (Dharma) : Στα σανσκριτικά σημαίνει «αυτό που συντηρεί (τη Δημιουργία)» ή «αυτό που αρμόζει, ταιριάζει σε κάτι». Έχει πολλές σημασίες. Συνήθως χρησιμοποιείται με την έννοια αυτού που διατηρεί την αρμονία στο σύμπαν. Επίσης με την έννοια αυτού που συμβάλλει στην πνευματική ανύψωση και στο γενικό καλό όλων των δημιουργημάτων. Άλλοι ορισμοί είναι: ορθότητα, δικαιοσύνη, υπευθυνότητα, καθήκον, αρετή κ.α. Το αντίθετο του ντάρμα είναι το αντάρμα (βλέπε παραπάνω).

Ντάρσαν (το) (Dharsan) : Κυριολεκτικά σημαίνει βλέπω. Χρησιμοποιείται όταν συναντάμε έναν άγιο ή όταν βλέπουμε την εικόνα ή ένα όραμα του Θεού. Όταν αναφερόμαστε στο ντάρσαν της Άμμα, εννοούμε τον ιδιαίτερο τρόπο, με τον οποίο η Άμμα υποδέχεται και ευλογεί όποιον έρχεται σ' Αυτήν για να τη συναντήσει. Το ντάρσαν της Άμμα, η συνάντηση μαζί Της, έχει μια μοναδική μορφή. Οι ενδιαφερόμενοι έρχονται να συναντήσουν την Άμμα κι εκείνη τους υποδέχεται αγκαλιάζοντάς τους. Πλήθη χιλιάδων έρχονται καθημερινά γι' αυτήν την τρυφερή και γεμάτη αγάπη αγκαλιά αλλά και για να μιλήσουν με την Άμμα. Έτσι το ντάρσαν διαρκεί, κυριολεκτικά χωρίς καμία διακοπή, το λιγότερο από 6 έως 12 και μερικές φορές έως και 20 ώρες. Πρόκειται για μια διαδικασία που λαμβάνει χώρα καθημερινά και ανελλιπώς απ' το 1975, τότε που η Άμμα πρωτοξεκίνησε τη δημόσια δράση Της.

Γλωσσάρι Σανσκριτικών Όρων

Ντέβι μπάβα (το) (Devi bhava) : Κατάσταση, κατά την οποία η Άμμα εκδηλώνει την απόλυτη ενότητα και την ταυτότητά της με τη Ντέβι, τη Θεϊκή Μητέρα.

Ομ Αμριτέσβαριέ Ναμαχά (Om Amriteswaryai Namaha) : Μάντρα που υμνεί την Άμμα. Το μάντρα αυτό ψάλλουν οι πιστοί Της σαν έκφραση σεβασμού και λατρείας προς Αυτήν.

Ομ Τατ Σατ (Om Tat Sat) : Το μάντρα αυτό σημαίνει «μόνο το ομ είναι η αλήθεια» και θεωρείται το τριπλό σύμβολο του Μπράχμαν. Στην Ινδουιστική παράδοση, αυτές οι τρεις λέξεις, τόσο ξεχωριστά όσο και συλλογικά, αντιπροσωπεύουν τον Ύψιστο, Παντοδύναμο Θεό.

Ουπανισάδα (η) (Upanisad) : Το τέταρτο και τελευταίο (και γι' αυτό συμπερασματικό) μέρος της Βέδας (Ινδουιστική Αγία Γραφή), που έχει σα θέμα τη φιλοσοφία του μη δυϊσμού. Διαπραγματεύεται την απελευθέρωση από τον κύκλο της γέννησης και του θανάτου, δηλαδή την Ύψιστη Πραγματικότητα, τη συνειδοποίηση και την ένωση με το Μπράχμαν, και το δρόμο προς αυτήν. Η Ουπανισάδα χαρακτηρίζεται αλλιώς και Βεδάντα, δηλαδή Veda-anta που θα πει «Τέλος της Βέδας».

Παραμάτμαν (ο) (Paramatman) : Ο Ύψιστος Εαυτός, η Ύψιστη Συνείδηση.

Πούρναμ (το) (purnam) : Το πλήρες, το ολοκληρωμένο.

Πουρναμαντά Πουρναμιντάμ - Πουρνάατ Πουρναμουντασιατέ - Πουρνάσια Πουρναμαντάγια - Πουρναμεβά Αβασισιατέ (Purnamada Purnamidam - Purnaat Purnamudaccyate - Purnasya Purnamaadaaya - Purnameva Avasishyate) : Μάντρα που μπορεί ν' αποδοθεί ως εξής: «Εκείνο είναι το Όλο - Αυτό είναι το Όλο - Απ' το Όλο γεννιέται το Όλο - Παίρνοντας το Όλο απ' το Όλο - Μόνο το Όλο παραμένει.»

Πραράμπντα κάρμα (το) (prarabdha karma) : Βλέπε «κάρμα».

Πρασάντ (το) (prasad) : Το αντίδωρο. Σημαίνει τόσο την κατάσταση της γενναιοδωρίας, όσο και το γενναιόδωρο, ευγενικό δώρο. Οτιδήποτε, συνήθως φαγώσιμο, προσφέρεται καταρχήν σε μια Θεότητα, σ' έναν Άγιο, Τέλειο Διδάσκαλο ή Άβαταρ και μετά μοιράζεται στο όνομά Του. Οτιδήποτε, δίδεται από έναν Άγιο, Τέλειο Διδάσκαλο ή Άβαταρ στους πιστούς Του είναι πρασάντ και φέρει μέσα του την ευλογία της Θεότητας.

Ρίσις (οι -πληθ.-) (Rishis) : Αυτοπραγματωμένοι προφήτες ή άγιοι, οι οποίοι βίωσαν την Ύψιστη Αλήθεια και εξέφρασαν αυτήν τη βιωματική τους γνώση μέσα απ' τα Ιερά Κείμενα των Ινδουϊστικών Γραφών.

Σαγκούνα (η) (Saguna) : Το έμμορφο (με μορφή) και προσωπικό, με ιδιότητες και χαρακτηριστικά.

Σάκσι μπάβα (το) (Saksi bhava) : Κατάσταση κατά την οποία κάποιος αντιλαμβάνεται τον εαυτό του σαν παρατηρητή του σώματος, του νου, των συναισθημάτων, επιθυμιών και των καταστάσεων της ζωής χωρίς να ταυτίζεται με τίποτε απ' αυτά.

Σάκτι (η) (Shakti) : Θεϊκή ενέργεια.

Σαμάντι (το) (Samadhi) : Κατάσταση, κατά την οποία περιέρχεται κάποιος σε βαθιά πνευματική ενατένιση, αυτοσυγκέντρωση (διαλογισμό) - σ' ένα υπερβατικό επίπεδο συνειδητότητας, όπου απουσιάζει εντελώς κάθε σκέψη και ο νους είναι απόλυτα ήρεμος, ακίνητος και ατάραχος, όπου χάνεται κάθε ίχνος αίσθησης της ατομικής ταυτότητας και κυριαρχεί το βίωμα της αυτοδιάλυσης και συγχώνευσης με το Απόλυτο, της Ενότητας με το Θεό. Πέρα απ' αυτήν την Ενότητα, δεν υπάρχει τίποτε άλλο.

Σαμσκάρα (το) (Samskara) : Το σύνολο των εντυπώσεων, επιρροών και τάσεων της ψυχοσύστασής μας, απ' αυτήν ή προηγούμενες ζωές, που υπάρχουν μέσα μας, στο υποσυνείδητό μας. Η ζωή μας, η φυσική μας κατάσταση, οι πράξεις μας, ο χαρακτήρας μας, η πνευματική μας κατάσταση κλπ. επηρεάζονται απ' αυτό.

Σαννυάς (το) (Sannyas) : Είναι η κατάσταση της απόλυτης ή πλήρους παραίτησης ή απάρνησης όλων των εγκοσμίων. Αυτός που βρίσκεται σ' αυτήν την κατάσταση ονομάζεται «σαννυάσιν» (βλ. αμέσως παρακάτω).

Γλωσσάρι Σανσκριτικών Όρων

Σαννυάσιν / σινη (ο / η) (Sannyasin / sini) : Μοναχός / μοναχή της Ινδουιστικής παράδοσης *(αλλιώς Σουάμι / Σουαμίνι - βλέπε παρακάτω)*, που δίνει τους όρκους παραίτησης (sannyasa) απ' τα εγκόσμια και εντάσεται στο μοναχικό τάγμα κατά τη διάρκεια ειδικής τελετής. Γίνεται ανιδιοτελής υπηρέτης όλου του κόσμου, αγαπά δηλαδή κι εργάζεται προς όφελος όλων των ανθρώπων, όλου του κόσμου, για την απελευθέρωση της ψυχής όλων των ανθρώπων και το καλό όλου του κόσμου. Φοράει παραδοσιακή ενδυμασία στο χρώμα της ώχρας, κάτι που συμβολίζει ότι όλες οι επιθυμίες και η σωματική συνείδηση κατακαίγονται και αφυπνίζεται έτσι η πνευματική, Ύψιστη Συνείδηση.

Σάντακ (ο) (Sadhak) : Πνευματικός αναζητητής.

Σάντανα (η) (Sadhana) : Πνευματική άσκηση.

Σάτγκουρου (ο) (Satguru) : Κυριολεκτικά σημαίνει «Ο Αυτοπραγματωμένος Διδάσκαλος». Ένας Σάτγκουρου έχει κατακτήσει και βρίσκεται μόνιμα στην κατάσταση της Αυτοπραγμάτωσης βιώνοντας διαρκώς την ευδαιμονία του Εαυτού, και αναλαμβάνει να βοηθήσει τους ανθρώπους ν' αναπτυχθούν και ν' ανυψωθούν πνευματικά ώστε να φτάσουν κι αυτοί στην κατάσταση που ο ίδιος βιώνει.

Σάτυα (η) (Satya) : Μπορεί ν' αποδοθεί σαν «αλήθεια». Επίσης σημαίνει οτιδήποτε οδηγεί κάποιον πιο κοντά στον Παντοδύναμο Θεό. Γι' αυτό όλες οι πράξεις, τα λόγια, η γνώση και η σοφία που οδηγούν πιο κοντά στον Παντοδύναμο είναι η αλήθεια.

Σάτυα Γιούγκα (η) (Satyayuga) : Βλέπε «Γιούγκα».

Σέβα (η) (Seva) : Ανιδιοτελής εργασία, υπηρεσία, τα αποτελέσματα (καρποί) της οποίας αφιερώνονται στο Θεό.

Σουάμι / Σουαμίνι (ο/η) (Swami / Swamini) : Το ίδιο όπως Σαννυάσιν. Έτσι προσφωνείται ένας σαννυάσιν. *(Βλέπε παραπάνω).*

Σράντα (η) (Shraddha) : Εσωτερική στάση πίστεως και εμπιστοσύνης. Προσοχή, επιμέλεια, φροντίδα.

291

Τάπας (η) (Tapas) : Άσκηση, σωματική και πνευματική αυτο-πειθαρχία, εγκράτεια, συνεχής εγρήγορση, επαγρύπνηση και νήψη κατά τη διαμόρφωση των σκέψεων και την εκτέλεση των πράξεων με στόχο τον εξαγνισμό και την κάθαρση.

Τζάπα μάλα (το) (Japa mala) : Το κομποσκοίνι.

Τζιότις (η) (Jyotish) : Κυριολεκτικά σημαίνει «Επιστήμη του φωτός». Πρόκειται για την αστρολογία των Βεδών.

Τρέτα Γιούγκα (η) (Tretayuga) : Βλέπε «Γιούγκα».

Τσάκρα (το/τα) (Chakra) : Κυριολεκτικά σημαίνει δίσκος ή τροχός. Στο σύστημα της γιόγκα, όμως, έτσι ονομάζονται τα ενεργειακά κέντρα του σώματος. Υπάρχουν επτά κύρια ενερ-γειακά κέντρα, τα οποία είναι υπεύθυνα για την καλή σωμα-τική, ψυχονοητική και πνευματική λειτουργία του ανθρώπου.